陳鴻森 著

清代學術史叢考（下）

臺灣學生書局印行

清代學術史叢考

目錄

【上冊】

【下冊】

馬宗璉行年考

馬宗璉，字器之，號稷甫，又號魯陳，安徽桐城人，姚鼐之甥，[1] 清代《詩經》學名家馬瑞辰之父也。宗璉長於治經，著有《春秋左傳補注》等書，王引之撰〈馬進士家傳〉云：「所著《左傳補注》三卷，……實事求是，綦詳且盡，凡經傳諸書有足為證者，雖單辭隻句，罔不徵引而研綜之，其功蓋云勤矣。而又能平議是非，擇善而從，不苟同，亦不好異，與亭林、定宇兩先生說相表裏，斯讀《左》之津梁也。」[2] 周中孚《鄭堂讀書記》卷十一亦言：「魯陳以惠氏《注》間有遺漏，復撰是編，所以匡惠氏之誤者固確；而自所為說，

1 姚鼐〈馬儀顓夫婦雙壽序〉云：「嘉慶丙寅（十一年）八月，為吾四妹七十初度；越及半歲，妹夫儀顓亦七十矣。」（《惜抱軒文後集》，《清代詩文集彙編》本，卷四，頁三）所云妹夫，名嗣綽，字儀顓，號補堂，即馬宗璉之父。（馬其昶《桐城扶風馬氏族譜》，民國十八年，桐城扶風馬氏家印本，卷首之五，頁五十二）

2 王引之〈馬進士家傳〉，本集未收，轉引自馬樹華編《桐城馬氏詩鈔》馬宗璉條，道光十六年，可久處齋刊本，卷六十二，頁一。

亦足補元凱之略暨顧、惠兩家之所未及。」[3]其後，劉文淇祖孫著《左氏傳舊注疏證》、日人安井衡著《左傳輯釋》、竹添光鴻著《左傳會箋》，皆頗采馬氏之說。乃近今治《左傳》之學者則罕知其人，比閱金永健《清代左傳考證研究》一書，於馬氏《補注》竟無一語齒及，不免疏略。[4]

馬宗璉公車在京時，曾與孫星衍、阮元、朱錫庚等相約纂輯漢唐故訓，擬編《經籍籑詁》一書；厥後，復佐畢沅分纂《史籍考》。所著書除《左傳補注》外，別有《毛鄭詩訓詁考證》四卷、《周禮鄭注疏證》一卷、《穀梁傳疏證》一卷、《公羊補注》一卷、《左傳賈服注輯》一卷、《說文字義廣證》一卷、《戰國策地理考》一卷、《漢南海鬱林蒼梧合浦四郡沿革考》一卷，另著《嶺南詩鈔》、《校經堂詩鈔》若干卷。[5]中惟《左傳補注》三卷生前曾付刻，後收於《清經解》卷一二七七至一二七九；另道光間族侄馬樹華編《桐城馬氏詩鈔》，選錄宗璉《校經堂詩鈔》二卷，[6]共詩一百九十二首。其餘諸書，稿皆不傳。蓋宗璉中歲早卒，諸書多未經寫定；而咸豐三年十月，太平軍焚掠桐城，馬瑞辰及其子星曙、孫登瀛

3 周中孚《鄭堂讀書記》，《續修四庫全書》本，卷十一，頁二十七—二十八。

4 金永健《清代左傳考證研究》，二〇一三年，北京：社會科學文獻出版社。沈玉成《春秋左傳學史稿》，雖述及馬宗璉《補注》，然憑臆空言，如謂馬氏《補注》「大量采用清人研究《左傳》的成果」云云（一九九二年，南京：江蘇古籍出版社，頁三一二），殊非其實，即此一言，知渠於馬氏之書並未細閱也。

5 馬其昶《桐城扶風馬氏族譜》，卷三，頁四十一。

6 馬樹華編《桐城馬氏詩鈔》，卷六十二、卷六十三。

等十一口死於難，書稿殆盡付劫灰矣。[7]

馬宗璉在都時，曾從邵晉涵、任大椿、王念孫等遊處。乾隆、嘉慶間漢學蔚興，宗璉濡染其風，研精故訓，復長於地理之學；馬瑞辰則繼述乃父《毛詩》之業，[8]父子生長桐城，獨精漢學，與姚鼐及桐城諸子王灼、方東樹、姚瑩、劉開、方宗誠輩宗尚宋學者異趣，亦可謂卓爾特立之士矣。方今治《詩經》學者，莫不知有馬瑞辰其人；宗璉則聲聞闇淡，雖《清史列傳》卷六十九、《清史稿》卷四八二、《桐城耆舊傳》卷十有傳，[9]然傳文簡略，事跡日就湮薤。今鉤稽遺聞，考其行實，以補史傳之缺略，俾為來者論世知人之資。

一、馬宗璉生卒年歲

馬氏生卒年歲，《清史列傳》、《清史稿》本傳第言：「由舉人官東流縣教諭。嘉慶六年成進士，又一年卒。」據此，則卒於嘉慶七年。然馬其昶撰〈贈道銜原任工部員外郎馬公（瑞

7 別詳拙稿〈馬瑞辰編年事輯〉，稿本待刊。

8 左眉《靜菴文集》，卷首馬瑞辰題詩，有句云：「箋毛我亦承先業，碩學深慚炙未親。」元注：「先君子有《毛鄭詩考正》一書，辰因作《通釋》。」（《清代詩文集彙編》本）則馬瑞辰以《毛詩》名家，實繼述先志，故《毛詩傳箋通釋・自序》之末云：「窮愁著書，用誌一經之世守。」

9 《清史列傳》，一九八七年，北京：中華書局點校本，頁五五八一——五五八二；《清史稿》，一九七六——一九七七年，中華書局點校本，頁一三二四〇；馬其昶《桐城耆舊傳》，一九九〇年，合肥：黃山書社，頁三七〇——三七一。

辰）墓表〉，則言乃父「甫登第而沒」，[10]而馬宗璉登第復有嘉慶四年及六年兩說，[11]則其卒年亦未可遽言。姜亮夫《歷代人物年里碑傳綜表》缺馬宗璉條；江慶柏《清代人物生卒年表》載宗璉嘉慶七年卒，生年未詳。[12]

日本東洋文庫藏馬其昶纂《桐城扶風馬氏族譜》，卷首之五〈家傳〉，第十四世〈馬宗璉傳〉云：

少敦實，不好嬉遊。從舅氏姚比部鼐學為詩文，早有時譽；既而精通古訓及地理之學。年三十，應乾隆丙午江南鄉試，解《論語》「過位」、「升堂」，合于古制，典試大興朱文正亟拔之。[13]

檢法式善《清秘述聞》卷八，乾隆五十一年丙午科江南鄉試，主考官禮部侍郎朱珪，副考官編修戴心亨，首場題「過位色勃」二節，「威儀三千」二句，「請野九一」二節。[14]馬宗

10 馬其昶《抱潤軒文集》，《續修四庫全書》本，卷六，頁三。

11 《清史列傳》、《清史稿》本傳並言馬宗璉「嘉慶六年成進士」；周中孚《鄭堂讀書記》卷十一、徐世昌《清儒學案》卷一百十一、支偉成《清代樸學大師列傳》卷六則作「嘉慶己未（四年）進士」。

12 江慶柏編《清代人物生卒年表》，二〇〇五年，北京：人民文學出版社，頁十九。

13 馬其昶《桐城扶風馬氏族譜》，卷首之五，頁五十六—五十七。

14 法式善《清秘述聞》，一九八二年，北京：中華書局，頁二七二。

璉解「過位」、「升堂」，本乎古義，為主考朱珪所賞，以第八十三名舉人中式。[15] 朱珪之子錫經纂《南厓府君年譜》，乾隆五十一年條載：

六月，奉命主江南鄉試，副者編修大庚戴公心亨，得士張肇瑛等百十四人。二十年來，成進士者幾半；經術通者，阮中丞元、汪太僕廷珍、孫觀察星衍、張編修惠言、韓大令廷秀、李太守賡芸、馬進士宗璉、石大令渠閣、莊廣文雋甲，幾二十人。[16]

乾隆五十一年（一七八六），馬宗璉年三十，以此逆推之，則生於乾隆廿二年（一七五七）。

至其卒年，《桐城耆舊傳》載宗璉「嘉慶四年會試中式，又三年而歿」，[17] 道光《桐城續修縣志・儒林傳》同，[18] 則嘉慶四年馬宗璉與姚文田、王引之、張惠言、陳壽祺、許宗彥、郝懿行等同榜會試中式，[19] 吏部尚書朱珪適為此科總裁，副總裁則左都御史劉權之、戶部侍郎阮元、內閣學士文幹。[20] 馬宗璉因故未行殿試（說詳下），至嘉慶六年辛酉恩科乃補

15 馬其昶《桐城扶風馬氏族譜》，卷三，頁四十一。按支偉成《清代樸學大師列傳》言馬宗璉「嘉慶丁巳（二年）中式舉人」（一九九八年，長沙：岳麓書社，頁九十一），誤。

16 朱錫經纂《南厓府君年譜》，嘉慶間家刻本，卷中，頁二—三。

17 馬其昶《桐城耆舊傳》，頁三七一。

18 金鼎壽等纂《桐城續修縣志》，道光十四年刊本，卷十五，頁二十四。

19 江慶柏編《清朝進士題名錄》，二〇〇七年，北京：中華書局，頁六七八—六八四。

20 法式善《清秘述聞》，頁三一三。

殿試，以三甲一百十三名成進士，[21] 候選知縣。[22] 史云成進士後「又一年卒」，《耆舊傳》言會試中式「又三年而歿」，其年實同，即卒於嘉慶七年。

《桐城扶風馬氏族譜》卷三載馬宗璉「嘉慶壬戌七年九月二十九日卒」，距「乾隆丁丑二十二年二月十三日生」，[23] 享年四十六（一七五七—一八〇二），此可補史傳及姜氏《歷代人物年里碑傳綜表》、江氏《清代人物生卒年表》之缺。

二、馬宗璉等分纂《經籍籑詁》年代考

《清史稿》卷四八二本傳載馬氏公車上京後：

> 從邵晉涵、任大椿、王念孫遊，其學益進。嘗以解經必先通訓詁，而載籍極博，未有彙成一編者，乃偕同志孫星衍、阮元、朱錫庚分韻編錄，適南旋中輟。其後元視學江浙，萃諸名宿為《經籍籑詁》，其〈凡例〉猶宗璉所手訂也。[24]

《清史列傳》本傳同。馬宗璉乾隆五十一年舉人中式，翌年春赴禮部試，結識邵晉涵（一七

---

21 江慶柏編《清朝進士題名錄》，頁六九五。
22 馬其昶《桐城扶風馬氏族譜》，卷三，頁四十二。
23 同上注。
24 《清史稿》，頁一三二四〇。按「視學江浙」當作「視學浙江」，《清史列傳》不誤。

四三—一七九六）、任大椿（一七三八—一七八九）、王念孫（一七四四—一八三二）諸人，三君皆研精倉雅故訓之學，時俱在都中。阮元則馬宗璉江南鄉試同榜舉人，五十一年十一月入都，[25]阮氏〈南江邵氏遺書序〉云：

> 歲丙午，元初入京師。時前輩講學者，有高郵王懷祖、興化任子田，暨先生（按即邵晉涵）而三。元咸隨事請問，捧手有所授焉。[26]

阮〈序〉所稱「前輩為學者」三人，與〈馬宗璉傳〉正同。時邵晉涵著《爾雅正義》，於乾隆五十年前後成書，五十三年刻成。[27]而任大椿輯《字林考逸》；王念孫則校《方言》，初欲為《方言疏證補》，既乃改疏《廣雅》。[28]陳鱣則著《說文正義》，乾隆五十二年九月抵京，

---

25 張鑑等纂《阮元年譜》，一九九五年，北京：中華書局黃愛平點校本，頁七。

26 阮元《揅經室二集》，《續修四庫全書》本，卷七，頁十二。

27 邵晉涵《爾雅正義・自序》云：「歲在旃蒙協洽（乙未），始具簡編；舟車南北，恆用自隨。意有省會，仍多點竄；十載於茲，未敢自信。」（《清經解》，道光九年，廣東學海堂刊本，卷五〇四，頁三）則其書創稿於乾隆四十年，五十年前後告成。另據錢大昭《爾雅釋文補・自序》云：「歲戊申（五十三年）之仲秋，餘姚邵太史晉涵《爾雅正義》刻成，郵寄示余，歎其書之精博。」（謝啟昆《小學考》，《續修四庫全書》本，卷三，頁七）則《正義》於五十三年秋刻成。

28 王念孫〈與劉端臨書一〉，中云：「去年夏秋間，欲作《方言疏證補》，已而中止。念孫己亥（四十四）年曾有《方言》校本，庚子（四十五年）攜入都，皆為丁君小雅錄去。……自去年八月，始作《廣雅疏證》一書。……念孫將以十年之功為之，自八月至今始完半卷，而正譌補缺已至一百五十餘條。」（《王石臞先生遺文》，《高郵王氏遺書》本，卷四，頁八）此信不具年月，余考為乾隆五十四年所撰（參拙稿〈阮元刊刻

陳氏〈埤倉拾存自敘〉云：

> 鱣著《說文解字正義》，思盡讀《倉》、《雅》字書，每于古訓遺文，單詞片語，零行依附，獲則取之，以資左證。比來京師，幸得親炙于當世賢豪，有若邵二雲編修之于《爾雅》、王懷祖侍御之于《廣雅》、孫淵如編修之于《倉頡篇》、任子田禮部之于《字林》，具有成書。小學之興，于今為盛。[29]

蓋當時都中研究故訓小學者甚眾，諸家莫不思「盡讀《倉》、《雅》字書」，而於「古訓遺文，單詞片語」，無不窮蒐博采，任大椿繼《字林考逸》之後，復輯《小學鉤沈》一書；陳鱣則輯《爾雅舊注》、《埤倉拾存》、《聲類拾存》，及魏晉梁朝十一種《小學拾存》。[30] 然則馬宗璉與孫星衍、阮元、朱錫庚等相約分輯漢唐故訓，擬為《經籍籑詁》一書，正一時風會所趨。

史傳不載諸君分輯《籑詁》之年，張鑑等編《阮元年譜》、張紹南編《孫淵如先生年譜》

《古韻廿一部》相關故實辨正〉，二〇〇五年，《中央研究院歷史語言研究所集刊》七十六本第三分，頁四五七）。據此札所言，則五十三年夏秋間，王氏原欲為戴震《方言疏證》訂補遺闕；八月，乃改疏《廣雅》。

29 陳鱣《簡莊文鈔》，《續修四庫全書》本，卷二，頁七—八。

30 按陳鱣《小學拾存》所輯為《字書》、魏張揖《字詁》、樊恭《廣倉》、晉呂靜《韻集》、王羲之《小學篇》、葛洪《字苑》、周成《難字》、李彤《字指》、阮孝緒《字略》、楊承慶《字統》、梁何承天《纂文》，凡十一種，每種各一卷，參拙稿〈陳鱣年譜〉譜後〈著述考略〉（一九九三年，《中央研究院歷史語言研究所集刊》六十二本第一分）。

俱闕其事。余考王昶《湖海詩傳》卷十四有阮元佚詩〈約同里諸子為經籍纂詁〉一首：

> 六經麗中天，大義轉相注。周文監夏殷，先聖導其路。《謚法》及〈序卦〉，始有解與詁。……秦焰如螢燐，簡編自完具。書傳孔伏學，詩分齊魯故。西京迄東京，師儒以百數。揚許勒專書，鄭高博箋註。方言旁可通，古語遠能泝。……惟以古訓辭，萬卷各分寓。散者未克貫，渙者鮮能聚。弱冠讀遺經，於茲略通悟。丁未遊燕京，儒生接席遇。慨然念茲業，眾力乃齊赴。（元注：余於丁未晤大興朱錫庚、陽湖孫星衍、桐城馬宗璉，乃共約斯舉。）歆移博士文，雄具輶軒素。分韻借劉臻，集字鄙丁度。平地一簣慙，棄井九仞懼。拜手吾鄉賢，共為將伯助。決擇遍義訓，披覽窮章句。始焉括經史，終亦及子賦。（元注：《易》、《詩》二經及諸子、《屈原賦》尚未措手。）小學數萬言，疇以是為務。（元注：《說文》、《廣雅》、《字林》、[31]《倉頡》等，亦須人任之。）搖搖動心旌，千里馳遐慕。苟能蕆成事，功若禹鼎鑄。[32]

據阮元詩中注語：「余於丁未晤大興朱錫庚、陽湖孫星衍、桐城馬宗璉，乃共約斯舉。」知諸君相約修書在乾隆五十二年。是年馬宗璉、孫星衍、阮元首度入都會試，時聚於朱錫庚

---

31 按《字林》原作「士林」，繹其文意，當指呂忱《字林》，今以意改正。

32 王昶《湖海詩傳》，《續修四庫全書》本，卷四十，頁十八。

家椒花吟舫。[33] 此科會試，孫星衍以一甲二名進士，授編修；馬、阮二人未第，淹留京師。先是，朱筠生前曾有編錄《纂詁》之議，未果行；是年諸君乃共約斯舉，由馬宗槤起草纂輯〈凡例〉；[34] 阮元則致書里中友人江藩、焦循等，於揚州參與分纂，共成其事。[35] 乾隆五十四年己酉恩科，阮元以二甲三名成進士，改翰林院庶吉士。[36] 馬宗槤復失利，遂於其夏出都南還，歸途有〈漢陰平道中懷阮伯元吉士〉詩：

布穀催春徧處啼，桑陰脈脈柳萋萋。半空日落山根見，四野雲垂雨腳低。路近淮揚

33 馬宗槤《校經堂詩鈔》卷一〈別朱少白〉詩首聯：「京邑同心有數公，椒花吟舫共遊蹤。」元注：「予與方茶山（體）、汪銳齋（德鉞）、畢恬溪（以珣）、阮伯元、孫淵如、朱滄湄（文翰）、言皋雲（朝標）、譚蘭楮（光祥）時會於椒花吟舫。」（馬樹華編《桐城馬氏詩鈔》，卷六十二，頁二）按朱錫庚（少白）為朱筠次子，家京師日南坊，椒花吟舫為朱筠燕息之所，時距朱筠乾隆四十六年辛巳過數年，然門生故舊仍常會聚於此。

34 按《清史列傳》、《清史稿》本傳，俱言阮元所編《經籍纂詁》，其〈凡例〉猶宗槤「昔年所手訂」；王引之〈馬進士家傳〉則言：「其後尚書（阮元）視學兩浙，萃諸名宿為《經籍纂詁》，其〈凡例〉則猶昔與進士所手訂者也。」王氏以《纂詁·凡例》為阮、馬二人所訂，《桐城扶風馬氏族譜》、《桐城耆舊傳》宗槤傳俱本斯說。然乾隆五十二年諸君相約修書時，阮元年僅二十四歲（張鑑等纂《阮元年譜》，頁七），視孫、馬諸人年少；王引之撰〈傳〉於阮元稱尚書，明係阮氏貴顯後所撰。意史傳以〈凡例〉為馬宗槤所擬，蓋嘗斟酌於此。

35 參拙稿〈阮元《經籍纂詁》纂修考〉，二〇〇八年，上海社會科學院《傳統中國研究集刊》第四輯（上海人民出版社），頁二四七—二六四。

36 張鑑等纂《阮元年譜》，頁八。

將跨鶴，朝來蓬島正聞雞。餘閒自可窮經訓，《養詁》精詳遠共稽。（元注：余與朱少白、阮伯元、史蒼言、趙東田共為《群經養詁》，粗有端緒，而余南歸，囑伯元、少白二君為精挍續成之。）[37]

據詩中注語，則當日參與分纂者復有史兆蘭（蒼言）、趙萬隆（東田）二人，此余前撰〈阮元《經籍籑詁》纂修考〉所不及知者。詩注所記分纂諸人不及孫星衍者，蓋孫氏乾隆五十二年授翰林院編修，不暇為此經生之業矣。意當日修書，馬宗璉實主其事，故南還道中猶念念不釋；馬氏既返，斯事遂告中輟。

乾隆六十年冬，阮元任浙江學政。翌年延陳焯、焦循等佐修《淮海英靈集》，成書二十二卷。[38] 嘉慶二年正月，復集兩浙經古之士二十餘人，分修《經籍籑詁》，[39] 由丁杰主其事。

37 中國科學院圖書館藏佚名氏輯《名人詩鈔》鈔本，中錄馬宗璉〈崇鄭堂近詩〉十二首，其中九首見於《校經堂詩鈔》，而〈阮伯元同年寓中晤桂香谷馥、洪穉存亮吉兩孝廉〉、〈與淩仲子廷堪飲伯元吉士寓齋〉、〈兖州〉三首則為佚詩。此所引〈漢陰平道中懷阮伯元吉士〉一詩，亦見《校經堂詩鈔》（馬樹華編《桐城馬氏詩鈔》，卷六十二，頁三），惟《詩鈔》刪去詩末注語，茲據〈崇鄭堂近詩〉鈔本迻錄，別詳拙作〈馬宗璉崇鄭堂遺詩考證〉，稿本待刊。

38 張鑑等纂《阮元年譜》，頁十五。

39 張鑑等纂《阮元年譜》嘉慶二年條記：「正月二十二日，始修《經籍籑詁》。先是，歲試畢，先生移檄杭嘉湖道（森按：時秦瀛任杭嘉湖兵備道），選兩浙經古之士，分修《經籍籑詁》。至是，集諸生於崇文書院，分俸與之，是日至者共二十餘人。」（頁十六）其後參與修書者，陸續增至三十三人，其分纂諸君，見該書卷首〈經籍籑詁姓氏〉。

翌年春，分纂稿成。阮元復選其尤者十人，每二人彙編一聲，依《佩文韻府》一百零六韻類字編排；另延臧庸為總校。其書於嘉慶三年八月告成，[40]前後為時不及兩載。蓋阮元與馬宗璉等相約分纂，事雖未成，然已積累相當之工作經驗；渠提督浙學，復得多士分門纂錄，故易於成事也。錢大昕為撰〈序〉云：

今少司農儀徵阮公……累主文衡，首以經術為多士倡，謂治經必通訓詁，而載籍極博，未有會最成一編者。……公在館閣日，與陽湖孫淵如、大興朱少白、桐城馬魯陳相約分纂，鈔撮群經，未及半而中輟。乃於視學兩浙之暇，手定〈凡例〉，即字而審其義，依韻而類其字，有本訓，有轉訓，次敘布列，若網在綱。擇浙士之秀者若干人，分門編錄，以教授歸安丁小雅董其事，又延武進臧在東專司校勘。書成，凡百有六卷。[41]

《籑詁》成於眾手，其書於嘉慶四年冬刻成。阮元閱之，旋覺書中頗多遺漏譌誤處，因另纂《補遺》一百六卷，由臧庸、徐鯤先後主其事，嘉慶六年四月告成。[42]馬宗璉、朱錫庚等未

---

40 張鑑等纂《阮元年譜》，頁十八。阮《譜》嘉慶三年八月條云：「撰《經籍籑詁》一百十六卷成。」按《籑詁》依《佩文韻府》一百零六韻排次，此文「十」字衍。

41 阮元《經籍籑詁》，嘉慶間琅嬛僊館刊本，卷首，頁一——二。按錢〈序〉謂阮元「在館閣日」，與馬宗璉諸君相約分纂，其說未確，乾隆五十二、三年間，阮元尚未登第入詞館也。

42 張鑑等纂《阮元年譜》，頁四十四；另參拙稿〈阮元《經籍籑詁》纂修考〉。

竟之業，卒由阮元踵成之，其書迄今傳行弗替。

三、馬宗璉分纂《史籍考》史事鉤沈

畢沅集幕客修書，所著《關中金石記》、《中州金石記》、《關中勝跡圖記》、《晉書地理志校注》諸書，莫不有裨史學；而其尤要者厥有二事，其一為纂修《續資治通鑑》，另則纂輯《史籍考》。《續通鑑》前後歷時二十年，乾隆五十七年告成，為書二百二十卷。[43]畢氏以其稿寄錢大昕，屬為勘訂，增補考異，乾隆六十年於吳門開雕，由費士璣、李鋭、瞿中溶等共佐校讐之役。嘉慶二年七月，畢氏卒於辰州軍營，刻書之事中輟，已刻者計一百三卷。錢大昕將書稿及已刻板片悉歸其家，一百四卷以下，未續為參訂。此書書稿及已刻板片後來為馮集梧購得，馮氏續刻百十七卷，於嘉慶六年春全書告成。[44]《續通鑑》除馮氏原刻本外，另有同治間江蘇書局本、一九三六年中華書局《四部備要》本，及一九五七年中華書局點校本。

《史籍考》則屢修屢輟，前後三易其主。其初由畢沅先後於開封、武昌兩次開局纂輯，

43 胡適著，姚名達訂補《章實齋先生年譜》，一九八六年，臺北：遠流出版公司，頁一二一。

44 此書刊刻原委，拙稿〈《錢大昕年譜》別記〉有考，收於蔣秋華編《乾嘉學者的治經方法》（二〇〇〇年，臺北：中央研究院文哲所），頁八六五—九八七，事詳乾隆六十年、嘉慶六年條。胡適之先生《章實齋年譜》，此事所考殊欠明晰，茲不具論。

延章學誠主其事。章氏好高自標榜，目空一切，性復忮刻善妒，鮮克久交，致渠為人修書，除《永清縣志》外，其餘多未能終事。嘉慶二年畢沅卒時，章氏雖稱《史籍考》「底稿已及八九」，[45] 實則僅具椎輪耳。畢沅卒後，章學誠於嘉慶二年往投浙江布政使謝啟昆，擬藉其力續成《史籍考》，翌年復與館中意見不合辭去，《史籍考》書稿則由謝氏購得之。其續修工作，由胡虔繼主其事，錢大昭、袁鈞、張彥曾等佐之分纂。嘉慶四年，謝啟昆〈復孫淵如觀察〉云：

> 畢宮保《史籍考》之稿將次零散，僕為重加整理，更益以文瀾閣《四庫全書》，取材頗富，視舊稿不啻四倍之。臘底粗成五百餘卷，修飾討論，猶有待焉。[46]

其年九月，謝氏擢廣西巡撫，取道南昌，載書八船與俱。[47] 然幕中僅胡虔偕赴粵西，修書

---

45 乾隆六十年冬，章氏〈與阮學使論求遺書〉云：「鄙人楚游五年，秋帆制府《史考》功程僅什八九，以苗頑稽討，未得卒業。」（《章學誠遺書》，一九八五年，北京：文物出版社，頁三三三）又嘉慶元年三月十八日，章氏〈與孫淵如書〉云：「《史考》底稿，已及八九，自甲寅（乾隆五十九年）秋間，弇山先生移節山東，鄙人方以《通志》（森按：指《湖北通志》）之役羈留湖北，幾致受楚人之鉗。乙卯，方幸弇山先生復鎮兩湖，而逆苗擾擾，未得暇及文事，敝人狼狽歸家。」此札章氏《遺書》未收，見陳烈主編《小莽蒼蒼齋藏清代學者書札》，二〇一三年，北京：人民文學出版社，頁二二七—二二八。

46 謝啟昆《樹經堂文集》，《續修四庫全書》本，卷四，頁一。

47 謝啟昆《樹經堂詩續集》卷三《駿鸞草》有詩〈己未九月奉命巡撫廣西，留別浙中諸同好，用吳穀人贈行原韻二首〉，其一云：「囊無薏苡速浮謗，舫有詩書馴遠蠻。」元注：「載書八船，無他物。」（《續修四

之事再度中輟，全書書稿凡三百三十三卷（詳下）。道光間，江南河道總督潘錫恩得其稿，復延許瀚等為之刪繁補闕，《乾坤正氣集》卷末潘錫恩之子駿文〈後序〉云：

先公尚有增訂《史籍考》一書，亦與斯集同時讎校，係因畢秋帆、謝蘊山兩先生原本，為卷三百卅有三。第原書採擇未精，頗多複漏，先公因延旌德呂文節（賢基）、[48]日照許印林（瀚）、儀徵劉伯山（毓崧）、同邑包孟開（慎言）諸先生，分類編輯，刪繁補缺。仍照朱竹垞《經義考》定為三百卷，而補錄存佚之書，視原稿增四之一，詳審頓覺改觀，寫成清本，待付手民。[49]

道光二十八年九月，潘錫恩以病乞歸回籍（安徽涇縣）。咸豐六年，太平軍焚掠皖南，潘氏所居燬於火，藏書三萬餘卷悉成煨燼，《史籍考》書稿、清本同付劫灰，僅留其名於天壤間。《史籍考》纂修始末，迭經胡適之、姚名達、王重民、袁行雲諸先生先後考證，[50]其事漸明晰。一九六四年，羅炳綿撰〈《史籍考》修纂的探討〉長文，兼綜諸家之說，於《史籍

庫全書》本，頁一）又謝氏《粵西金石略》卷首胡虔〈序〉曰：「自豫章載書千卷。」（嘉慶六年，銅鼓亭刊本）

48 按呂賢基時任清河書院山長，故領銜署名，然第三次修書實由許瀚主其事。

49 潘錫恩輯《乾坤正氣集》，道光二十八年，潘氏求是齋刊本，書後潘駿文〈後序〉，頁一。

50 參見胡適著，姚名達訂補《章實齋年譜》乾隆五十二年以下各年相關論述；姚名達《中國目錄學史》及書後王重民〈後記〉（一九五七年，商務印書館重印本）；袁行雲《許瀚年譜》道光二十六、二十七年條（一九八三年，濟南：齊魯書社，頁一七九—二〇一）。

考》三次纂修原委、參與人員，考之尤詳。[51] 近年林存陽撰〈《史籍考》編纂始末辨析〉一文，[52] 亦頗見用心。顧載籍極博，個人眼目難周，《史籍考》纂修始末，諸家考證未及詳者尚多。如馬宗璉曾參與分纂，即為前述諸家論考所未及者。《桐城扶風馬氏族譜》本傳載：

畢尚書沅修《史籍考》，延公分纂《史學部》之〈音義〉、〈評論〉，《編年部》之〈斷代〉、〈歷表〉，《譜牒部》之〈專家〉、〈圖畫〉、〈年譜〉諸門。輯錄將竣，周總憲興岱督學粵東，亟延公入幕，佐之衡文。[53]

《桐城耆舊傳》卷十〈馬魯陳先生傳〉同。[54] 馬宗璉分纂《史籍考》之年，《族譜》、《耆舊傳》俱無明文。今就譾陋所及，考之如次：

按纂修《史籍考》之構想，本為永清知縣周震榮之創議。乾隆五十二年冬，章學誠因失館地，生計無著，周氏薦之，遂赴開封，往謁河南巡撫畢沅，倡修《史籍考》，期與朱彝

[51] 羅炳綿〈《史籍考》修纂的探討〉，一九六四—一九六五年，《新亞學報》六卷第一期，頁三六七—四一四；七卷第一期，頁四一一—四五五。此文收於氏著《清代學術論集》，一九七八年，臺北：食貨出版社，頁一—一一五。

[52] 林存陽〈《史籍考》編纂始末辨析〉，《故宮博物院院刊》二〇〇六年第一期，頁一三五—一五〇。

[53] 馬其昶《桐城扶風馬氏族譜》，卷首之五，頁五十六—五十七。

[54] 馬其昶《桐城耆舊傳》，頁三七一。

尊《經義考》相侔。[55]畢氏韙其言，明年正月因開局纂輯。上海圖書館藏乾隆五十三年正月廿四日洪亮吉致武億手札，中云：

> 日來章實齋亦來，為中丞師商照朱氏《經義考》例，辦《史籍考》。此間祇章、淩（按淩廷堪）及弟三人，意務欲足下來，同事編緝。昨弟已啟知中丞，亦甚欲延入節樓，以資教益。[56]

洪氏久在畢沅幕中，爰薦武億，邀之偕同修書。二月，武氏抵開封；章學誠則因家口眾多，畢沅另為位置歸德文正書院講席。三月，章氏〈與洪稚存博士書〉，中云：

> 三月朔日為始，排日編輯《史考》。檢閱《明史》及《四庫》子部目錄，中間頗有感會，增長新解，惜不得足下及虛谷（武億）、仲子（淩廷堪）諸人相與縱橫其議論也。然蘊積久之，會當有所發洩。不知足下及仲子此時檢閱何書？史部《提要》已鈔畢否？《四庫》集部目錄便中檢出，俟此間子部閱畢送上，即可隨手取集部發交來力

---

55 章學誠〈上畢制府書〉云：「學誠始侍鈴轅，在丁未（乾隆五十二年）之仲冬，其端自永清周尹發之。周尹見秀水朱氏作《經義考》，未及於史，以謂學塗之闕。仰知閣下心羅二十三史之古，文綜八十一家之奇，而學誠於史學略窺涯涘，可以備鈔胥而佐丹鉛，是以覼縷於閣下，而督學誠以行役。」（《章學誠遺書》，頁六一一）

56 詳拙稿〈武億年譜〉乾隆五十三年條，二〇一四年，《中央研究院歷史語言研究所集刊》八十五本第三分。

也。《四庫》之外，《玉海》最為緊要，除〈藝文〉史部毋庸選擇外，其餘〈天文〉、〈地理〉、〈禮樂〉、〈兵刑〉各門，皆有應采輯處，不特〈藝文〉一門已也。此二項訖工，廿三史亦漸有條理，都門必當有所鈔寄。彼時保定將家既來，可以稍作部署。端午節後，署中聚首，正好班分部別，豎起大間架也。[57]

《史籍考》形式多仿《經義考》為之，創稿之初，蓋以《四庫提要》及《玉海》為著錄基礎，分類鈔錄耆輯，章氏則撰〈論修史籍考要略〉，[58]以為修書綱領；至「班分部別」、創條發例，其時尚在摸索中。論者咸據章氏〈與洪稚存博士書〉，謂武億曾參與分纂。實則武億抵開封後，舊疾時作，復患胸鬲怔忡，[59]旋於五月中辭去，轉赴清化，館王增懷慶府通判署，渠在畢沅幕中前後僅三閱月。[60]行前，洪亮吉有一札寄之，信中述及《史籍考》纂輯初期檢閱諸史歸類情況，此札原墨現藏上海圖書館，向未見學者引及，今錄之備覽：

手書頒到，知文旆已定于明日起行，惟不及走送是恨。……至此次繙閱諸史，不過欲存檔案，且記明作書之旨，以便異日歸類。如弟近日閱晉史，如〈羊祜傳〉（《晉書》卷三十四），祜所著文章及為《老子傳》（《老子傳》他日《史籍考》歸紀傳類）；〈傅玄傳〉（《晉

57 《章學誠遺書》，頁二二二。
58 同上注，頁一一六——一一七。
59 武億〈與張六吉書〉，見《授堂文鈔》，道光二十三年，武氏刻《授堂遺書》本，卷十，頁十三。
60 參拙稿〈武億年譜〉乾隆五十三年條。

書》卷四十七），玄撰論經國九流及三史故事，評斷得失，各為區例，名為《傳子》云云。（《傳子》他日《史籍考》歸史評類。必錄其傳中原文者，恐與〈藝文〉、〈經籍〉諸志卷數有異同耳，為考證之地。）俟八月中實齋歸類已定，他日分類或分代作考證，事即簡捷也。[61]

然畢沅是年秋擢湖廣總督，會荊州江水異漲，潰決堤塍，荊州闔境被淹，畢氏倉卒赴任。[62]淩廷堪則由河南入京，應順天鄉試，中副榜第十名，其冬，回歙省親。[63]章學誠於畢沅赴武昌後，「俄失所主」，為歸德知縣所辭退，乃移家亳州，[64]依知州裴振，為修《亳州志》，《史籍考》纂輯工作遂告中輟。

乾隆五十五年春，章氏復往武昌依畢沅，續纂《史籍考》。[65]同年三月，馬宗璉三赴禮

---

61 原札錄文參見拙稿〈洪亮吉北江遺文輯存〉，二〇一三年，中央研究院文哲所《中國文哲研究通訊》二十三卷第四期，頁二〇一—二五〇。

62 史善長編《弇山畢公年譜》，同治十一年，鎮洋畢長慶刊本，頁三十八。

63 張其錦編《淩次仲先生年譜》，《安徽叢書》本，卷二，頁一。

64 章氏〈上畢制府書〉：「閣下移節漢江，學誠欲襆被相從，則妻子無緣寄食；欲仍戀一氈，則東道無人為主。蓋自學誠離左右之後，一時地主面目遽更，造謁難通。……不得已還住亳州，輾轉於當塗、懷寧之間，一鉢蕭然，沿街乞食。士生天地，無大人先生提挈而主張之，其窮阨也有如斯矣。」（《章學誠遺書》，頁六一一）蓋畢氏移節武昌後，即為歸德知縣所辭退也。

65 胡適著，姚名達訂補《章實齋先生年譜》，頁一〇六。

部試，四月榜發，復黜，乃出都南歸。嘉慶二年秋，馬宗璉賦〈贈朱習之歸大興〉長句，[66]詩中追憶五十五年禮闈落榜後徬徨之情，有句云：

> **吾師南宮收俊彥，我獨驅車反鄉縣。尚書召食武昌魚，侍郎**（元注：周君東屏）**邀採端溪硯。**[67]

首句「吾師南宮收俊彥」，「南宮」即禮部試代稱，五十五年庚戌會試，內閣大學士王杰為總裁，吏部侍郎朱珪、內閣學士鄒奕孝副之。[68]此寫朱珪會試所得多俊彥，己獨失意黯然將歸。時畢沅召之赴武昌，佐修《史籍考》，而新任廣東學政周興岱則邀渠赴粵（詳下）。馬宗璉最終選擇赴楚，客畢沅節署，分纂〈史學部〉之〈音義〉、〈評論〉，〈編年部〉之〈斷代〉、〈歷表〉，〈譜牒部〉之〈專家〉、〈圖畫〉、〈年譜〉等七門。

據《章學誠遺書・補遺》所收〈史籍考總目〉，其書除卷首〈制書〉二卷外，計分〈紀傳〉、〈編年〉、〈史學〉、〈稗史〉、〈星歷〉、〈譜牒〉、〈地理〉、〈故事〉、〈目錄〉、〈傳記〉、〈小說〉等十一部，共三百二十五卷；[69]惟計其數，僅得三百二十三卷，尚缺二卷。其中〈編

---

66 按嘉慶元年八月，朱珪由兩廣總督降安徽巡撫。翌年閏六月，其子錫經（習之）由京赴皖趨省，九月下旬自皖回京（朱錫經《南厓府君年譜》，卷中，頁三十—三十一），馬宗璉贈行之詩蓋作於是時。

67 馬樹華編《桐城馬氏詩鈔》，卷六十三，頁一。

68 法式善《清秘述聞》，頁二八九。

69 《章學誠遺書》，頁六一八。

年部〉凡〈通史〉七卷、〈斷代〉四卷、〈記注〉五卷、〈圖表〉三卷；〈史學部〉為〈考訂〉一卷、〈義例〉一卷、〈評論〉一卷、〈蒙求〉一卷；〈譜牒部〉凡〈專家〉二十六卷、〈總類〉二卷、〈年譜〉三卷、〈別譜〉三卷。馬宗璉分纂〈史學部〉之「音義」，疑即〈總目〉之「蒙求」；〈編年部〉之「歷表」，蓋即〈總目〉之「圖表」；〈譜牒部〉之「圖畫」，〈總目〉無之，疑即今本〈總目〉所缺之二卷。

《馬氏族譜》言馬宗璉分纂各門，「輯錄將竣」，適周興岱督學粵東，延之入幕，遂赴嶺南，佐其校士。然如上引〈贈朱習之歸大興〉詩所言，馬宗璉五十五年五月出都前，周興岱即邀之偕赴嶺南。馬宗璉選擇赴武昌修書，然未久即離楚赴粵，蓋由章學誠其人難與共事，因辭去耳。其秋，馬宗璉同邑友人左眉亦在畢沅幕中，二人先後辭去，左氏另薦同里胡虔繼其事。[70] 翌年春，胡虔赴武昌；未幾，姚鼐即寓書謝啟昆，告以胡君「甚為章實齋所苦」，擬稍後改投謝君幕，《惜抱先生尺牘》卷一〈與謝蘊山書三〉云：

> 胡生雒君在楚中，甚為章實齋所苦，餘人多去之，雒君勉留以終其事。秋冬之間或來鈴閣，未可知也。計此時其書亦嚮（森按：疑「將」字之訛）成矣。若今冬不來，必于明春爾。[71]

70 據左眉《靜菴詩集》卷四〈述舊事一篇寄章實齋〉（《清代詩文集彙編》本，頁一——二），及卷六〈晚登黃鶴樓〉、〈與章實齋約游赤壁因病未果〉二詩（頁八——九）。

71 姚鼐《惜抱先生尺牘》，《海源閣叢書》本，卷一，頁九。

繹此，知畢沅幕客咸為章氏所苦，紛紛求去。時畢氏《續通鑑》垂成，胡虔勉強留之，以終其事。五十七年《續通鑑》稿成，胡虔即赴謝啟昆江南河道幕；[72]章氏仍留畢沅幕府，為修《湖北通志》，然亦與館中修書諸人不諧。[73]五十九年八月，畢氏因湖北白蓮教案奏報不詳實被議，降補山東巡撫。六十年正月，回任湖廣總督，時貴州銅仁苗民石柳鄧、湖南永綏苗民石三保聚眾滋事，畢氏奉命辦理軍火糧饟，與湖南巡撫姜晟會籌軍務，[74]固無暇修書；章學誠遂於是年「狼狽歸家」，[75]畢沅纂修《史籍考》一事終告停頓。

四、馬宗璉游幕粵東之年

前引《馬氏族譜》、《桐城耆舊傳》並言：

畢尚書沅修《史籍考》，延公分纂。……輯錄將竣，周總憲興岱督學粵東，亟延公入幕，佐之衡文。所至，與起古學。

72 尚小明〈胡虔生平繫年〉，《中國典籍與文化》二〇〇五年第四期，頁六十五。

73 嘉慶元年三月，章學誠〈與孫淵如書〉云：「自甲寅（五十九年）秋間，弇山先生移節山東，鄙人方以《通志》之役羈留湖北，幾致受楚人之鉗。」（陳烈主編《小莽蒼蒼齋藏清代學者書札》，頁二二八）

74 史善長編《弇山畢公年譜》，頁五十一—五十四。

75 見前注所引嘉慶元年三月章學誠〈與孫淵如書〉：「乙卯（六十年），……敝人狼狽歸家。」胡適之先生《章實齋年譜》繫章氏歸里於五十九年（頁一三七），未確。

據此，則馬宗璉游幕粵東應在分纂《史籍考》之後。按錢實甫編《清代職官年表》冊四《學政年表》，廣東學政曹仁虎五十一年九月任，翌年丁母憂，八月，以哀毀卒，[76]由關槐繼其任；五十四年八月陳桂森、五十七年八月戴衢亨、六十年二月恭泰先後繼任；嘉慶三年八月曹振鏞任，十二月丁憂免，由李光雲繼之。翌年正月，李氏以老休，由萬承風繼任；嘉慶六年八月姚文田、九年八月茅元銘任。[77]《學政年表》未載周興岱提督粵學事。

檢《高宗實錄》，乾隆五十四年八月十六日己巳諭：「各省學政，現屆應行更換之期。……廣東學政，著陳桂森去。」[78]然五十五年四月廿一日辛未諭曰：

郭世勳（森按：時任廣東巡撫）奏：「廣東學政陳桂森現在患病，難以速痊。正值歲試之時，未便遷延，請解任調理」等語。陳桂森著准其回籍調理；所有廣東學政，著周興岱去。[79]

據此，知陳桂森到粵後久病不癒，五十五年夏，由周興岱接替其任，錢實甫《年表》闕載。復據中央研究院歷史語言研究所藏內閣大庫檔，有五十五年九月禮部〈移會稽察房廣東學

76 錢大昕〈日講起居注官翰林院侍講學士曹君墓誌銘〉，《潛研堂集》，一九八九年，上海古籍出版社呂友仁點校本，頁七八二。

77 錢實甫編《清代職官年表》，一九八〇年，北京：中華書局，頁二六八〇—二六九一。

78 《高宗實錄》，一九八六年，北京：中華書局，卷一三三七，頁一。

79 同上注，卷一三五三，頁二十七—二十八。

政周興岱奏報到廣東學政任日期〉，[80] 知周氏是年七月九日抵廣州接印。

另據王學浩《易畫軒詩錄》卷一〈哭亡室葛孺人〉詩，小序云：

自余公車留京師，不暇顧家，家益貧乏。……戊申（乾隆五十三年），余應今少宗伯周公興岱聘，館穀稍豐，而孺人節用如故。辛亥（五十六年），周公視學粵東，浼余偕行；又二年，余由粵歸省。[81]

王氏此言周興岱「辛亥視學粵東」，蓋後來追憶偶誤耳。惟據此文，知王學浩乾隆五十三年已館於周興岱家；五十五年夏，周氏赴任廣東學政，王學浩同赴嶺南。[82] 石韞玉〈王椒畦家傳〉云：

王君學浩，字孟養，別號椒畦。……乾隆丙午（五十一年）舉於鄉，出故相朱文正公之門。是科以〈鄉黨〉「過位」二節命題，舊解頗有異同；文正主歙人江氏之說，以

80 中央研究院歷史語言研究所藏內閣大庫檔案，登錄號〇九七五五一—〇〇一。
81 王學浩《易畫軒詩錄》，光緒六年，潘氏滂喜齋刊本，卷一，頁十五。
82 按張問陶為周興岱女夫，張氏《船山詩草》卷四有〈送椒畦赴廣東學使幕府〉、〈送周補之、旗樵赴廣東之外舅學士公任〉，補之、旗樵即周興岱二子廷授、廷掄兄弟。二詩之後為〈八月初九夜月〉、〈中秋月下作〉、〈再別椒畦、蒔塘〉、〈外姑杜恭人將赴廣州，以亡婦周孺人脂箱、粉盝及殤女阿梅衣衫、弄物貽余。燈下不寐，淒然有作〉（《續修四庫全書》本，卷四，頁二十九—三十四）。合此諸詩繹之，蓋周興岱五月離京赴任；中秋後，王學浩（椒畦）始送其家眷赴粵也。

「升堂」為路寢之堂，君文適符其說，因是鍼芥相投焉。……累赴春官不第，都門大人先生爭羅致之。初館於王給諫鍾健家，繼移主於周侍郎興岱。侍郎視學廣東三年，君在幕府襄其事，公明之譽滿粵東，寔惟君之助。及其歸也，運河道策丹延主兗州書院講席。[83]

按此，知王學浩與馬宗璉為乾隆丙午江南鄉試同年。前引馬宗璉〈贈朱習之歸大興〉詩云：「尚書召食武昌魚，侍郎邀採端溪硯」，蓋五十五年四月周興岱發布接任廣東學政，時馬宗璉會試不第，尚未出都，周興岱邀之赴粵，或即王學浩所薦。馬宗璉先赴武昌修書，意有未洽，因即別去，改就周興岱粵學幕。

馬宗璉赴粵之年，未見明文。時張問陶之兄問安同在周興岱幕中，[84] 據五十七年春張問安〈送馬稷甫歸桐城四首〉，其二云：「嶺表來三年，塵土苦羈束。君留竟幾日，行李胡

---

83 王學浩《易畫軒詩錄》，卷首，頁一—二；又石韞玉《獨學廬餘稿》，《續修四庫全書》本，頁三十七—三十八。

84 張問安，字亥白，乾隆五十三年舉人，與弟問陶有「二難」之目。（《清史列傳》，頁五九六一）乾隆五十五年春，張氏兄弟入都會試，張問陶以三甲進士選翰林院庶吉士；張問安落榜，因入周興岱粵學幕。張問陶《船山詩草》卷七有乾隆五十六年所作〈去年五月，與亥白兄別于京師廣寧門外三藐庵，亥白乘騾車不能下，余走送之，且行且語，相與灑淚而別。予今年乞假還山，已踰半載，亥白猶滯嶺南也，歲暮奉懷卻寄〉詩（頁八—九），知張問安五十五年五月出京，蓋與周興岱偕行赴粵也。

太促。……」[85]由「嶺表來三年」之語繹之，馬宗璉蓋五十五年秋冬間至粵。《校經堂詩鈔》卷上有〈灘頭鎮古廟〉、〈灘行阻風〉、〈湞陽峽〉諸詩，知由湘南入粵也。

《馬氏族譜》、《桐城耆舊傳》謂宗璉佐周興岱校士，「所至，興起古學」，其故有可言者。本文首節引《馬氏族譜》云：馬宗璉「精通古訓及地理之學，……應乾隆丙午鄉試，解《論語》『過位』、『升堂』，合于古制，典試大興朱文正亟拔之」；上引石韞玉撰〈王椒畦家傳〉，亦言王學浩解《論語》「升堂」用江永之說，為主考朱珪所賞。阮元亦以此科中舉，梁章鉅《制藝叢話》卷十三云：「朱文正師主江南丙午鄉試，首藝『過位』二節題，阮芸臺師從江氏新說，中第八名。……通場萬卷，合此解者不啻百分之一。」[86]朱筠、朱珪兄弟雖生長北地，然多交南士，崇尚漢學考據，為斯學之興推波而助瀾。錢大昕撰〈江先生永傳〉，亦言：「丙午江南鄉試，以〈鄉黨篇〉命題，士子主先生說者皆得中式，由是海內益重其學。」[87]馬宗璉、阮元、王學浩等，於科舉制藝外，咸能留心古義，足徵學有根柢。然則馬、王兩君佐周興岱校文，「所至，興起古學」，自不足異。觀乎朱珪丙午江南鄉試、己巳會試兩榜所取之士，後來多以治經名家，諸家爾後或為鄉、會試主考，或出為學政，咸以古學倡，漢學考據一時蔚為主流，此亦一關鍵也。

《清史列傳》、《清史稿》本傳載馬宗璉著作，除《校經堂詩鈔》二卷外，另有《嶺南詩

---

85 張問安《亥白詩草》，《清代詩文集彙編》本，卷三，頁十八。
86 梁章鉅《制藝叢話》，二〇〇一年，上海書店出版社，頁二七二—二七三。
87 錢大昕《潛研堂集》，頁七〇九。

鈔》一種，蓋在粵學幕中，蓬牕之暇，此倡彼和，詩作獨多，故另編為集。惜其稿不傳，致馬宗璉在粵行蹤，無復可徵也。《校經堂詩鈔》所存嶺南之詩，僅〈湞陽峽〉、〈大廟峽〉、〈自徐聞渡海至瓊州〉、〈雷州陸公泉〉、〈峽山飛來寺〉五首。[88]茲就此諸詩寫作時間考之，按張問安有〈九月初七日渡海〉一詩，[89]則五十六年八月試廉州後，於九月七日渡海，試瓊州府；[90]瓊州試畢，歸試雷州也。而〈峽山飛來寺〉其二云：「嶺南遊覽徧，歲晏試言歸。欲訪東坡跡，飛泉濺碧磯。……」則五十六年歲晚，馬宗璉遊峽江時已興歸意矣。

周興岱於五十七年秋任滿，馬宗璉則先期離粵，由張問安〈送馬稷甫歸桐城四首〉繹之，其三云：「我來已七日，君行尚後期。還計分袂候，已在初春時。古人重離別，臨歧猶遲遲。……」[91]則馬宗璉於五十七年春離粵。馬氏《校經堂詩鈔》卷一〈峽山飛來寺〉之後，即〈度庾嶺遇盧海環入粵〉、〈南贛舟中乍寒有感〉、〈過惶恐灘〉諸詩，蓋度大庾嶺由江西北行途中所作。〈度庾嶺遇盧海環入粵〉首聯云：「探梅君入粵，橐筆我言歸。」[92]是馬宗璉五十七年春離粵無疑。復據〈南贛舟中乍寒有感〉詩云：

---

88 馬樹華編《桐城馬氏詩鈔》，卷六十二，頁六。

89 張問安《亥白詩草》，卷三，頁十二。

90 按《亥白詩草》，〈九月初七日渡海〉之前二詩為〈蝶飲詩〉、〈廉州孔廟古鍾歌〉。〈蝶飲詩〉小序云：「辛亥八月十一日在廉州使院，方食頃，有蝶自西來，紫質黑章，徑下予杯而飲。……」可據以推知馬宗璉〈自徐聞渡海至瓊州〉詩五十六年九月七日作也。

91 張問安《亥白詩草》，卷三，頁十八。

92 馬樹華編《桐城馬氏詩鈔》，卷六十二，頁六。

虔州行兩日，尚滯北風天。雨暗郁前樹，雲寒谷口煙。歸途幾萬里，作客近三年。待飲屠蘇酒，驅車入薊燕。[93]

蓋南贛歸舟春暖乍寒也。此詩「作客近三年」之語，當合五十五年赴楚時間計之。而據末聯「驅車入薊燕」句，知馬宗璉離粵後北上入都，並未回桐城。另據前引嘉慶二年九月馬宗璉〈贈朱習之歸大興〉詩，追述昔日舊遊，有「迢遙嶺表歸旌旆，乘興復覽錢塘潮」句，則渠此行曾赴杭觀錢塘潮，由浙舟行北上也。

馬宗璉離粵前，曾因許宗彥（周生）致書嶺南詩家黎簡（二樵），索書近詩。黎氏寫所作〈白絲行〉一詩貽之（詳下），並賦五古一章送別，末三聯云：「從茲天地間，此別不可奈。小詩入君手，勿強許子（森按：許宗彥）和。刻意傷春心，其瘦吾所怕。」[94] 據末聯「傷春」之語，亦可證馬宗璉五十七年春離粵無疑。黎氏五十八年癸丑編年詩復有〈病起得侯貞友二月廿四日書索作畫，畫成寄之，並呈馬稷甫〉詩云：

……憶君（森按：侯貞友）歸半年，〈伐木〉感友朋。家食弄狗子，于門逢馬卿。馬卿倦南游，北轍趨上京。京華士夫內，或問賤子名。吟我〈白絲行〉（元注：馬君瀕行，吾書〈白絲行〉貽之），取義竊杜陵。……馬君既還吳，進士不速成。則知二月時，無

93 同上注。

94 黎簡〈桐城馬孝廉稷甫因周生致書索僕書近詩，作此送別，兼呈周生寄平叔〉，《五百四峰堂詩鈔》，《續修四庫全書》本，卷二十二，頁二十六——二十七。

意千佛經。（元注：貞友書言：頃得桐城馬稷甫書，知樵（按黎簡字二樵）去秋薦而不售云云。果爾，則馬君北行已早還，不及試禮部也。）……[95]

侯貞友名雲松，江蘇上元人，嘉慶三年舉人。此詩言侯氏二月間曾與馬宗璉於吳門相逢，則馬氏五十七年抵京後，翌年正月出都，二月南還至吳，並未參加癸丑科會試，故黎簡詩言「進士不速成」、「無意千佛經」也。

五、馬宗璉殿試罰科索隱

《清史列傳》、《清史稿》本傳但言馬宗璉「由舉人官東流縣教諭；嘉慶六年成進士」。《馬氏族譜》記其仕歷云：「以大挑二等，署合肥、休寧教諭，補東流教諭。至嘉慶己未會試中式，辛酉成進士。」[96]依此，則馬宗璉成進士之前，嘗經舉人大挑，已官教諭矣；乃又應嘉慶四年禮闈，既已會試中式矣，然遲至六年始成進士。其大挑之年，《桐城耆舊傳》、《族譜》俱無明文；而馬宗璉己未會試中式，兩年後辛酉恩科始成進士，個中緣由，史傳、《族譜》、《桐城耆舊傳》俱無片言及之。今鉤稽相關史料，考之如次：

《清史稿》卷一百十〈選舉五〉載：

95 黎簡《五百四峰堂詩鈔》，卷二十三，頁十九—二十。

96 馬其昶《桐城扶風馬氏族譜》，卷首之五，頁五十七。

舉、貢與進士雖並稱正途，而軒輊殊甚。順治間，貢生考取通判，終身無望得官。乾隆間，舉人知縣銓補，有遲至三十年者。廷臣屢言舉班壅滯，然每科中額千二百餘人，綜十年計之，且五千餘人，銓官不過十之一。謀疏通之法，始定大挑制。大挑六年一舉行，三科以上舉人與焉。欽派王大臣司其事，十取其五，一等二人用知縣，二等三人用學正、教諭。用知縣者，得借補府經歷、直隸州州同、州判、縣丞、鹽庫大使；用學正、教諭者，得借補訓導，視前為疏通矣。[97]

是乾隆時定「大挑」制，乃因「舉班壅滯」，為謀疏通之法而設，需三科以上舉人始得赴選。馬宗璉乾隆五十一年秋舉人中式，翌年丁未會試、五十四年己酉恩科、五十五年庚戌科俱被落；五十八年癸丑科未就試，渠應舉人大挑當在五十八年以後。按《高宗實錄》乾隆五十八年四月廿六日戊子諭曰：

朕仰蒙昊蒼眷佑，纘緒凝庥，臨御以來，海宇敉寧，遐方向化，敷功熙績，幸躋十全，踐阼年滿六十，實二十五即位之人君所難得也。前曾降旨，於六十一年歸政。……著於乾隆五十九年秋特開鄉試恩科，六十年春為會試恩科；至六十年秋，即為嗣皇帝恩科鄉試，丙辰春間即為嗣皇帝元年恩科會試。所有應行事宜，著該部照例豫備。

97 《清史稿》，頁三二一一二。

其各直省舉人大挑，亦著於六十年會試後，該部奏請辦理。[98]

又《仁宗實錄》嘉慶五年八月初三日癸丑載：

諭內閣：各直省舉人自乾隆六十年乙卯恩科大挑後，至明歲會試，又閱六載，著於辛酉恩科會試後大挑，該部居期查照向例奏辦。[99]

據此兩文，知乾隆六十年會試後大挑，閱六年，至嘉慶六年乃復行之。然則馬宗璉大挑必在乾隆六十年夏，蓋是年四上春官見黜，遂應舉人大挑，考列二等，以教諭用。

嘉慶元年冬，朱珪調任安徽巡撫，[100]馬宗璉向以古學受知。《馬氏族譜》、《桐城耆舊傳》卷十並言：宗璉歷署合肥、休寧教諭，後補東流教諭。檢合肥、休寧兩縣志〈職官表〉，俱不載其名，蓋由短期署理故爾。《族譜》、《桐城耆舊》兩傳既言宗璉曾「補東流教諭」，乃檢《東流縣志・職官表》亦無其名。復檢《清代縉紳錄集成》所收嘉慶元年春、嘉慶二年冬、嘉慶三年秋、嘉慶三年冬四種《縉紳全書》，俱載安徽東流縣「教諭宮增祐，揚州府人，

98 《高宗實錄》，卷一四二七，頁二十。

99 《仁宗實錄》，一九八六年，北京：中華書局，卷七十二，頁四。

100 按朱錫經《南厓府君年譜》，朱珪嘉慶元年八月降補安徽巡撫，十月廿七日接印；翌年三月，授兵部尚書，仍兼攝皖撫；九月，調補吏部尚書，留皖署理巡撫；至嘉慶四年正月，始返京供職。（卷中，頁二十七—三十二；卷下，頁一）

副榜，﹝乾隆﹞六十年九月選」。[101] 蓋自乾隆六十年九月至嘉慶三年，宮氏俱在東流教諭任上；嘉慶四年五月，始由馬宗璉同年友王灼繼其任。[102] 史傳、《族譜》、《耆舊傳》言馬宗璉「以舉人官東流縣教諭」者，疑嘉慶三年宮氏去職後，馬宗璉曾短期署理，然未經實授，故四年春渠復入都就試。馬宗璉《校經堂詩鈔》卷二有〈復乞﹝法﹞份叔作蕭翼賺蘭圖三疊前韻〉、〈曼亭依韻見和，因復次韻答之〉二詩，後一首末聯云：「鄭虔風味曾經慣，不速還來食俸錢。」元注：「練江時為淮安廣文，予亦曾署教職。」[103] 此詩嘉慶五年所作，詩注但言「予亦曾署教職」，則未嘗實授可知也。蓋朱珪深惜其才，不欲宗璉終老教職，故未實授，仍促其入都會試。嘉慶四年正月，朱珪回京供職，馬宗璉隨亦入都應試。馬其昶《族譜》、《桐城耆舊》兩傳言宗璉嘗補東流教諭，應非其實，史傳則沿其誤也。

嘉慶四年己未科會試，總裁適為朱珪，時任吏部尚書，副總裁則左都御史劉權之、戶部侍郎阮元、內閣學士文幹。[104] 阮元從弟阮亨《瀛舟筆談》卷七云：

> 己未科兄以經義求士，尤重三場策問。是以武進張臯文（惠言）、高郵王伯申（引之）、

101 嘉慶元年春奎文閣刻《搢紳全書》，亨頁五十三；嘉慶二年冬奎文閣刊本，亨頁五十三；嘉慶三年秋琉璃廠榮錦堂刊本，亨頁四十六；嘉慶三年冬刊本，亨頁五十三。

102 嘉慶五年冬《搢紳全書》載東流縣「教諭王灼，桐城人，舉人，﹝嘉慶﹞四年五月選。」（亨頁五十三）按王灼與馬宗璉為乾隆丙午同榜舉人，見《桐城續修縣志》卷七〈選舉表〉，頁二十九。

103 馬樹華編《桐城馬氏詩鈔》，卷六十三，頁十二。

104 法式善《清秘述聞》，頁三一三。

閩縣陳恭甫（壽祺）、德清許積卿（宗彥）、桐城馬魯陳（宗璉）、棲霞郝蘭皋（懿行）等，皆治經多所著述也。[105]

此榜所取之士，爾後頗多以經學名家，固不止阮亨所舉數人耳。馬宗璉鄉、會兩試並出朱珪之門，可稱佳話，此科會試以第五十七名中式。[106]另檢中國第一歷史檔案館編《嘉慶道光兩朝上諭檔》，載嘉慶四年四月十二日永瑆等奏此科中式進士覆試等第名次，凡一等六名、二等三十八名、三等一百六十一名，馬宗璉三等八十二名；[107]另有「不入等之薛壂、宋潢、黃任萬、陳中孚四名，遵旨罰停殿試一科；魏士俊、趙子璟、康黃中三名，罰停殿試二科」。[108]按《清史稿・選舉志》載：「覆試，詩文疵謬，詩失粘，擡寫錯誤，不避御名、廟諱至聖諱，罰停會試、殿試一科或一科以上。文理不通，或文理、筆跡不符中卷者黜。」[109]馬宗璉既已會試中式，復不在覆試罰停殿試七人之列，則渠未行殿試，殊令人費解。

按乾隆十年諭：「今三月會試已著為定例，則殿試之期自應酌量變通。著自今科為始，

---

105 阮亨編《瀛舟筆談》，嘉慶二十五年刊本，卷七，頁十四。
106 馬其昶《桐城扶風馬氏族譜》，卷三，頁四十二。
107 中國第一歷史檔案館編《嘉慶道光兩朝上諭檔》，二〇〇〇年，桂林：廣西師範大學出版社，冊四，頁一二六。
108 同上注，頁一二三。
109 《清史稿》，頁三一六二。

於四月二十六日殿試，五月初一日傳臚。」[110] 二十六年奏准：「四月二十日以前，磨勘前後事宜具可完竣。四月二十一日殿試，二十五日傳臚。」[111] 據此，知覆試試卷在殿試之前須經磨勘。殿試僅試策論一道，限日入前交卷，不許繼燭。[112] 試後，四月廿五日傳臚，並張挂黃榜（大金榜）於長安左門外，揭示新科進士等第名次，待朝考後，即可分發任官，故與試者莫不悉力以赴。其未殿試者，則因丁憂，或因病「告殿」（告假不與殿試），或如前述覆試「罰科」。馬宗璉未殿試，雖不在永瑆所奏罰科七人之列；然據李賡芸《稻香吟館詩稿》卷三，有〈過淮關晤同年周孝廉曼亭、馬進士器之〉及〈淮安訪同年張教授天石〉二詩，後一詩曰：

行行半舍間，得接三君語。三君皆齊年，蹤跡歧出處。弁陽（周八曼亭）擅春藻，家住長洲渚。七踏東華塵，久習名場苦。少游（馬大器之）略相等，登第又殿舉。治經侔賈服，頻眠征南杜（輯有《左傳古注》）。頻年客四方，不得安故寓。……[113]

---

110 李鴻章等《大清會典事例》，光緒二十五年石印本，卷三六一〈貢舉〉，頁十一。

111 同上注，卷三六一，頁十四。

112 乾隆四十六年諭：「考試繼燭，最滋弊竇，至於連宵達旦，則更長人倦，防閑更未能周。且朝考例作四題，尚不過日入完卷；而殿試對策一道，窮日之力，寫作已可從容，何必焚膏繼晷始得成章乎？況殿廷重地，尤宜謹慎。嗣後殿試交卷，至遲亦以日入為度，不能仍准繼燭。其不能完卷者，仍准列入三甲末。」（李鴻章等《大清會典事例》，卷三六一，頁十五—十六）

113 李賡芸《稻香吟館詩稿》，《續修四庫全書》本，卷三，頁二十—二十一。

此詩所言三君，為張錤（天石）、周雋（曼亭）及馬宗璉。張錤，江陰人，乾隆五十二年進士，[114] 至嘉慶三年六月始選淮安府學教授，[115] 故此詩下文言張氏「需次越十年，寒氈典膠序」；周雋則七上春官不第，故「久習名場苦」。而馬宗璉亦春官屢躓，乃嘉慶四年已中式矣，而「登第又殿舉」。按《日知錄》卷十七「殿舉」條云：「殿舉，……今謂之罰科。」[116] 馬宗璉雖不在前述覆試罰科七人之列，然如上文所述，覆試卷例有大臣覆勘，[117] 馬氏當因覆試磨勘，繕寫違式而遭罰科。張其錦編《淩次仲先生年譜》載：淩廷堪乾隆五十四年舉本省鄉試，翌年「恩科會試中式第四名」，「四月十八日，正大光明殿覆試恭紀詩，以頭場首藝磨勘停殿試」，五十八年春乃入京補殿試，以三甲二十六名成進士。[118] 馬宗璉亦因覆試磨勘，罰停一科，至嘉慶六年辛酉恩科乃補殿試，以三甲一百十三名成進士，[119] 候選知縣。

同年五月，馬氏蹭蹬出都，《小莽蒼蒼齋藏清代學者書札》有渠寄友人何道生手札一通：

淮陰分袂，日增馳溯。夏初春明聞吾兄定北山之志，解組回都；又聞有遨遊湖山之

114 江慶柏編《清朝進士題名錄》，頁六四三。

115 嘉慶三年冬《縉紳全書》，亨頁四十四。

116 顧炎武《日知錄》，康熙三十四年，潘氏遂初堂刊本，卷十七，頁七—八。

117 《清史稿‧選舉志》云：「乾隆二十一年，始令磨勘官增注銜名。二十五年，復增大臣覆勘例，分別議敘、議處，功令始嚴。……其時磨勘諸臣慎重將事，不稍假借，一變因循敷衍之習。」（頁三一六三）

118 張其錦《淩次仲先生年譜》，卷二，頁三—九。

119 江慶柏編《清朝進士題名錄》，頁六九五。按覆試遭罰科者，向例列於三甲。

樂，西冷題詠，定與香山、東坡接迹風人矣，欣羨無既。弟五月由水道南旋，八月到杭，訪問旌旆來浙之期，竟無知者。豈雅興避喧，不欲與武林冠蓋交接邪？高言妙句，末由快讀為歉耳。

弟明春中丞師薦主溫州書院。李觀察石農先生雅懷亮節，素與吾兄、硯農先生唱和都門，伏希魚鱗便致，代為說項，即交兒子瑞辰寄浙，以便走謁。兒子幼學未充，一切幸為誨訓，感泐無既。敬請年伯大人福安。蘭士二兄太守，年愚弟馬宗璉頓首，陽月十四日浙江節署。

硯農先生統此請安。120

何道生，字立之，號蘭士，山西靈石人，乾隆四十四年舉人，逾年偕兄元烺（原名道沖，號硯農）同榜成進士。此信未書撰年，按札首言初夏京中「聞吾兄定北山之志，解組回都」，據秦瀛〈寧夏府知府蘭士何君墓志銘〉云：「〔嘉慶〕五年，授江西九江府知府；六年，以疾告，旋丁外憂歸。八年服闋，授甘肅寧夏府知府，以十一年七月十八日沒于寧夏，年四十有一。」121 知此札必嘉慶六年何道生自九江告歸還京後，馬宗璉在阮元浙江撫署所撰也，是年馬瑞辰入都會試未第，淹留京師，故信中有「交兒子瑞辰寄浙」之語，則此札必嘉慶六年十月十四日撰也。依札中所述，知馬宗璉是年「五月由水道南旋，八月到杭」，訪浙撫

120 陳烈主編《小莽蒼蒼齋藏清代學者書札》，頁三七一。

121 秦瀛《小峴山人續文集》，《續修四庫全書》本，卷二，頁五十。

阮元於杭州節署，阮氏為薦明年春主講溫州書院。時李鑾宣（字石農，山西靜樂人）任浙江溫處兵備道，[122]溫州正其所轄。何道生兄弟素與李鑾宣交好，[123]都中時相倡和，故馬宗璉特別寓書何君，屬為說項。今檢《校經堂詩鈔》卷二有〈和芸臺師秋桑四首原韻〉、〈孤山放舟至花神廟看桂花〉、〈秋夜呈芸臺先生〉、〈重陽〉、〈閱漢石經，有感於鴻都立學事，作歌紀之〉、〈李許齋司馬以監試內簾詩見示，依韻和之〉等十五首，皆是年在杭州時所賦。嘉慶七年春，馬宗璉主溫州書院講席，其年九月遽卒。渠一生偃蹇名場，雖成進士，卒不得一官，「頻年客四方，不得安故寓」（前引李賡芸詩），鬱鬱齎志以歿。後以子瑞辰官工部都水司員外郎，贈如其官，[124]或可稍慰侘傺孤魂。

六、結 論

馬宗璉傳記資料極為匱乏，今據《馬氏族譜》本傳，合以並時友人詩文，參伍鉤稽，

---

122 王芑孫〈雲南按察使李君配兩康淑人墓誌銘〉云：「嘉慶三年，靜樂李君鑾宣自刑部郎中備兵溫處。」（《惕甫未定稿》，《續修四庫全書》本，卷十三，頁九）又秦瀛〈雲南巡撫四川布政使石農李公神道碑〉云：「擢浙江溫處兵備道。……凡在溫處六年，以最陞雲南按察使。」（《小峴山人續文集·補編》，《續修四庫全書》本，頁二十二）

123 陳烈主編《小莽蒼蒼齋藏清代學者書札》，有嘉慶六年十月李鑾宣致何道生兄弟書一通（頁三六二——三六四），可見三人交誼。

124 馬其昶《桐城扶風馬氏族譜》，卷首之五，頁五七。

粗得其生平梗概。茲綜述如次：

一、馬宗璉，安徽安慶府桐城縣人。先世六安州人，永樂時始遷祖驥贅於桐城馬氏，遂為桐城人。[125]宗璉生於乾隆廿二年（一七五七），卒於嘉慶七年（一八〇二），年止四十六。

二、馬宗璉少從舅氏姚鼐學為詩文，夙有時譽。年三十，應丙午科江南鄉試，首藝「過位」兩節，宗璉所解，合於古制，為主試朱珪所賞，以第八十三名舉人中式，同榜膺薦者有孫星衍、阮元等，並論學相契。

三、馬宗璉乾隆五十二年入都會試，不第，滯留京師。時邵晉涵、王念孫、任大椿皆在都中，三人俱研精《倉》、《雅》故訓之學，馬宗璉從遊，濡染其風。因與孫星衍、阮元、朱錫庚、史兆蘭、趙萬隆等相約纂輯漢唐群經子史故訓遺文，擬為《經籍籑詁》一書，由馬宗璉起草〈凡例〉。後春闈屢挫，己酉恩科、庚戌會試被落，遂於五十五年五月出都，《經詁》纂輯之事因告中輟。嘉慶初，阮元提督浙江學政，復招集浙士「分籍纂訓，依韻歸字」，終成其事。

四、乾隆五十三年，湖廣總督畢沅於武昌開局纂修《史籍考》，由章學誠主其事。五十五年，馬宗璉會試不遇，畢氏邀之赴鄂，佐修〈史學部〉之〈音義〉、〈評論〉、〈編年部〉之〈斷代〉、〈歷表〉，〈譜牒部〉之〈專家〉、〈圖畫〉、〈年譜〉等七門。輯錄略有端緒，因章學誠不易共事，遂於五十五年秋辭去。

---

125 同上注，卷首馬其昶〈序〉，頁一。

五、馬宗璉乾隆五十五年秋冬間赴嶺南，入周興岱廣東學政幕，佐之衡文。時王學浩、張問安皆在幕中，所至，「興起古學」。在粵時，著《嶺南詩鈔》及《漢南海鬱林蒼梧合浦四郡沿革考》一卷。五十七年春，馬宗璉離粵，踰嶺由江西至杭州，觀錢塘潮。由水路北上赴京，五十八年春出都南歸，未赴癸丑會試。

六、乾隆五十九年，著《春秋左傳補注》三卷成，五月十一日，自為之序。此書道光間光聰諧輯刻《龍眠叢書》，有重刻本（中國科學院圖書館藏）；阮元復收入《清經解》卷一二七七至一二七九。

七、六十年春，四上春官，不第；大挑二等，以教諭候用。嘉慶元年冬，座師朱珪調任安徽巡撫，馬宗璉素受知，嘉慶二、三年間，歷署合肥、休寧、東流縣學教諭。

八、嘉慶四年入都會試，以第五十七名中式，覆試三等八十二名。嗣因覆試磨勘，以繕寫違式，罰停殿試一科。六年四月，補殿試，以三甲一百十三名進士需次知縣；五月出都，由水道南還，八月抵杭，謁浙江巡撫阮元，阮氏薦之主溫州書院講席。七年春，主講溫州書院；九月卒。所著《周禮鄭注疏證》、《穀梁傳疏證》等，多屬稿未就。子瑞辰，傳其《毛詩》之學，著《毛詩傳箋通釋》三十二卷，創通音聲假借之郵，發明古義獨多，為清代《詩經》學一大宗。

乙未元宵前四日七稿

本文原載復旦大學《復旦學報》二〇一五年第五期

錢大昕《養新餘錄》考辨

錢大昕為乾嘉時一代儒宗，當時學界已有定評，[1]梁玉繩至比之曰：「今之竹汀，猶古之鄭康成也」。[2]竹汀著作閎富，所著《廿二史考異》、《元史氏族志》、《潛研堂金石文跋尾》及《潛研堂文集》諸書，以精審賅博著稱，皆卓卓可傳。晚年手定《十駕齋養新錄》二十卷，雖屬經史箚記，然竹汀博通四部群籍，當世無儔，此復平生心得之所聚，故書中所考所論，多精核不刊之說。阮元序其書，稱：「凡此所著，皆精確中正之論；即瑣言剩義，非貫通原本者不能，譬之折杖一枝，非鄧林之大不能有也。」[3]洵非過譽。竹汀除《養新錄》外，另有《養新餘錄》三卷行世，書後其子錢東塾〈跋〉，記其書刊刻始末甚詳：

1 江藩《國朝漢學師承記》竹汀本傳云：「先生學究天人，博綜群籍，自開國以來，蔚然一代儒宗也。」（《粵雅堂叢書》本，卷三，頁十九）

2 梁玉繩〈寄弟處素書〉，《清白士集》，嘉慶五年刊本，卷二十八，頁二十。

3 阮元《十駕齋養新錄・序》，光緒十年，龍氏家塾重刊《潛研堂全書》本，卷首〈序〉，頁二。

《養新錄》二十卷，成書最後，甫脫稿即為阮中丞芸臺先生攜去，醵金開雕。以後續有所得，別記一編，名曰《養新餘錄》。逮甲子（按嘉慶九年）冬捐館，共得若干條。……今夏（嘉慶十一年）偕妹倩瞿君鏡濤校修先君子詩文集告成，適嘉興李許齋太守書來，索《經典文字考異》、《唐五代學士年表》、《王深寧年譜》、《三史、諸史拾遺》等遺稿，將代謀剞劂，因啟舊笥檢尋。念及《養新餘錄》未刊，終為全書缺事，爰取手稿繕錄清本，分為三卷，以授梓人。俾四方好學之士，喜讀我先人書者，無或有遺珠之憾焉。[4]

據此，則《餘錄》乃《養新錄》付刻後續撰者；竹汀卒後，其家人（錢東塾、瞿中溶）據手稿繕錄，編次為三卷。另據竹汀曾孫錢慶曾《竹汀居士年譜續編》嘉慶八年條云：「十二月，始刊《養新錄》手定本，凡二十卷；後所得為《養新餘錄》三卷。」[5]依其說，則《餘錄》撰於嘉慶八年十二月以後。此說竹汀後人鑿鑿言之，故歷來學者對此並無異辭。[6]惟余近

4 錢大昕《十駕齋養新餘錄》，《潛研堂全書》本，卷下，頁十一—十二。

5 錢慶曾《竹汀居士年譜續編》，光緒二年，浙江書局重刊本，頁七。

6 如周中孚《鄭堂讀書記》「《十駕齋養新錄》」條：「後續有所得，別記一編，名曰《養新續錄》，即依前錄次序為三卷。竹汀歿後，其子東塾取遺稿繕成清本，以授梓人。」（民國十年，吳興劉氏嘉業堂刊本，卷五十五，頁十八）又，《續修四庫全書提要》「《養新錄》」條，云：「是編為其一生精力所聚，其記誦之博，考核之精，與炎武《日知錄》誠難軒輊，故書成後，阮元即取以付刊，而為之序，極推許之。其後續有所得，別記一編，名曰《養新餘錄》。」（一九七二年，臺北：臺灣商務印書館排印本，頁一六〇二）即其例也。

讀是書，反覆尋繹，竊有疑焉。私意頗疑《餘錄》各條，恐多竹汀編定《養新錄》時刪賸者，其子婿不察，或由寶愛先人遺墨之私，掇拾叢殘，遽以鋟梓耳，其書非必《養新錄》付刻後所續撰，如《廿二史考異》成書後，復有《三史拾遺》、《諸史拾遺》之例也。

按《養新錄・自序》云：「今年逾七十，學不加進。追惟燕翼之言，泚然汗下；加以目眊耳聾，記一忘十。問字之客不來，借書之瓻久廢。偶有咫聞，隨筆記之；自慚螢爝之光，猶賢博簺之好，題曰《養新錄》。」末屬嘉慶四年十月。[7]又，錢慶曾《竹汀居士年譜續編》嘉慶四年條云：「公弱冠時，即有述作意。讀書有得，輒為札記，仿顧氏《日知錄》條例。後著各書，即於其中掊注；又去其涉於詞華者，尚裒然成集。是年重加編定，題曰《十駕齋養新錄》。」[8]則其書編定於嘉慶四年。惟今考之，《養新錄》書內條目，有顯然成於嘉慶五年以後者，今由竹汀書跋年月證之，固歷歷可見也。

《養新錄》卷十四「《鶴山大全集》」條，謂：「《鶴山先生大全集》，宋槧本，黃孝廉蕘圃所藏。」[9]又《竹汀日記鈔》亦載：「借黃蕘圃所藏宋刻《魏鶴山集》。……其中有合兩卷連為一者，亦不無魯魚亥豕之譌，然世刻止有此本，可寶也。」[10]檢《蕘圃藏書題識》

7 錢大昕《十駕齋養新錄》，卷首〈自序〉。
8 錢慶曾《竹汀居士年譜續編》，頁五。
9 錢大昕《十駕齋養新錄》，卷十四，頁三十。
10 錢大昕《竹汀日記鈔》，光緒間會稽章氏《式訓堂叢書》本，卷一，頁二十六。

卷八著錄宋本《魏鶴山集》，載錄竹汀題識，與《養新錄》文字正同，而文末記：「庚申（嘉慶五年）四月十九日，錢大昕假讀，閏月廿日讀畢。」[11]則《養新錄》此條當撰於嘉慶五年甚明，其驗一也。

另按竹汀嘗從何元錫假讀所藏元板《孔氏祖庭廣記》一書，[12]有跋，見《蕘圃藏書題識》卷二，[13]末屬「嘉慶六年歲在辛酉五月五日庚辰」，跋文與《養新錄》卷十三「《孔氏祖庭廣記》」條正同。[14]同年又從黃丕烈借得宋板《東家雜記》一書，《蕘圃藏書題識》卷二載錄竹汀嘉慶六年十一月手跋。[15]檢《養新錄》卷十三「《東家雜記》」條，其文較此跋略詳，大旨則不異。[16]前述〈孔氏祖庭廣記跋〉，文末云：「向嘗據漢、宋、元石刻，證聖妃當為并官氏。今檢此書，『并官氏』屢見，無有作『幵』字者。自明人刻《家語》，妄改為『幵』，沿譌到今，莫能更正。讀此，益信元初舊刻之可寶。」[17]《竹汀日記鈔》讀《東

11 黃丕烈著，繆荃孫、章鈺等輯《蕘圃藏書題識》，民國八年，江陰繆氏刊本，卷八，頁三十八；又見潘宗周藏，張元濟編《寶禮堂宋本書錄》，民國二十八年，南海潘氏寶禮堂原刊本，集部，頁四十五。

12 錢大昕《竹汀日記鈔》記：「讀《孔氏祖庭廣記》十二卷，先聖五十一代孫龔封衍聖公元措所編。初刻于金正大四年，此則大蒙古國壬寅年重刻本。……錢唐何夢華所藏。」（卷一，頁二十七）

13 黃丕烈《蕘圃藏書題識》，卷二，頁二十。

14 錢大昕《十駕齋養新錄》，卷十三，頁十七—十八。

15 黃丕烈《蕘圃藏書題識》，卷二，頁十九。

16 錢大昕《十駕齋養新錄》，卷十三，頁十七。

17 黃丕烈《蕘圃藏書題識》，卷二，頁二十。

家雜記》條，亦言：「此係宋槧舊本，鄆國夫人并官氏，俱作『并』字，不誤。」[18]按《養新錄》卷十二「并官」條云：「孔子娶并官氏，今人以為『幵官』，其誤蓋自明始。……予嘗至句容廟學，見元至順元年加封號制石刻，亦作『并官』。又見宋板《東家雜記》、元板《孔庭廣記》，書『并官』字未有作『幵』者。自明人刊《家語》，誤『并』為『幵』；後來刊《宋史》者，轉依誤本校改，沿譌者三百餘年」云云，[19]則此「并官」、「《東家雜記》」、「《孔氏祖庭廣記》」三條，當皆撰於嘉慶六年以後，較然可知，其驗二也。

《養新錄》卷十四「《梅花喜神譜》」條云：「宋伯仁《梅花譜》，《宋史•藝文志》及諸家書目皆不及載，唯錢遵王《述古堂書目》曾列其目，今吳中黃氏有此書。」[20]按黃丕烈書跋，記嘉慶六年春渠於琉璃廠文粹堂書肆購得《梅花喜神譜》顛末甚詳，[21]則《養新錄》此條必撰於嘉慶六年以後可知，其驗三。

是年，竹汀復從黃丕烈假讀所藏宋淳熙台州公庫本《顏氏家訓》，十一月讀畢，為跋其後；[22]其文要旨亦見於《養新錄》卷十四「《顏氏家訓》」條，[23]則此條亦嘉慶六年後所撰，

18 錢大昕《竹汀日記鈔》，卷一，頁三十。
19 錢大昕《十駕齋養新錄》，卷十二，頁二—三。
20 同上注，卷十四，頁二十三。
21 黃丕烈《蕘圃藏書題識》，卷五，頁十五。
22 潘祖蔭藏，葉昌熾編《滂喜齋藏書記》，民國十三年，海寧陳乃乾慎初堂排印本，卷二，頁十五；又黃丕烈《蕘圃藏書題識》，卷五，頁二十六。
23 錢大昕《十駕齋養新錄》，卷十四，頁十。

其驗四。

《養新錄》卷十三「《詩傳附錄纂疏》」條言：「寶山朱寄園，家藏元儒雙湖胡氏《詩傳附錄纂疏》二十卷，泰定丁卯建安劉君佐翠巖精舍刊本」云云，[24]《潛研堂文集》有〈跋胡氏詩傳附錄纂疏〉一篇，[25]正即此本；錢慶曾《竹汀居士年譜續編》謂此文撰於嘉慶六年，[26]則《養新錄》此條亦撰於六年可知，其驗五。

《養新錄》卷十四「《滆水集》」條，明言：「嘉慶壬戌（七年）重陽後三日，訪佺山大令於雉城官署，信宿東齋。於架上得此集，披閱再三」云云，[27]是此條當撰於嘉慶七年九月以後，更無疑義，其驗六也。

復考張金吾《愛日精廬藏書志》卷十五「影宋鈔本《輿地紀勝》」條，載竹汀嘉慶七年仲冬一跋，[28]其文與《養新錄》卷十四「《輿地紀勝》」條悉同，[29]則此條應為嘉慶七年冬所撰可知，其驗七。

《養新錄》卷十四「《寶祐會天曆》」條稱：「《宋寶祐會天曆》，予訪之五十年，今春始

---

24 同上注，卷十三，頁一。

25 錢大昕《潛研堂文集》，《潛研堂全書》本，卷二十七，頁三—四；另參錢大昕《竹汀日記鈔》，卷一，頁二十九。

26 錢慶曾《竹汀居士年譜續編》，頁六。

27 錢大昕《十駕齋養新錄》，卷十四，頁二十九。

28 張金吾《愛日精廬藏書志》，光緒十三年，吳縣徐氏靈芬閣校印本，卷十五，頁七。

29 錢大昕《十駕齋養新錄》，卷十四，頁一—二。

於姑蘇吳氏得見之。」[30]按陸心源《皕宋樓藏書志》卷四十八「《寶祐四年丙辰歲會天萬年具注曆》」條，載竹汀手跋，[31]與《養新錄》正同，跋末署「嘉慶八年歲在昭陽大淵獻皋月甲午朔」，則此條當撰於嘉慶八年五月，亦無可疑者，其驗八。

據上列八證，可見《養新錄》雖編於嘉慶四年，實則下迄嘉慶八年五月，其書迭有增益，固歷歷可考也。《養新錄》於八年十二月付刻，而《竹汀居士年譜續編》嘉慶九年條載：「十月二十日晨起盥洗，展閱一編。飯後更衣薙髮，校《養新錄》刊本數葉」，竹汀即於當日申正奄化，年七十七。[32]然則《養新錄》付梓，下距竹汀之卒僅十閱月。竹汀生前，《養新錄》並未刻成，其卒之日，尚「校《養新錄》刊本數葉」。是書於嘉慶十年刻竣，[33]竹汀已不及觀其成矣。

檢吳修《昭代名人尺牘》，載竹汀致孫星衍手札一通，中言：「近刻拙著《十駕齋養新錄》，欲得元晏序，以增聲價。大昕桑榆景迫，恐相見無期，身後墓志，亦待椽筆。卅載相知，幸不吝揮洒。息壤之約，惟留意焉。」[34]此信不具年月，據「近刻《養新錄》」之語，

---

30 同上注，頁二十二。

31 陸心源《皕宋樓藏書志》，光緒八年，十萬卷樓刊本，卷四十八，頁一。按此跋亦見蔣光煦《東湖叢記》（光緒間繆氏《雲自在龕叢書》本，卷四，頁二十七），惟蔣書截去年月，今據陸《志》。

32 錢慶曾《竹汀居士年譜續編》，頁八。

33 按《養新錄》卷二十末，錢師康識語：「先大父生平著述，久已風行海內。是書刻成于乙丑歲」（頁十八）云云，則此書於嘉慶十年刻成。《續修四庫全書提要》著錄《養新錄》，稱「嘉慶元年刊本」，誤。

34 吳修輯《昭代名人尺牘》，光緒三十四年，上海集古齋石印本，卷二十二，頁十七。

則此信撰於嘉慶八年；復據信末「獻之（按竹汀族子錢坫）已起身，想歲內可相晤」之語，則撰於嘉慶八年冬可知。由此札繹之，是冬，《養新錄》由阮元攜至杭州開雕，竹汀心事已了，且自度體力漸衰，恐不久人世，故以序文及墓誌託孫氏為之。斯時竹汀是否更有豪情壯志，欲別撰《養新續錄》一書，余不能無疑。

李慈銘批閱《養新錄》時，嘗謂：「竹汀詹事此書考訂精密，足繼《困學紀聞》、《日知錄》而起，非它說部可及也。《餘錄》則多札記未定之語，後一卷尤多，惟『修容』一條可取耳，此刻時未別擇之過也。」[35] 檢《餘錄》卷下各條，大抵皆采掇它書，或直錄成文，罕所發明；且所記間有誤者，如「章惇事邵康節胡安國稱秦檜」條：

章惇嘗事邵康節（本注：見《宋史・邵伯溫傳》）。**胡安國初問人材於游酢，酢以秦檜為言，且比之荀，故安國力稱檜賢。**（本注：見《宋史・安國傳》）[36]

按《宋史》卷四三五〈胡安國傳〉不載此事；卷四七二〈姦臣・秦檜傳〉記：「蓋安國嘗問人材於游酢，酢以檜為言，且比之荀文若。故安國力言檜賢於張浚諸人，檜亦力引安國。」[37] 其事當出於此，竹汀誤記耳。另如「石刻詛楚文」條：

35 李慈銘撰，王利器輯《越縵堂讀書簡端記》，一九八〇年，天津人民出版社，頁三一四。
36 錢大昕《十駕齋養新餘錄》，卷下，頁二。
37 《宋史》，一九七七年，北京：中華書局點校本，頁一三七五〇。

《新定續志》云：嚴州有石刻詛楚亞駝文，在郡廨清風堂廊廡間。[38]

按《養新錄》卷十四有「《新定續志》」一條，[39] 考竹汀從黃丕烈借得是書，在嘉慶五年。[40] 此「石刻詛楚文」條，蓋竹汀當日借讀時摘錄以備考證者，初無深意，其不得下至嘉慶八年十二月以後始見及此，殆無疑義。前引錢東塾〈跋〉，謂：《餘錄》乃《養新錄》付刻以後，「續有所得，別記一編」。今復就《餘錄》前二卷驗之，可知斯說實未盡然。如《餘錄》卷上「簪當作戠」條，[41] 其說已見於《文集》卷十一〈說文答問〉，[42] 所言視此尤備。「武王克殷之年」一條，[43] 其說備見於《文集》卷三十四〈答大興朱侍郎書〉。[44] 卷中「太史公李

38 錢大昕《十駕齋養新餘錄》，卷下，頁六—七。

39 錢大昕《十駕齋養新錄》，卷十四，頁五—六。

40 蔣汝藻《傳書堂藏善本書志・史部》著錄黃丕烈舊藏宋刊《新定續志》，載竹汀嘉慶五年中伏手跋，蓋為蕘圃考證此書增修原委。《養新錄》卷十四「《新定續志》」條，詳記此書編纂者及郡守錢可則仕履。跋文云：「《志》成于錢可則莅郡之日，當在景定間。而卷首載咸淳元年升建德府省劄，其知州題名可則後續列郭自中等八人，此後來次第增入，宋時志乘大率如此。」（一九七四年，臺北：藝文印書館影印原稿本，第四冊）其文悉見於《養新錄》，知此條當亦嘉慶五年所撰。上文嘗論《養新錄》多有嘉慶五年以後增入之條，此亦一證也。

41 錢大昕《十駕齋養新餘錄》，卷上，頁一。

42 錢大昕《潛研堂文集》，卷十一，頁十一。

43 錢大昕《十駕齋養新餘錄》，卷上，頁一—二。

44 錢大昕《潛研堂文集》，卷三十四，頁七—十。

延壽」條，[45]其旨亦見於〈與梁燿北論史記書〉。[46]又「《隋書・經籍志》遺漏」條，列晉灼《漢書集解》十四卷；[47]然《養新錄》卷六「臣瓚晉灼《集解》」條固已明言：「晉灼《集解》十四卷，不載於〈隋志〉，則師古所謂東晉迄於梁、陳，南方學者皆未之見。王、阮既未著錄，故〈隋志〉亦遺之也。」[48]又如「《晉書・地理志》之誤」條，[49]詳論晉南渡後，僑置徐、兗、青、豫諸州郡於揚州之域，初俱不加「南」字；其郡縣去「北」而加「南」字，當始於宋受禪以後，晉時初無此名。自唐初史臣誤以宋追稱之詞為晉時已有是名，著之正史，沿誤千有餘年，迄無覺者，至竹汀始發其誤。又斥《晉書・地理志》徐州篇誤以淮陽、陽平、濟陰、北濟陰四郡為元帝所置。凡此諸說，俱見於《廿二史考異》卷十九，[50]《文集》卷三十五〈與徐仲圃書〉亦詳言之；[51]《養新錄》卷六「晉僑置州郡無南字」條，亦著此說，[52]惟其文較精簡耳。又如「糺」字條，[53]其說已見《遼史拾遺》；[54]「哀宗紀」一條，[55]

45 錢大昕《十駕齋養新餘錄》，卷中，頁二。
46 錢大昕《潛研堂文集》，卷三十四，頁十四——十五。
47 錢大昕《十駕齋養新餘錄》，卷中，頁十一。
48 錢大昕《十駕齋養新錄》，卷六，頁七。
49 錢大昕《十駕齋養新餘錄》，卷中，頁四——八。
50 參錢大昕《廿二史考異》（《潛研堂全書》本）卷十九考正〈晉志〉各條。
51 錢大昕《潛研堂文集》，卷三十五，頁一——三。
52 錢大昕《十駕齋養新錄》，卷六，頁十五。
53 錢大昕《十駕齋養新餘錄》，卷中，頁十四。

亦見於《金史拾遺》。[56] 此所舉諸條，其說俱見於竹汀所著各書，不得謂《養新錄》付刻後，竹汀晚年始考見及此。

另按盧文弨《鍾山札記》「大題小題」條云：

古書大題多在小題之下，如「周南關雎詁訓傳第一」，此小題也，在前；「毛詩」二字，大題也，在下。陸德明云：「案馬融、盧植、鄭康成注三禮，並大題在下。班固《漢書》、陳壽《三國志》題亦然。」蓋古人於一題目之微，亦遵守前式而不敢紛亂如此。今人率意紛更，凡《疏》及《釋文》所云云者，並未寓目，題與說兩相矛盾而亦不自知也。[57]

《餘錄》卷上「大題在下」條亦云：

古書多大題在下，陸氏《經典釋文》：「『毛詩』故大題在下。案馬融、盧植、鄭玄注《禮記》（森按：當作「三禮」）並大題在下，班固《漢書》、陳壽《三國志》亦然。」予案唐刻石經，皆大題在下。如《詩經》卷首，「周南詁訓傳第一」列于上，「毛詩」

54 錢大昕《諸史拾遺》，嘉慶十二年，李賡芸刊本，卷五，頁六—七。
55 錢大昕《十駕齋新餘錄》，卷中，頁十四。
56 錢大昕《諸史拾遺》，卷五，頁八。
57 盧文弨《鍾山札記》，光緒間《校經山房叢書》本，卷三，頁五。

兩字列于此行之下，所謂「大題在下」也。宋元以來刻本，皆移大題於上，而古式遂亡，今讀者且不知何語矣。予曾見《史記》宋大字本，亦大題在下。[58]

二說正同。今檢諸家志目著錄宋刻諸史，多大題在下，如眉山七史、衢州本《古史》之類俱然，不能備舉。陸心源《儀顧堂續跋》卷六著錄元槧《宋史》、《遼史》，亦大題在下，[59]明北監本始移大題在上，知元人刻書，尚多沿唐宋舊式也，可為兩家之說增一佐證也。又《鍾山札記》「史漢目錄」條云：

《史記》、《漢書》書前之有目錄，自有版本以來即有之，為便於檢閱耳。然於二史之本旨，所失多矣。夫〈太史公自序〉，即《史記》之目錄也；班固之〈敘傳〉，即《漢書》之目錄也。乃後人以其艱於尋求，而復為之條列，以繫於首。後人又誤認書前之目錄，即以為作者所自定，致有據之妄訾謷本書者。……古書目錄往往置於末，如《淮南》之〈要略〉、《法言》之十三篇序皆然。吾以為《易》之〈序卦傳〉，非即六十四卦之目錄歟！《史》、《漢》諸序，殆昉於此。[60]

《餘錄》卷中「史漢目錄」條，亦言：「古人書，目錄皆在篇末，太史公之〈自序〉、班孟堅

---

58 錢大昕《十駕齋養新餘錄》，卷上，頁八。

59 陸心源《儀顧堂續跋》，光緒十八年，歸安陸氏刻本，卷六，頁三—六。

60 盧文弨《鍾山札記》，卷四，頁十三。

之〈敘傳〉，即目錄也。今史、漢目錄，出於後人增加」云云，[61]雖文有異同，大旨則與盧說不異。此自非竹汀有意剿襲盧抱經之說，然竹汀與盧文弨友善，《鍾山札記》乾隆五十五年已刊板行世，不得遲至嘉慶八年以後，竹汀始考見及此，斷可知也。竹汀〈廿二史考異序〉嘗言：「予弱冠時，好讀乙部書，通籍以後，尤專斯業。……偶有所得，寫於別紙。丁亥歲，乞假歸里，稍編次之；歲有增益，卷帙滋多。戊戌設教鍾山，講肄之暇，復加討論。間有與前人闇合者，削而去之；或得於同學啟示，亦必標其姓名。郭象、何法盛之事，蓋深恥之也。」[62]《餘錄》「大題在下」、「史漢目錄」諸條，殆即竹汀編定《養新錄》時所刪賸者。至如《餘錄》卷上「譙周注《論語》」條云：

> **譙周《論語注》十卷，梁時尚存。劉昭注《續漢書》曾一引之，「鄉人儺」，《注》：「儺，卻之也，以葦矢射之。」**[63]

按朱彝尊《經義考》卷二一一「譙周《論語注》」條已引此，竹垞復舉〈學而篇〉「不亦樂乎」，《釋文》引譙周《注》「悅深而樂淺」一條，[64]竹汀偶失檢耳。又，《餘錄》卷中「一

---

61 錢大昕《十駕齋養新餘錄》，卷中，頁一。
62 錢大昕《潛研堂文集》，卷二十四，頁二十八。
63 錢大昕《十駕齋養新餘錄》，卷上，頁七。
64 朱彝尊《經義考》，民國二十五年，上海：中華書局《四部備要》本，卷二一一，頁七。按羅振玉《經義考校記》，於譙氏《論語注》條云：「馬國翰有輯本。」（羅振玉編《經義考目錄附校記》，

字三字石經」條，訂正〈隋志〉「魏正始中，又立一字石經」，「一」當為「三」字之誤，[65]其說《經義考》亦已言之，[66]當時考證歷代石經者人所共喻也。然則此二條當為竹汀刪棄者，固不難想見。[67]《餘錄》卷中之末「齊楚浙三黨」條，[68]如李慈銘所言者：「三黨京察報復之事，吳忠節公應箕《樓山堂集》中言之最詳，此不過節錄《明史》耳。」[69]蓋此竹汀摘記史文以備考耳，其不載入《養新錄》中，尤不待言。

據上所考，余疑《餘錄》見存之條目，蓋多竹汀編定《養新錄》時所汰棄者，諒非憑臆妄度也。

其尤可疑者，則《餘錄》之說時有與《養新錄》相牴牾者。如上文所述，《養新錄》乃竹汀平生考經證史心得之要者，經再三審酌論定，卒前一年始寫定鋟梓，其矜慎可知；則不當《養新錄》付刻後旋又變異其說，自相違戾。按《餘錄》卷上「恧」字條云：

民國二十二年，上虞羅氏石印本，頁五十五）實則馬氏所輯，即竹垞所引之二事，羅氏未細覈耳。

65 錢大昕《十駕齋養新餘錄》，卷中，頁十一——十二。

66 朱彝尊《經義考》，卷二八八，頁一。

67 錢大昕《養新錄》卷十四「元藝文志」條，竹汀嘗自述渠補《元藝文志》，「於焦氏《經籍志》、黃氏《千頃堂書目》、倪氏《補金元藝文》、陸氏《續經籍考》、朱氏《經義考》，采獲頗多。」（頁三十七）知竹垞之書固竹汀所素習者。

68 錢大昕《十駕齋養新餘錄》，卷中，頁十七——十八。

69 《越縵堂讀書簡端記》，頁三一四。

《論語·釋文》於〈泰伯〉、〈先進〉兩篇，俱有「忈」字，云「古『臣』字」。……陸德明著書在隋季，已有此字，蓋出六朝人妄作。[70]

此謂陸氏《釋文》其書「著在隋季」；然按《潛研堂文集》卷二十七〈跋經典釋文〉云：「細檢此書，所述近代儒家，惟及梁、陳而止。若周、隋人撰音疏，絕不一及，又可證其撰述必在陳時也。」[71] 此則以《釋文》為撰於陳時。《養新錄》卷二十「陸德明」條亦言：「此書所錄注解傳述人多是南士，沈重晚雖仕周，其書久行江左；此外北方學者，絕不齒及。可證元朗著此書，在陳而不在隋、唐也。」[72] 則竹汀晚年定論，固以《釋文》著成年代「在陳而不在隋唐」，此《餘錄》與《養新錄》其說枘鑿者一也。

另如《餘錄》卷中「孟康」條，謂《晉書·王濬傳》之太子洗馬孟康，與注《漢書》之孟康非一人。[73] 此說並無確證，故《晉書考異》言：「此與注《漢書》之孟康，未審即一人否」，[74] 則疑而未決也。檢《養新錄》卷十二「異代同姓名」、「晉人同姓名」二條，[75] 俱不及孟康，知竹汀固未敢必為二人，寧闕如也。此其不合者二也。

---

70 錢大昕《十駕齋養新餘錄》，卷上，頁九。
71 錢大昕《潛研堂文集》，卷二十七，頁十二。
72 錢大昕《十駕齋養新錄》，卷二十，頁四。
73 錢大昕《十駕齋養新餘錄》，卷中，頁九。
74 錢大昕《廿二史考異》，卷二十一，頁八。
75 錢大昕《十駕齋養新錄》，卷十二，頁十一—十三。

又《餘錄》卷上「蜀石經《毛詩》」條：

〈江有汜〉三章，皆有「之子歸」句，蜀石經「歸」上並有「于」字。予考《三百篇》中，云「之子于歸」者不少矣。「之子于征」、「之子于苗」、「之子于狩」、「之子于釣」皆四字句，此篇亦當依蜀本有「于」字。

「昔育恐育鞠」，蜀石經無下「育」字，以四字成句，亦視它本為勝。[76]

按此條所論未確。蜀石經《毛詩》文字多衍脫，晁公武已非之；顧千里為阮元代纂《毛詩校勘記》，亟斥其本不足據，故悉屏之不論。[77]〈江有汜〉「之子歸」，《釋文》無異文，唐石經同，蓋相承舊本如此，敦煌本斯七八九號、伯二五二九號《毛詩》殘卷，俱無「于」字，[78]可證。蜀石經多「于」字者，蓋由他篇習言「之子于歸」而妄增，非別有塙據也。《餘錄》但就他篇句例論之，然此詩三章章五句，前四句皆三字為句，音節短促，正寫其決絕之意，每章末句「其後也悔」、「其後也處」、「其嘯也歌」，始以四字稍緩其情緒，則「之子歸」句不當更有「于」字，竹汀此說未核。至〈谷風〉「昔育恐育鞠」，蜀石經無下「育」

76 錢大昕《十駕齋養新餘錄》，卷上，頁二。

77 阮元《毛詩校勘記》卷首〈引據各本目錄〉「孟蜀石經殘本」條，阮元編《清經解》，道光九年，廣東學海堂刊本，卷八四〇，頁二—三。

78 黃永武主編《敦煌寶藏》，一九八一—一九八六年，臺北：新文豐出版公司，冊六，頁四八九；又冊一二一，頁五一四。

字，其為妄刪，更無疑義，[79] 敦煌本斯七八九號、伯二五二九號《毛詩》殘卷並作「昔育恐育鞫」，[80] 與今本雖有「鞫」、「鞠」之異，然俱有下「育」字。檢《養新錄》卷十五「石刻《詩經》殘本」條云：

> 後蜀石刻《詩經》殘本，起〈召南・鵲巢〉，至〈邶風・二子乘舟〉止，《經》、《注》皆完好。經文之異于今本者：〈江有汜〉「之子歸」，「歸」上有「于」字（本注：三章皆同）；「迨其今兮」，「其」作「及」；「不我能慉」，「不」下有「以」字；「昔育恐鞫」，無下「育」字。「泄泄其羽」，「泄」作「洩」，則承開成石經之舊，為唐諱也。[81]

此第記蜀石異文，不復以〈江有汜〉「之子于歸」、〈谷風〉「昔育恐鞫」二事為勝於今本。此條之末，竹汀嘗言：此蜀石殘本，「蓋錢唐黃松石家所藏，厲太鴻賦詩，即是此本。流轉它姓，今為吳中黃蕘圃所得，惜〈周南〉十一篇及〈鵲巢序〉遺失不可問矣」；又自言渠於蜀石經「訪求五十年，不得隻字，昨歲始見《左傳》殘本僅字，今復見此刻經注萬有餘言，

---

79 顧千里云：「『昔育恐育鞫』，〔蜀石經〕脫下『育』字。《毛傳》『育鞫』之『育』訓長；《鄭箋》『昔育』之『育』訓穉，云『昔幼穉時恐至長老窮匱』。無下『育』字，則與《傳》、《箋》、《正義》不合。」（《清經解》，卷八四〇，頁二）《校勘記》引段玉裁之說云：「蜀石經無下『育』字，誤也。以《傳》、《箋》、《正義》考之，皆當有，蜀石經之不可信每類此。」（《清經解》，卷八四〇，頁三十八）

80 黃永武主編《敦煌寶藏》，冊六，頁四九一；又冊一二一，頁五一五。

81 錢大昕《十駕齋養新錄》，卷十五，頁十八。

真衰年樂事也」。按蜀石《毛詩》殘本，其石久毀，傳本極罕，元明人皆未引及，世所希覯也，故竹汀晚年從黃丕烈借觀校錄，引為「衰年樂事」，即將其異於今本者載入《養新錄》中。考段玉裁〈跋黃蕘圃蜀石經毛詩殘本〉云：「嘉慶甲子（九年），黃蕘圃主政又得蜀刻《毛詩・召南》一卷，故杭郡黃松石老人物。」[82] 據此，則黃丕烈得蜀石《毛詩》殘本，事在嘉慶九年。其時《養新錄》原稿已由阮元攜浙開雕，則此「石刻《詩經》殘本」一條，當是竹汀嘉慶九年增寫補入者。其尤可注意者，段氏〈跋〉中曾言：「《十駕齋養新錄》取〈江有汜〉『之子于歸』，有『于』字為勝；又『昔育恐鞫』，亦視他本為勝。余則謂鄭《箋》釋兩『育』字甚明，辛楣偶未省照也。」[83] 段氏此跋，劉盼遂《段玉裁先生年譜》繫於嘉慶九年。[84] 而《養新餘錄》遲至嘉慶十一年始由錢東塾等繕錄清本，交由竹汀弟子李賡芸付梓，則段氏當日寓目者，必非今本《餘錄》無疑。蓋《養新錄》原載有是說，為段氏所非，竹汀因將此條刪去。要之，《養新錄》「石刻《詩經》殘本」一條，既竹汀臨終之年所改定者，證以段氏跋文，則《餘錄》「蜀石經《毛詩》」條，顯為竹汀從《養新錄》刪棄者，當無疑義。

復按《餘錄》卷上「《春秋正義》宋槧本」條言：

---

82 段玉裁《經韵樓集》，嘉慶十九年刊本，卷一，頁十。

83 同上注，卷一，頁十一。

84 劉盼遂《段玉裁先生年譜》，民國二十五年，北平：來薰閣書店《段王學五種》本，頁三十八。

吳門朱文游家藏宋槧《春秋正義》三十六卷，云宋淳化元年本，實則慶元六年重刊本也。每葉前後各八行，行十六字；卷末有馮嗣祖、趙彥穛等校勘字。今通行本哀公卷首《正義》全闕，獨此本有之。文游嘗許予借校，會予北上未果。今文游久逝，此書不知轉徙何氏矣。[85]

此所言宋槧八行本《春秋正義》，即宋紹興知府沈作賓所刻本，為《左傳》最早之《注》、《疏》合刻本，世稱越州八行本，今傳世者僅有一部，乾隆時為蘇州藏書家朱奐（字文游）滋蘭堂所藏。此本相傳為北宋淳化元年（九九〇）刊本，竹汀則謂此非淳化時所刻，而係南宋慶元六年（一二〇〇）重刊本。此關乎《注》、《疏》合刻年代究竟始於何時，乾嘉學者聚訟久而未定，其事原委，今尚可約略考知。按《竹汀日記鈔》載：「晤段懋堂，云曾見《春秋正義》淳化本於朱文游家。今哀公《疏》，南、北監本俱載《釋文》而缺《正義》，但于《疏》下注『同上』，唯淳化本有之。」[86] 蓋朱奐、段玉裁原以此本為北宋淳化時所刻。嘉慶六年，阮元任浙江巡撫，於杭州紫陽書院設校經局，延顧千里、臧庸、徐養原、李銳、洪震煊、嚴杰等分纂諸經《校勘記》，並延段玉裁為總校。顧千里倡言北宋時必《經》、《注》自《經》、《注》，《疏》自《疏》，二者分刻；南宋初，始有《注》、《疏》合刻之本，又其後乃有附釋

85 錢大昕《十駕齋養新餘錄》，卷上，頁七。按此本朱奐卒後，展轉歸金榜所有（詳拙作〈《段玉裁年譜》訂補〉嘉慶八年條，《中央研究院歷史語言研究所集刊》第六十本），其書現藏北京圖書館。

86 《竹汀日記鈔》，卷一，頁三十七。

音《注疏》。段玉裁則據朱奐所藏越州八行本《春秋左傳正義》，力主《注》、《疏》合刻當在北宋時。[87] 朱奐藏本因書後有淳化元年校勘諸臣銜名，故誤以此為淳化時所刻，段氏則耳食其說也。今考此本卷末原有慶元庚申（六年）二月沈作賓刻書〈跋〉，中云：

> 《左氏傳》、杜氏《集解》、孔氏《義疏》，發揮聖經，功亦不細。萃為一書，則得失盛衰之迹，與夫諸儒之說，是非異同，昭然具見。……諸經《正義》既刊於倉臺，而此書復刊於郡治，合五為六，炳乎相輝，有補後學，有裨教化，遂為東州盛事。[88]

慶元六年，正沈作賓知紹興府時。[89] 渠刻是書，乃繼浙東茶鹽司刻八行本《易》、《書》、《周禮》、《毛詩》、《禮記》五經《注疏》之後（詳下），踵成其事也，故沈〈跋〉有「合五為六」

87 參汪宗衍《顧千里先生年譜》嘉慶七年條（一九七一年，臺北：廣文書局）、汪紹楹〈阮氏重刻宋本《十三經注疏》考〉（一九六二年，《文史》第三輯，頁二十五—六十）。

88 張金吾《愛日精廬藏書志》「《春秋左傳正義》，臨金壇段氏校宋慶元本」條，卷五，頁一。

89 沈作賓，《宋史》卷三九〇有傳。史載渠於慶元初帥浙東，知紹興府。沈氏刻《春秋正義·跋》云：「作（森按：舊誤作「中」，今改正）賓叨蒙異恩，分閫浙左」，知其時正為紹興知府也。按《養新錄》卷十四「《會稽志》」條：「《會稽志》二十卷，前有嘉泰元年十二月陸游〈序〉，其略云：『直龍圖閣沈公作賓為守，通判府事施君宿首發其端』云云。……考作賓以慶元五年，由淮東總領除越守；六年，除兩浙轉運副使。……《志》蓋創始於慶元庚申，而蕆事於嘉泰壬戌。」（頁二）因朱奐藏本沈作賓〈跋〉，「作」字模糊，舊誤認作「中」，致竹汀及段玉裁等，皆不知刻《春秋正義》之沈氏，與創修《會稽志》之沈作賓同為一人。

之語。朱奐藏本，陳樹華曾於乾隆三十三年借校一部；陳氏卒後，段玉裁於嘉慶七年從其子借得樹華校本，臨校一部。翌年五月，段氏跋此臨校本則改口曰：「此宋淳化庚寅官本，慶元庚申摹刻者也。」[90] 蓋見沈作賓刻書〈跋〉繫慶元年號，因移易其辭，以此為慶元摹刻淳化本；揆其意，則仍以《注》、《疏》合刻在北宋淳化時也。竹汀《餘錄》之說，正與段同。惟嘉慶十三年段玉裁撰〈十三經注疏釋文校勘記序〉，則言：「凡《疏》與《經》、《注》本各單行也，而北宋之季合之，維時《釋文》猶未合於《經》、《注》、《疏》也，而南宋之季合之。」[91] 此改以《注》、《疏》合刊在北宋之季。繹渠所以更為此說，蓋見日本山井鼎《七經孟子考文》所引黃唐〈跋〉故爾。《尚書校勘記》卷首〈引據各本目錄〉「宋板」條下，云：

《左傳考文》載黃唐〈禮記跋〉云：「本司舊刊《易》、《書》、《周禮》，正《經》、《注》、《疏》萃見一書，便於披繹，它經獨闕。紹興辛亥，遂取《毛詩》、《禮記》疏義，如前三經編彙，精加讎正。」蓋《注》、《疏》合刻，起於南、北宋之間；而《易》、《書》、《周禮》先刻，當在北宋之末也。[92]

按「紹興辛亥」為靖康之後，南宋高宗紹興元年（一一三一），果是年黃唐繼浙東茶鹽司前此

90 張金吾《愛日精盧藏書志》卷五所錄陳樹華、段玉裁跋文（頁二）。
91 段玉裁《經韵樓集》，卷一，頁一。
92 《清經解》，卷八一八，頁二。

所刻《易》、《書》、《周禮》三經之後，續刻《毛詩》、《禮記》，則《注》、《疏》合刻固應在北宋之季矣。惟黃唐原〈跋〉實作「紹熙辛亥」，乃南宋光宗紹熙二年（一一九一），山井鼎《考文》引之，誤書作「紹興」，致段玉裁等據之，誤以《注》、《疏》合刻在北宋之季。關於此，楊守敬《日本訪書志》已辨其誤：「黃唐〈跋〉是『紹熙壬子』，《七經考文》於《禮記》後誤『熙』為『興』，[93] 阮氏《十三經校勘記》遂謂合《疏》于《注》在南、北宋之間，又為山井鼎之所誤也。」[94] 而葉德輝則據森立之《經籍訪古志》以難楊氏，仍主「紹興」之說。[95] 其實森立之《經籍訪古志》「《尚書注疏》」條引黃唐〈跋〉作「紹興」者，亦謁文也，長澤規矩也《十三經注疏影譜》影印足利學校所藏越刻八行本《禮記注疏》，黃唐〈跋〉原蹟作「紹熙」，固明白可驗也。黃唐〈跋〉云：

六經疏義，自京、監、蜀本，皆省正文及《注》，又篇章散亂，覽者病焉。本司舊刊

93 按此說未確，當是《左傳考文》敘首引黃唐刻〈禮記跋〉，楊氏誤記耳，見山井鼎《七經孟子考文》，日本享保十六年（一七三一）原刻本，冊十三，頁一。

94 楊守敬《日本訪書志》，光緒二十三年，楊氏鄰蘇園刊本，卷一，頁八。

95 葉德輝《書林清話》「宋刻經注疏分合之別」條云：「楊《志》載有宋槧《尚書注疏》二十卷，云南宋紹熙間三山黃唐題識，是紹熙壬子刻，阮氏《校勘記》為山井鼎所誤。然森立之《經籍訪古志》亦載有是本，……其刊刻年號亦作『紹興辛亥』（本注：識語題壬子，後刻書一年），其書即足利所藏。是森氏所見之書，為當日山井所見之書，同一紹興所刻《注疏》，何至楊所見獨為『紹熙』？……竊疑楊所見不甚可據，故誤『紹興』為『紹熙』，非《考文》誤以『紹熙』為『紹興』也。」（民國九年，葉氏觀古堂刊本，卷六，頁四）。

《易》、《書》、《周禮》，正《經》、《注》、《疏》萃見一書，便於披繹；它經獨闕。紹熙辛亥仲冬，唐備員司庾，遂取《毛詩》、《禮記》疏義，如前三經編彙，精加讐正，用鋟諸木，庶廣前人之所未備。乃若《春秋》一經，顧力未暇，姑以貽同志云。壬子秋八月，三山黃唐謹識。[96]

其文明作「紹熙」，斷無疑義。檢明人蕭良榦等所修《紹興府志》，紹興二年浙東茶鹽司提舉為王然；而紹熙二年（辛亥）提舉正為黃唐，[97]斯其確證也。森立之於「《尚書注疏》」條引黃唐〈跋〉雖誤作「紹興」；然渠於「《禮記注疏》」條則明言此本為「紹熙壬子刊本，卷末有三山黃唐刊行跋文」，[98]知「《尚書注疏》」條引作「紹興」者，顯為誤筆無疑，葉德輝前後疏於檢照耳。黃唐此〈跋〉，敘浙東茶鹽司刻八行本《注疏》始末甚詳，可見該司所刻《易》、《書》、《周禮》三經，乃《注》、《疏》合刻之始，因「便於披繹」，可省學者兩讀，世稱其便，故黃唐繼刻《毛詩》、《禮記》兩經。至《春秋左傳》一經，因卷帙繁重，當時未能並刻，猶闕如也。長澤規矩也撰〈越刊八行本注疏考〉，由刻工驗之，推定《易》、《書》、《周禮》三經，當刻於南宋孝宗乾道、淳熙間。[99]而慶元六年（一二〇〇）沈作賓刻《春秋左

96 長澤規矩也輯《十三經注疏影譜》，昭和九年（一九三四），東京：日本書誌學會，頁七。

97 蕭良榦、張元忭等纂《紹興府志》，萬曆十四年刊本，卷二十五〈職官志〉，王然見頁八；黃唐見頁十。

98 森立之《經籍訪古志》，光緒十一年，徐氏排印本，卷一，頁三十。

99 長澤規矩也〈越刊八行本注疏考〉，一九三五年，《書誌學》第四、五號。此文後來作者復有改訂，收於《長澤規矩也著作集》第一卷《書誌學論考》，一九八二年，東京：汲古書院，頁二十六—三十一。

傳注疏》於紹興府，距黃唐〈跋〉之紹熙壬子（一一九二）僅八年耳，是黃唐當日未及刻者，卒由沈作賓踵繼成之，故沈氏刻書〈跋〉有「諸經《正義》既刊於倉臺，而此書復刊於郡治，合五為六」之語。繼此則寧宗嘉泰前後，復有《論》、《孟》二經之刻。[100]《注》、《疏》合刻之年代，楊守敬以來，歷經諸家考索覆核，如今已可論定。然則段玉裁等初以《注》、《疏》合刻在北宋淳化時，其說固誤；即後來以為在北宋之季者，亦未為得也。而渠以沈作賓刻《春秋左傳注疏》為慶元摹刻淳化本，其誤尤不待辨。今考《養新錄》卷二「《正義》刊本妄改」條，云：

> 《釋文》與《正義》各自一書，宋初本皆單行，不相殽亂。南宋後，乃有合《正義》於《經》、《注》之本；又有合《釋文》與《正義》于《經》、《注》之本，欲省學者兩讀。[101]

又卷三「注疏舊本」條，云：

> 唐人撰九經《疏》，本與《注》別行，故其分卷亦不與《經》、《注》同。自宋以後刊本，欲省兩讀，合《注》與《疏》為一書，而《疏》之卷第遂不可考矣。……日本人山井鼎云：足利學所藏宋板《禮記注疏》有三山黃唐〈跋〉云：「本司舊刊《易》、

100 按越州八行本《論語注疏》（缺卷一至卷十）、《孟子注疏》，現並藏臺北故宮博物院。

101 錢大昕《十駕齋養新錄》，卷二，頁十九。

《書》、《周禮》，正《經》、《注》、《疏》萃見一書。……」所云「本司」者，不知為何司？然即是可證北宋時《正義》未嘗合于《經》、《注》；即南渡初，尚有單行本，不盡合刻矣。[102]

又卷十三「《儀禮疏》單行本」條云：

唐人撰九經《正義》，宋初邢昺撰《論語》、《孝經》、《爾雅》疏，皆自為一書，不與《經》、《注》合并。南宋初，乃有併《經》、《注》、《正義》合刻者。士子喜其便于誦習，爭相放效；其後又有併陸氏《釋文》附入《經》、《注》之下者。[103]

據此，竹汀雖沿山井鼎「紹興」之誤，然《養新錄》再三言及《經》、《注》、《疏》合刻當在南宋初，此渠晚年定論，史家精識固遠在段玉裁等人之上也。然則《餘錄》「《春秋正義》宋槧本」一條，明係竹汀往年舊說，後來編定《養新錄》時所汰棄者，尤無疑義。

今於《餘錄》各條，雖不及逐一辨之；然據上文所考，是編掇拾叢殘，其實皆竹汀編定《養新錄》時所芟去者，而非如錢東塾等所言，為《養新錄》付刻後所續撰也。上文曾考證，《養新錄》卷十四「《輿地紀勝》」條為嘉慶七年冬所撰；同卷「《寶祐會天曆》」條為

102 同上注，卷三，頁十七。
103 同上注，卷十三，頁二。

八年五月所撰，則《養新錄》嘉慶四年編定後，嘉慶八年冬付刻前，竹汀續得之精說勝義，固得隨時增入也，而卷十五「石刻《詩經》殘本」一條，乃嘉慶九年所撰，則其稿雖由阮元攜至杭州開雕，仍得隨時增訂補益，固無庸「別記一編，名曰《餘錄》」也。

竹汀與王西莊書，嘗言：學問乃千秋事，訂譌規過，非以訾毀前人。一事之失，無妨全體之善，「言之不足傳者，其得失固不足辨；既自命為立言矣，千慮容有一失，後人或因其言而信之，其貽累於古人者不少」。[104] 竹汀為一代名德碩學，余恐後人轉因《餘錄》之說而致誤，[105] 今斷斷致辨者，正所以證其偶誤而成其百是云爾。

一九八八年十一月十八日稿

本文原載一九八八年《中央研究院歷史語言研究所集刊》五十九本第四分

〔附記〕黃丕烈所藏《蜀石經・毛詩》殘卷，現藏上海圖書館，上附竹汀寄蕘圃短札，商借此新得之本，札云：「拙著《十駕齋養新錄》兩卷遵教送閱，中有未當處，希為示知，以便更改。《蜀石經》如尊處已購得，希借讀一過為感。『案』字係孟知祥祖諱，

104 錢大昕《潛研堂文集》，卷三十五，頁九。

105 如前引長澤氏〈越刊八行本注疏考〉一文，即引《餘錄》「《春秋正義》宋槧本」條，竹汀言其行款為「八行十六字」，長澤氏因推測此應為《注》、《疏》合刻本；渠不知此慶元重刻淳化本實出誤傳，故不敢駁正竹汀之誤，但謂「此本今未見傳本」，即其一例也。

並聞，不一。蕘圃二兄主政，弟大昕頓首。」[106]此札未具年月，然黃氏購得此卷在嘉慶九年，段玉裁〈跋黃蕘圃蜀石經毛詩殘本〉、陳鱣〈蜀石經毛詩考異敘〉、《吳兔牀日記》嘉慶九年六月六日、七月朔日條俱可為證。[107]時《養新錄》刻成者二卷，竹汀即以是為贄也。此見潛研著書之不苟如此；拙文謂「石刻《詩經》殘本」條撰於《養新錄》付刻之後，此札可為確據也。二〇一八年八月十二日。

106　上海圖書館編《上海圖書館藏善本碑帖》，二〇〇五年，上海古籍出版社，下冊，頁三二六。

107　陳鱣《簡莊文鈔續編》，《續修四庫全書》本，卷一，頁二—三；吳騫《吳兔牀日記》，二〇一五年，南京：鳳凰出版社，頁一七七。

〈記洞過水〉非段玉裁所作辨

一、問題之提出

段刻《戴東原集》卷六有〈記洞過水〉一文，[1]而段玉裁《經韵樓集》卷七亦有一〈記洞過水〉，篇題下記「代壽陽令龔導江」，[2]二者文字並同。其文究為戴震所作，抑段玉裁撰？學者所見不一。劉盼遂《段玉裁先生年譜》乾隆三十四年己丑條記：

> 是年作〈記洞過水〉一文，自注：「代壽陽令龔導江」。盼遂按：《戴東原文集》卷六亦有〈記洞過水〉一文，注云「己丑代」，二文一字不異，未知段作或戴作？[3]

劉氏雖將此文載入正《譜》，以為段氏行實，然猶未敢質定。余昔年撰《〈段玉裁年譜〉訂

1 戴震《戴東原集》，乾隆五十七年，段氏經韵樓刊本，卷六，頁十三—十五。
2 段玉裁《經韵樓集》，嘉慶十九年刊本，卷七，頁三十三—三十四。
3 劉盼遂《段玉裁先生年譜》，民國二十五年，北平：來薰閣書店《段王學五種》本，頁九。

補〉，嘗據段氏《東原年譜》，以此文當為戴東原所作。[4] 近年安徽大學楊應芹教授據北京大學圖書館藏此文底稿，係段玉裁手筆，上有多處戴東原增改、評點之語，故所撰〈段著《東原年譜》疑誤考〉、〈段著《東原年譜》補正〉兩文，均認為〈記洞過水〉作者應為段玉裁。[5] 余對此說雖頗疑之，究以未見北大圖書館所藏段氏底稿，故未能論定耳。

頃閱張岱年主編之《戴震全書》，[6] 該書冊六附錄收有楊教授〈《東原年譜》訂補〉一文，仍持前說。[7] 而《戴震全書》所收《東原文集》，即由楊教授審訂者，因此特將〈記洞過水〉一篇從戴《集》剔出，[8] 一若此文之非戴作，業經判定確鑿矣。《戴震全書》冊六另收北大圖書館所藏《戴氏雜錄》文十五篇，則所謂〈記洞過水〉段氏底稿者居然在焉，文末並載錄東原增改之文及其批語。《戴震全書》刊行同時，另有戴震研究會暨戴震紀念館所編《戴震全集》，其書冊一《戴震文集》仍存〈記洞過水〉一篇；冊六《補遺》則據北京大學圖書館所藏《戴氏雜錄》迻錄〈記洞過水〉一文，文末「附記」云：

4 陳鴻森〈《段玉裁年譜》訂補〉，一九八九年，《中央研究院歷史語言研究所集刊》六十本第三分，頁六〇五—六〇六。

5 楊應芹〈段著《東原年譜》疑誤考〉，《安徽史學》一九九四年第三期，頁三十七—四十一；〈段著《東原年譜》補正〉，《文獻》一九九六年第一期，頁一〇五—一五二。

6 張岱年主編《戴震全書》，凡七冊，一九九四—一九九七年，合肥：黃山書社排印本。

7 楊應芹〈《東原年譜》訂補〉，張岱年主編《戴震全書》，冊六，頁六八五—六八六。

8 張岱年主編《戴震全書》，冊六，頁三三三。

北京大學圖書館藏未刊抄本《戴氏雜錄》，中有此篇抄稿，經考證，此篇文章係段玉裁代龔導江所寫。9蓋從楊教授之說，亦以此文為段玉裁撰也。

按《戴震全書》、《戴震全集》為近年大陸彙編、整理戴氏著作最新之研究成果，今兩書並以〈記洞過水〉一文為段玉裁所作，斯說儼然已成定論矣。惟余反復尋討，覺其說尚多疑義，未可依據。本文擬就此問題重加檢討，並對楊教授之說提出商榷，以待學界論定焉。

二、〈記洞過水〉為段玉裁所作說質疑

東原《文集》舊有孔繼涵微波榭本及段玉裁經韵樓本二種。10〈記洞過水〉一文，微波

9 戴震研究會、戴震紀念館等編《戴震全集》，一九九九年，北京：清華大學出版社，冊六，頁三一六五。

10 戴氏卒後，孔繼涵編《戴氏遺書》，所錄《文集》凡十卷，乾隆四十三年刊。經韵樓本《戴東原集》則分十二卷，乾隆五十七年刊，較孔本增多〈詩摽有梅解〉等二十五篇；而孔本卷五〈閩中師友淵源考序〉、卷六〈溫方如西河文集序〉、卷七〈跋吳潛夫殘本聖教序〉、卷十〈奉直大夫刑部浙江清吏司員外郎毛公墓誌銘〉四篇，經韵樓本刪之。

孔、段二本外，另有光緒十年張海榮刊本、宣統元年渭南嚴式誨刊本，並依經韵樓本重刻；民國二十五年《安徽叢書》本，則據張刻影印。另趙玉新點校《戴震文集》（一九八〇年，北京：中華書局）、湯志鈞

榭本無之。其文見於經韵樓本《戴東原集》卷七，題下記「己丑代」，則戴氏乾隆三十四年為人代撰者。《戴東原集》既為段玉裁所刻，段氏以此文入之戴集，則其文非段玉裁作，本無疑義。

段氏另纂《戴東原先生年譜》，乾隆三十五年條下明記：「是年有代壽陽令龔君導江〈記洞過水〉一篇。」[11]雖《文集》「己丑代」，與《年譜》繫於乾隆三十五年，二者相差一年。然〈記洞過水〉一文為戴氏所作，段玉裁固有明文記之，且具體指實其文為東原代壽陽知縣龔導江作也，[12]則此文非段玉裁所撰斷可知矣。楊應芹教授〈段著《東原年譜》補正〉一文，乾隆三十五年條則言：

〈記洞過水〉亦收入《經韵樓集》卷七之中。今檢其底稿（北京大學圖書館藏），原文作者當為段玉裁，而詳加評改的文字卻是戴震的手筆。其評語一方面說明增改的原因，一方面又極高地贊揚此文的寓意布局。戴氏對玉裁的賞識厚愛，由此可見。玉裁大概出於對先生的感激之情，在重編《東原文集》時便將此文收入卷六，並于《年譜》

11　段玉裁纂《戴東原先生年譜》，民國二十五年，《安徽叢書》本，頁二十一。點校《戴震集》（二〇〇九年，上海古籍出版社），及張岱年主編《戴震全書》本，皆以段刻為底本。

12　《仁和龔氏家譜》載：龔導江「字濬三，……號岷山。……丙戌（乾隆三十一年）會試第九十四名，殿試三甲第六十九名，賜同進士出身。揀發山西，署平魯縣知縣，補壽陽縣知縣。」（同治間刊本，下冊，頁二十三）另據錢大昕《講筵日記》乾隆三十一年四月十一日條，知龔導江為錢大昕會試同考官所得士也。（漆永祥校錄稿，二〇〇〇年，《書目季刊》三十四卷第二期，頁六十七）

中加以說明。後人不知個中情由，而文章又是玉裁的手稿，於是又收入他的文集中。經韵樓本《文集》中的〈記洞過水〉題下有「己丑代」，原稿無；〈應州續志序〉題下亦有「己丑代」，而微波榭本只有「代」字，無「己丑」二字，則此二篇到底是作于己丑，還是作于庚寅，難以確定。[13]

楊教授之以此文為段玉裁作，一則因北京大學圖書館所藏《戴氏雜錄》中有此文底稿，為段氏筆跡；再則因稿本上有戴氏評改之語，對此文寓意布局頗多贊賞，則〈記洞過水〉一文理當為段氏所作，故而楊教授先後所撰〈段著《東原年譜》疑誤考〉諸文並持此說。然其說不能無疑：

一、經韵樓本《戴東原集》，係段玉裁就孔氏微波榭十卷本，益以丁杰及己處所藏東原文稿，於乾隆五十七年委由臧庸、顧明重編精刻者，六月段氏自為序。[14] 此書刻成後，八

13 楊應芹〈段著《東原年譜》補正〉，《文獻》一九九六年第一期，頁一一六—一一七。

14 段玉裁〈戴東原集序〉，末言：「先生所為書，或成或未成，孔氏體生梓於曲阜十餘種，學者苦其不易得。《文集》十卷，先生之學梗概具見，武進臧氏在東、顧氏子述因增其未備，編為十二卷，精校重刊，略以意類分，次其先後。」（段刻《戴東原集》卷首）然《戴東原先生年譜》譜後言：微波榭本「凡文已附見《聲韻考》、《聲類表》、《孟子字義疏證》者，則不再見於《文集》中，蓋合諸書為全集也。而論音韻、論六書轉注、論義理之學諸大篇，不可不見《文集》中，故愚經韵樓刻輒補入。又因丁升衢（杰）旁搜得數篇附焉，定為十二卷。……惜牽於家事，未能親校，友人臧庸、顧明編次失體，字畫訛誤，未稱善本。近日謀一新之，以垂久遠。」（頁四十二）則段氏並不以此本為盡善，晚年且擬重刻之。

月，段氏覆校一過，覺臧君等所校尚有未盡，因撰〈覆校札記〉一篇附刻書後。[15]經韵樓本《戴東原集》既為段氏所刻，焉有感戴師德，即以己作冒充乃師之文者？此事理之必不可通者。《東原年譜》譜後段氏附記：「《文集》中〈詩生民解〉，本出《毛鄭詩考正》。先生曾為余言，可取出修改，入於《文集》。玉裁刻《文集》十二卷時，因入諸卷五，而不敢修改一字也。」[16]其敬謹如此，則段氏焉敢妄以己作羼入東原《文集》？

二、段氏《東原年譜》，既以「是年有代壽陽令龔君導江〈記洞過水〉一篇」為戴氏事實，則此文為東原所作，更無疑義。今不信《年譜》之明文，則段玉裁刻乃師《文集》，逕以己作羼入戴《集》在前，復於所纂《東原年譜》虛構其事，則此直是造假爾，焉有感戴師德竟至冒充其文虛造其事以為報者？

三、戴、段二人乾隆三十四年春入都會試，不第。其夏，東原應山西布政使朱珪之邀赴山右，段氏偕往。[17]翌年夏，段玉裁赴京銓選，授貴州玉屏知縣。此一年間，二人同在山西，過從甚密，故段氏於東原撰述情況知之最詳，[18]〈應州續志序〉一文，微波榭本僅記

15 劉盼遂《段玉裁先生年譜》乾隆五十八年條云：「秋，先生重刻《戴東原集》成，又作勘誤附於後。」（頁二十六）按此說未確，據段氏識語云：「刻版既成，不欲多剜損，故箋其後如此。得此書者，尚依此研朱校改，以俟重刊。乾隆壬子八月。」則《戴集》之刻及勘誤同在五十七年壬子。

16 段玉裁《戴東原先生年譜》，頁四十六。

17 段玉裁《戴東原先生年譜》，頁二十；劉盼遂《段玉裁先生年譜》，頁七。

18 段玉裁《戴東原先生年譜》乾隆三十五年條載：「先生之在山右也，有代某作〈應州續志序〉；有〈與曹給事書〉，有〈沂川王君祠碑〉，有〈于清端傳〉，有〈張義士傳〉，有〈王廉士傳〉，有〈答朱方伯書〉，

「代」字，而段刻獨知其為己丑年代人撰也。[19] 觀臺灣國家圖書館所藏戴東原寄段氏札冊，原札未記撰年者，段氏均於札角附記其年，[20] 則〈記洞過水〉一文，段刻篇題下記「己丑代」，當必有據。至《東原年譜》繫此文於三十五年者，蓋《年譜》成於段氏暮年，[21] 追述時誤憶耳。[22]

四、《經韵樓集》乃段氏身後其子驤及外孫龔自珍等所編。〈記洞過水〉一篇誤入段集，周中孚《鄭堂讀書記》卷七十一「《經韵樓集》」條固已言之：

有〈例贈宣武大夫王公墓表〉，有〈王輯五先生墓誌銘〉，有代冀寧道徐君飛山〈山陰義莊序〉。」（頁二十二）蓋是年夏段玉裁入京，二人分離，段氏以其在山右所知者統記於此。

19 段刻《戴東原集》，卷六，頁十一。按此文篇題下記「己丑代」，則亦乾隆三十四年撰也，《年譜》繫三十五年條下，與〈記洞過水〉其例正同。

20 《戴東原戴子高手札真蹟》，一九五六年，臺北：中華叢書委員會影印本。

21 劉盼遂《段玉裁先生年譜》嘉慶十九年八十歲條云：「是年成《戴東原先生年譜》。按《戴譜》無序跋年月，惟乾隆二十年下云：『《方言》分寫本，玉裁自庚寅、己丑假觀，遂攜至玉屏。……然假此書時，未知重《方言》也，乃始將讀《說文》耳。今四十餘年，於《說文》討論成書，於《方言》亦窺閫奧，何莫非先生之覺後覺哉！』又四十二年下云：『今丁小雅終於寧波府儒學官舍又將十年矣』，據上二條考之，先生官玉屏時年三十六，又四十餘年，當為八十以外。丁小雅之卒為嘉慶十二年，則『又將十年』云者，正當嘉慶十九年時也。乃《譜》成不久，先生即歸道山，其平生師友相與之誼，臨年彌篤，誠令人欽遲無既矣。先生〈跋東原札冊〉云：『思先生而不可見，於是修先生《年譜》一卷付刻，又裒先生札付裝潢。』作跋之年月為甲戌十二月二日，則《年譜》纂輯之在是年，從可證矣。」（頁四十八）

22 《東原年譜》時有段氏暮年追述誤憶者，拙作〈《段玉裁年譜》訂補〉乾隆三十一年條下有說。

吾師受學於戴東原，稱入室弟子。……所撰雜文甚富，身後其子驤及外孫龔自珍揀擇得一百八十餘篇，編為是集。……惜是集編次尚未能如《戴集》之有條理，且多舛誤。如〈與錢辛楣學士書論粿字〉一題，其文全不似書體，當改為〈通鑑注粿字辨誤〉，庶乎其可。又如〈記洞過水〉一篇，其文全與《戴集》中〈記洞過水〉一篇相同，且隻字不易。蓋吾師愛其文而手錄之，未及如今之時文署名氏于其下；驤等不知《戴集》中有此文，遂濫行收入。此二者乃舛誤之大者也。昔吾師覆校《戴集》，因刻板既成，不欲多剜損，故作〈札記〉附其後，以待得此書者依此研朱校改，其法最為盡善。余亦援是例，為是本作〈札記〉一卷，以呈其婿龔闇齋（麗正），屬為刊附其後，惜乎其不行也。[23]

按段氏《經韵樓集》間有誤收他人之文者，如卷四目錄有〈與郝戶部論爾雅書〉、卷七〈戴東原先生配享朱子祠議〉、〈上大興朱中堂書〉諸篇，今集內無其文，蓋後來審知非段氏之作，因撤去也。龔君等亦積學之士，未必不知《戴集》內亦有〈記洞過水〉一篇，特周氏未能檢出《東原年譜》之明文以抉疑，遂致兩家之集俱有此文。

三、論《戴氏雜錄》不足以推斷此文為段玉裁所作

---

23 周中孚《鄭堂讀書記》，民國十年，吳興劉氏嘉業堂刊本，卷七十一，頁十九—二十。

如前所述，楊教授以〈記洞過水〉一文為段玉裁撰者，特以北大圖書館藏《戴氏雜錄》中有此文，原稿為段氏筆跡，其上另有東原增改及評點之語故也。惟按段氏《東原年譜》乾隆三十四年條記：

汾州太守孫君和相聘修府志，是年成《汾州府志》三十四卷。其書之詳核，自古地志所未有。……玉裁曾節抄《府志》例言、圖表、沿革、星野、疆域、山川、古蹟，將付諸梓，以為修志楷式。[24]

又，劉盼遂《段玉裁先生年譜》乾隆三十四年條記：

五月二十九日，東原來書，請為抄樂平、盂縣、平定州地圖。……又言「附上書一冊，抄畢即寄下。」……段氏于札角注云：「時同在山西，予在平陽，先生在朱文正藩府。」[25]

觀此，段氏自言「玉裁曾節抄《府志》例言、圖表、沿革」云云，又東原來書，「請為抄樂平、盂縣、平定州地圖」云云，則《戴氏雜錄》中〈記洞過水〉一篇即便為段氏筆跡，原

24 段玉裁《戴東原先生年譜》，頁二十、二十一。

25 劉盼遂《段玉裁先生年譜》，頁八。按此信即《戴震全書》之三十五《與段茂堂等十一札》中第四札。

無足異，蓋其文即段氏所抄耳。[26] 再者，《戴氏雜錄》凡十五文，其餘十四篇皆為東原手稿或見於戴氏本集者，[27] 則〈記洞過水〉一篇當亦戴氏之文，不得因其文底稿為段氏筆跡，即斷為段玉裁撰也。

《雜錄》〈記洞過水〉一文，楊教授校記云：

本篇原稿是段玉裁的手跡，後經戴震增改、圈點，並加有多處批語。批語一方面是說明增改的緣由，一方面是褒獎此篇之文詞寓意。本文的作者當是段玉裁，可能因戴氏增改的內容很多，且又很欣賞本文，於是玉裁在編《東原文集》時，便將此文歸到他先生的名下，且後來又於《戴東原先生年譜》三十五年條加以說明：「是年有代壽陽令龔君導江〈記洞過水〉一篇。」而於玉裁身後，人們不知其心意，又將此

26 段玉裁《戴東原先生年譜》譜後段氏附記，其一條云：「〈迎日推策記〉亦舊時所為，玉裁與〈釋天〉皆於癸未抄寫。」（頁三十五）又一條言：「始先生作〈原善〉三篇，見於戶部所刊《文集》中者也，玉裁既於癸未抄寫熟讀矣。」（頁三十六）又言：「癸未，初見先生，以〈春秋改元即位考〉三篇付抄」云云（頁四十六），則段氏所鈔東原文字為數固不少。

27 據楊教授校語，《戴氏雜錄》所收〈題惠定宇先生授經圖〉、〈寧鄉縣志序〉（代知縣朱懋炳撰）、〈壽陽縣志序〉（代山西巡撫鄂寶撰）、〈永寧州志序〉（代王興穀作）、〈正汾州府名宦祠秩祀碑〉（代汾州知府孫和相撰）、〈黃爐嶺候館闢路記〉（為汾縣知縣朱濬擬作）、〈山西武鄉試錄後序〉（為山西巡撫鄂寶擬作）、〈蔣秋涇詩集序〉、〈記武舉戴鳴鸞〉、〈誥封孺人丁母易太夫人八十榮壽序〉、〈誥贈奉直大夫荼陵州知州梅圃戴君墓誌銘〉等十一篇，俱戴氏手稿；另〈汾州府志序〉，則代朱珪撰者。又〈詩摽有梅解〉，見《東原文集》卷一，文字少異；〈古訓〉，即《文集》卷三〈爾雅文字考序〉。

篇收入《經韵樓集》卷七，這才物歸原主。若不是原底稿完整地保存《戴氏雜錄》中，一部《經韵樓叢書》有兩篇相同的文章，其疑團則無以得解。戴、段師生情誼之深篤，由此亦可窺見一二。[28]

實則此文除底稿為段氏筆跡外，全文並無任何足證其為段玉裁所作之確據。今為討論之便，茲將《雜錄》段鈔原文及東原增改之處悉加標示，並錄戴氏批語於逐文之下：[29]

〈記洞過水〉

西北之水多濁，而趙地之水清者有二，其一曰晉水，《水經》所謂「出晉陽縣西縣雍山」者是也；其一曰洞過水，《水經》所謂「出沾縣北山」者是也。沾北山，一名沾嶺。嶺西鳴水、沾水所出，皆至井陘合壽陽東界之桃水為冶河，北入滹沱。嶺之南少山，大要谷，清漳所出，南流合於濁漳。自沾嶺南迤西，為木瓜嶺、石堠嶺、八賦嶺、大廉山，有古石堠，轑山、武山分形如八字，故石堠、八賦以名。其南水悉歸漳，北水歸洞過。沾嶺近北，二泉並發為洞過水者，與鳴水源同一山，今呼陡泉嶺，在樂平

28 張岱年主編《戴震全書》，冊六，頁五一九。

29 按文旁加黑線者，為戴震增益之文；戴氏批語，則以楷體小字錄示。戴氏批語及刪改處，楊書間有遺漏失載者，今依《戴震全集》本錄其要語，不一一備記。

縣西。（戴氏眉批曰：「帶敘鳴水、沾水、桃水北入滹沱；又敘明石堠嶺、八賦嶺之南水入漳，北水入洞過，即伏木瓜嶺、大廉山，使形勢瞭如指掌。後云壽陽全境之水，此云東界桃水，而山脈分水備細不遺。有此牽帶，便不嫌以晉水作陪，及專詳洞過五水之結構太謹嚴明顯矣。」）其水西北流，經平定州西南，（戴氏眉批：「會之。」）木瓜嶺之水北流七十五里會之，《水經注》之南谿水也。又西北，至壽陽縣東南界。（戴氏眉批：「伏沾嶺、木瓜嶺兩源為中一段考覈地，而大廉山、原過祠又於末段補出，此筆法也。」）

戊子秋，余以公事往樂平，得觀洞過水之清駛。宿常村，肩輿早行山中，見水流渾濁，問諸從者曰：「此洞過水也，何不類乃爾？」從者應曰：「昨雨甚，水從四山驟至，洞過清流潛於渾水下。」余疑之。復西行數十里，則清澈鏘鳴者曲赴山石間。問渾水安在？從者曰：「渾水行遲，少待當至矣。」既而果至。（戴氏眉批曰：「寫清濁不相入，妙指可參。」）余始信從者前言不我欺，歎水性之清濁、遲迅不侔而不相入也有如是。（戴氏眉批曰：「以寓意住。」）[30]

復行三十里許，經壽陽之羊頭崖。（按段鈔原稿「羊頭崖」下，有「即縣人所謂羊頭積雪也」一句，戴氏圈去此句，批曰：「『羊頭積雪』四字，彼掇成八景之一，究之，『終南積雪』、『羊頭積雪』似同，而雅俗迥別，凡此等必不可拈來。蓋『羊頭崖』三字便非俗，去『崖』字而綴『積雪』，不成辭。」）

30 「以寓意住」句，《全集》本「住」字作「佳」，下「以考覈住」、「又以寓意住」同。按此為古文評點恆詞，作「住」字為是。

又十餘里，至趙家莊、盧家莊之間，洞過水與壽水會，西流七八里，皆迤邐行石上，汪洋澹泊，激石有聲，淙淙然下落於建公潭。潭方畝許，深莫能測。四面山皆土戴石，巉嵯刻秀，建公村隱其間。居人涉水者，或以砅，或以略彴。余留宿村中，詢其土俗，無識字人，無入城邑識官長人，其山川淳樸之氣可知也。（戴氏眉批曰：「寫民風，自令人神往。」）壽水控引壽陽全境之水，南會於洞過，（戴氏眉批曰：「見壽水之大，可為五水之一。」）洞過於是始濁。《魏書．地形志》云：「同過水出木瓜嶺，一出沾嶺，一出大廉山，一出原過祠下，五水合道，故曰同過。」然則「同」之為「洞」，因水名加偏旁耳。〈志〉言五水而僅舉四源，失舉者，舍壽水無足以當之。（戴氏眉批曰：「以考覈住。」）

自建公潭而西，逕西落鎮，至榆次縣東界，游波西逝。左則涂水南來會之，《水經注》所謂「出大嵰山涂谷」者也，大嵰山即〈地形志〉之大廉山。又西五里，原過水自右會之，統納眾川，勢亦始平，（森按：「勢亦始平」句，戴氏原改「勢亦漸平」，後刪「漸」字，仍留「始」字，旁批云：「仍用『始』字為妥，今隔數行，不嫌與『始濁』複。」）居人用以灌溉，故其地溝塍刻鏤，穲稏千頃，仿佛江南風景。憶春中自汾州還，（森按：據《全集》本，段鈔此句原作「憶歲丙戌、丁亥自汾州還壽陽」，東原改為今文。楊教授此處未注出。）道經晉祠，觀晉泉之正出，清鑑毛髮，山下釃渠數十，其穀亦宜稻。之二水之清之利，更何其相似歟！晉水初出而民利之，洞過必逕流百數十里而民始食其利，則因乎地勢然矣。（戴氏眉批曰：「又以寓意住」。）

五水之合為洞過也，惟涂水最古，春秋時以名縣。顧物情隱顯有時，是以《水經》、

〈魏志〉咸表洞過，而壽陽命以壽水，酈道元乃稱曰黑水，宜魏收作〈志〉失之也夫！（此段戴氏眉批曰：「儆足中間考覈亦有寓意。有此數語，亦化去以晉水起結之太明顯。」又篇末尾評曰：「辭意清婉，味之不盡，為增入考覈，更覺於讀史有會心，善補古人之缺。中間清濁不相入，利氏有遲速及名之隱顯，皆與人品、施政、學問相關，非尋常筆墨事，入志書中，洵傑作也。燈下涷筆。」）

東原向以文章自負，喜評點古人文字。[31] 惟此文首段，戴氏所增地理考覈之文，稍覺蕪累，渠雖以「筆法」自矜，然刻鏤太過，適見考據家為文炫學之蔽也。此文戴氏眉批、夾批、尾評等凡十三則，今尋繹之，並不見有若何足證其文為段玉裁撰者；反而其中若干批語，卻足證此文必非段氏所為。

按古文評點本學文之筌蹄，文家之精神、識解，固藉語言文字以見之，然其所以成文者，作者各有義法，往往形諸言外。精鑒者藉由圈點、品評、眉批等形式，對文章之命意、結構、文句等，略加提示分析，使讀者易於尋解妙諦，並示學文者以門徑軌轍也。戴氏此文所施圈識，因《全書》、《全集》並未錄示，今不能具論。然其批語，或指陳首尾布局、表現筆法，或論考覈、寓意，或言起接、牽帶、伏應、繳結，或評造語雅俗等，凡此，俱

31　段玉裁《戴東原先生年譜》卷末，段氏附記：「先生言：為古文當讀〈檀弓〉，余好批〈檀弓〉，朋儕有請余評點者，必為之評點。」（頁四十四）又一條言：「先生少時學為古文，摘取王板《史記》中十篇，首〈項羽本紀〉，有〈信陵君列傳〉、〈貨殖傳〉，其他題記憶不清，皆密密細字，評其結構、用意、用筆之妙，鄭炳也先生虎文曾借讀；今聞孔戶部以此授長子伯誠為讀本。」（頁四十七）即其例也。

東原藉之示段君以屬文之法。蓋此文既經戴氏增飾改定，[32]作者文理筆法，東原尤有會心也。

楊教授似乎忽略戴氏批語乃元明以來風行之評點，故誤解戴氏評點為東原褒獎段氏之語。使如其說，〈記洞過水〉一文既為段氏所作，則文章之命意布局，作者當最了然於胸。然如第二段末「歎水性之清濁、遲迅不侔而不相入也有如是」，戴氏眉批「以寓意住」；又第五段末「晉水初出而民利之，洞過必逕流百數十里而民始食其利，則因乎地勢然矣」，戴氏批云：「又以寓意住」。二者皆段鈔原稿所具之文，使其文果段玉裁作，豈有作者對文脈寓意自未之覺，反有賴評點者為之評注提示而始悟之之理？又第三段「壽水控引壽陽全境之水，南會於洞過」二句，戴氏眉批曰：「見壽水之大，可為五水之一。」此亦段鈔原文，焉有其文刻畫之意，作者不自知，必待乎評點者為之分說耶？即此二事，可知〈記洞過水〉一文絕非段玉裁作矣。

〈記洞過水〉一文既非段氏所作，則其文豈戴氏為之與？今據東原尾評曰：

辭意清婉，味之不盡。為增入考覈，更覺於讀史有會心，善補古人之缺。

細味此語，可知〈記洞過水〉一文作者顯然另有其人，東原不過為「增入考覈」諸語，並

---

32 按戴氏圈改文字，《全書》本未一一標示。如「戊子秋」一段，「此洞過水也，何不類乃爾」二句，原作「此非洞過水耶，何不類也」，東原改為今文。類此之例不少，詳見《全集》本，茲不具錄。

點定文字耳。然則其文非戴非段，果誰為之？按段氏《戴東原先生年譜》乾隆三十五年條記：

是年有代壽陽令龔君導江〈記洞過水〉一篇。龔君方修《壽陽志》，請先生點竄，先生因為辨正晉、隋、唐史「壽」、「受」二字之訛亂，并為審定目錄。今手稿猶在玉裁處，皆端楷也。[33]

依段氏之說，則〈記洞過水〉一文，乃戴東原為龔導江審定《壽陽縣志》時代作也。所謂「先生因為辨正『壽』、『受』二字之訛亂」者，蓋即《壽陽志》卷首置縣沿革，東原考證其縣「晉本名壽陽，魏、隋皆作受陽」，唐貞觀復改「壽陽」，今本隋唐史、方志「壽」、「受」二字往往淆亂，因為釐正其誤也。[34]東原為山西巡撫鄂寶代撰〈壽陽縣志序〉，中云：

歲戊子（乾隆三十三年），余奉命撫晉，壽陽尹龔君來謁，知其有學且克敬其職也。壽陽於春秋馬首邑，漢榆次東境。縣之設，起晉太康中。迨元魏氏，省入中都，徙其戶於大陵城南，置受陽縣，蓋其時兵燹之餘，荒蕪為墟矣。隋名魏所別置為文水縣，而復晉舊縣曰受陽。唐貞觀十一年改「受」作「壽」，始符昔目，迄於今不異。然新、

33　段玉裁《戴東原先生年譜》，頁二十一。

34　龔導江纂《壽陽縣志》，臺北故宮博物院圖書館藏乾隆三十六年刊本，卷一〈沿革〉，頁二—四。

舊《唐書》「受」、「壽」參差互見，讀史者莫之能是正。[35]

下文又言：「今龔君繕其新纂《志》稿請余序。其書嚴體例、精考核，凡舊時相承襲疏失必詳舉，確有證實。如謂隋開皇迄唐貞觀，是地名『受陽』凡四十有八年」云云，蓋東原對此考證頗為自得，故〈序〉中一再言之。[36]至〈記洞過水〉一文，見《壽陽縣志》卷九〈藝文上〉，署龔導江名，[37]其前另有龔君所撰〈重修太和橋記〉、〈重修受川書院記〉兩文。[38]然則〈記洞過水〉一文本龔導江撰，龔氏收入所修《縣志》。戴氏為審訂《壽陽志》時，喜其文寓意雋永，故為補入考覈各文，以增加文章厚實感。戴氏尾評云：

> **中間清濁不相入、利民有遲速及名之隱顯，皆與人品、施政、學問相關，非尋常筆墨事，入志書中，洵傑作也。**

蓋東原尤喜其文「歎水性之清濁、遲迅不侔而不相入也有如是」一段，及文末「晉水初出而民利之，洞過必逕流百數十里而民始食其利」二處別有寓意，謂此乃作者「人品、施政、學問」之體現，「非尋常筆墨事」。其「施政」云者，自指知縣龔導江無疑。此文一則言「戊

35 此文收入《戴氏雜錄》，《戴震全書》冊六，頁五一〇—五一二。

36 按《戴氏雜錄》，〈壽陽縣志序〉文末校記，謂段氏《東原年譜》所言「為辨正晉、隋、唐史『壽』、『受』二字之訛亂」者，指此〈壽陽縣志序〉，其說非是，此未檢閱龔君原《志》耳。

37 乾隆《壽陽縣志》，卷九，頁三十二—三十四。

38 同上注，卷九，頁二十八—三十二。

子秋，余以公事至樂平，得觀洞過水之清駛」，再則言「憶丙戌、丁亥自汾州還壽陽，道經晉祠，觀晉泉之正出」云云，考龔導江揀發山西在乾隆三十一年，[39]二者俱作者親身所歷所感，故其文尤真切有味也。此文原載《壽陽縣志》卷九〈藝文〉門，故戴氏稱之曰「入志書中，洵傑作也」。而東原為增寫地理考覈各文，神氣頓異。據《全集》文末楊教授附記，此文「原稿四百八十八字，戴震增刪修改四百零八字」，[40]殆因東原增改之文幾及全文之半，故段玉裁梓刻《戴集》時，特將此文收入其集，並於所纂《東原年譜》略言其事，俾後人尚可考見端倪。復考乾隆三十四年七月戴氏寄段玉裁書云：

前月得手札並龔老先生翰，以志書屬參末議。……頃因道臺有筆墨事見屬，日內可脫稿矣，當即應龔老先生命。縣境圖最緊要，須用方格，每方幾里，方嚮里數必大致可稽。……又壽陽縣北境，有後漢廣牧城及後魏神武郡治（縣北三十里），尚有遺跡可訪查否？宋靖康元年，种師中抵壽陽之石坑，為金將所襲，迴趨榆次，至殺熊嶺，去太原百里戰死，則石坑地見於正史，亦當載入。殺熊嶺相傳在壽陽西六十里，接榆次界，今屬境內否？上數事似不可缺，望查核，以補舊志之疏。……龔老先生未

39 龔導江〈壽陽縣志序〉云：「歲丙戌成進士，筮仕來晉，即聞壽陽為燕、趙、秦、蜀咽喉，衝要特甚。……中丞彰公（按江西巡撫彰寶）悉心籌畫，果題請改簡為繁，而遴余以蒞茲土。」（頁二）則龔君任壽陽知縣在乾隆三十一年丙戌。光緒《壽陽縣志》卷五〈官政·龔導江傳〉，載龔君三十二年任壽陽令，誤也。

40 《戴震全集》，冊六，頁三一六五。

另具札，希代候。[41]

據此，知龔導江延戴東原審訂志書，段氏實為之介。其時東原客朱珪布政使署，段氏則主壽陽書院講席，[42]正龔君所轄也。然則《戴氏雜錄》中〈記洞過水〉一篇底稿為段氏筆跡者，殆因龔令《壽陽志》此文原稿不便大量刪改，故東原請段氏另寫一紙，即批改於其上。此文改定後，段氏另謄寫清本付龔導江，其原底則留存段玉裁處。段氏身後，龔自珍等編次遺集，因此文底稿為段氏筆跡，故誤為段玉裁所作，因復編入段集。此其事原委尚可考者。

四、結論

戴震、段玉裁兩家文集並有〈記洞過水〉一篇，其文究為誰作，學界迄未論定。近年學者發現北京大學圖書館所藏《戴氏雜錄》中有此文，底稿為段氏筆跡，一時論者咸以此文為段玉裁所作。惟按其說，不免觸處抵牾。經上文所考，知此文原作者實壽陽知縣龔導江，龔氏將該文收入所纂《壽陽縣志・藝文門》。戴東原為龔氏審訂《壽陽志》時，喜其文辭氣清婉，寓意雋永，故為增入地理考覈諸語，其文頓異舊觀。段氏梓刻《戴東原集》時，

41 此文即《戴震全書》三十五所收《與段茂堂等十一札》之第五札，《全書》冊六，頁五三七。

42 段玉裁《戴東原先生年譜》，頁二十。

因將該文收入戴集。段玉裁身後，龔自珍等編次遺集，因其家所藏此文底稿為段氏筆跡，因復收入段集，其實兩家俱非此文作者。今為考其事實原委，庶了此一段公案。

一九九九年九月廿六日初稿
二〇〇二年四月一日改定

本文原載二〇〇二年《中央研究院歷史語言研究所集刊》七十三本第四分

〔附記〕本文校稿期間，從遊陳惠美君檢示方利山、杜英賢二氏合著《戴學縱橫》一書（一九九九年，北京：中國文聯出版社），中有方君所撰〈「記洞過水」之文辨析〉，亦以〈記洞過水〉一文為段氏所作，惟文中並無若何舉證，第言：「當年段玉裁編《戴東原集》，將〈記洞過水〉一文收進卷六之後，有趣的是他刊刻自己的文集《經韵樓集》時，又將〈記洞過水〉一文收在卷七。只是在《戴東原集》中注為『己丑代』，《經韵樓集》則注為『代壽陽龔導江』。至此人們才明白，為壽陽縣令龔導江『代作』〈記洞過水〉一文的是段玉裁自己。難怪戴東原修改文稿，對弟子諄諄善誘，鼓勵有加。段玉裁可能是為尊重老師的修改，在《戴東原集》中收入了這篇文章，段氏『代作』，成了戴氏『代作』。」（頁二六四）方君蓋襲楊應芹教授之說，復不知《經韵樓集》非段氏生前自刻，疏陋甚矣。其文並無新意，今不具辨。二〇〇二年十一月廿五日附識。

此文與應芹教授持論不一，先生不以為忤。二〇一四年八月，余應安徽大學徽學研究中心之邀，赴皖參加「儒學與地域文化：徽學國際研討會」，應芹教授過談，把盞論學甚歡。後再赴合肥，相接益親，先後屢荷惠頒所著、新刊各書，感紉無涘。本文撰寫時，適逢臺灣九二一地震重災之後，舉臺悲悼。災前應邀參加高雄中山大學清代學術中心主辦「第二屆國際清代學術研討會」，交稿期迫，斷電、國殤期間，摸黑檢書，成此短文，聊為搪塞，當日情狀尚歷歷目前。此戔戔小文本不足存，今仍存之者，藉此以見戴、段某一學術側影，並誌余與應芹教授相知始末也。二〇一八年元月四日寒燈下再識。

錢大昕、陳鱣詩稿二種辨偽

一九九〇年以後，大陸學界文史研究蔚興，舊學商量日加邃密，各類專題彙編、大型叢書紛紛應運而出，學者稱便。近時則公私所藏稿鈔本、書札之類，相繼以各種形式出版，幾於目不暇給。其中頗有多年求索不得一見，一旦化身千萬，吾人得於書室朝夕晤對，賞奇析疑，其有助於研幾考訂，為功匪淺。間亦有編者失於考覈，致偽品雜廁其中，學者不審，詫為珍籍異書，勢為所誤。近余披覽書城，見有偽本乾嘉名宿詩稿兩種，今聊書所見，以辨其偽，藉為拋磚引玉之資。儻學者各即所見，盡抉其贗，則來學甚幸。二〇一三年六月五日。

一、錢大昕《南陽集》辨偽

中國國家圖書館藏錢大昕詩稿《南陽集》六卷，清愛堂鈔本，共一百五十八葉，每半葉十行，行二十二字。卷一至卷五為各體詩，卷一計收詩九十九首，卷二收八十二首，卷三共詩一百四十九首，卷四一百十九首，卷五一百二十八首；卷六為詞，收〈百字令〉、〈探春慢〉等詞百二首。每卷首首行題「南陽集卷之幾」，次行署「嘉定錢大昕竹汀著」八字。前後無序跋，卷一首葉鈐「劉氏喜海一字燕庭藏書」篆文方印。此稿未刻，近影印收入中國國家圖書館所編《國家圖書館藏鈔稿本・乾嘉名人別集叢刊》第九冊。[1]李靈年、楊忠編《清人別集總目》、[2]柯愈春《清人詩文集總目提要》[3]並著於錄，俱以為錢氏遺稿。

錢大昕（一七二八—一八〇四，字曉徵，號竹汀）為清代學術巨擘，經史之學冠絕當代，所著書如《廿二史考異》、《三史拾遺》、《諸史拾遺》、《補元史氏族表》、《潛研堂金石文跋尾》、《十駕齋養新錄》等，莫不兼綜博采，考訂精核，江藩《國朝漢學師承記》推為一代儒宗；[4]梁玉繩更言：「今之竹汀，猶古之鄭康成」，[5]推崇倍至。竹汀少以詩名，乾隆十八年，沈德潛曾甄錄王鳴盛《耕養齋集》、吳企晉《古香堂集》、王昶《履二齋集》、黃文蓮《聽雨樓集》、趙文哲《媕雅堂集》、竹汀《辛楣吟稿》及曹仁虎《宛委山房集》等七種，人各二卷，

1 《南陽集》，今收入《國家圖書館藏鈔稿本・乾嘉名人別集叢刊》，二〇一〇年，北京：國家圖書館出版社，冊九，頁一九五—五一五。
2 李靈年、楊忠編《清人別集總目》，二〇〇〇年，合肥：安徽教育出版社，頁一八一五。
3 柯愈春《清人詩文集總目提要》，二〇〇一年，北京古籍出版社，頁七一九。
4 江藩《國朝漢學師承記》，一九八三年，北京：中華書局鍾哲點校本，頁五十一。
5 梁玉繩〈寄弟處素書〉，《清白士集》，嘉慶五年刊本，卷二十八，《蛻稾》四，頁二十。

編為《七子詩選》，[6]刊以行世，論者比之明前後七子焉。其後，竹汀「專意經史小學，服官之暇，悉力著書，詩遂不多作」。[7]乾隆三十五年，錢氏自選歷年詩稿，都為一集，編為《潛研堂詩集》十卷，梓而行之。竹汀卒後，其弟錢大昭與竹汀女夫瞿中溶復校錄辛卯（乾隆三十六年）至甲子（嘉慶九年）三十四年間所為詩，編為《續集》十卷。錢大昭〈潛研堂詩續集序〉云：

> 茲所錄皆就遺草略加排次。其隨手散失，僅見于它人選刻者，非先生手稿，詩雖佳，不敢濫采，以幾毋蹈嫁名掠美之失，此則區區矜慎之心，亦即先生生前編詩之微旨與。[8]

據此文，知錢大昭等所編《潛研堂詩續集》，係就其家所藏竹汀遺草排次。錢大昭〈序〉及並時諸家載筆，俱不言《潛研堂詩集》、《詩續集》之外，錢大昕復有其他詩稿成編在焉。此《南陽集》六卷，諸家藏書志目不載，其遞藏源流莫之能詳。余讀其詩，復與潛研學人風格不類，其稿是否果為竹汀之作，誠不能無疑。

6 沈德潛編選《七子詩選》，乾隆十八年刊本。此書刊行未久，即傳至日本，有寶曆七年（一七五七）平安書林重刻本。
7 錢大昭〈潛研堂詩續集序〉，見錢大昕《潛研堂集》，一九八九年，上海古籍出版社呂友仁點校本，頁一一二九。
8 同上注。

一、《南陽集》之名，錢大昕相關傳狀、《竹汀居士年譜》並錢慶曾《年譜續編》、錢師璟《嘉定錢氏藝文志略》、[9]光緒《嘉定縣志·藝文志》[10]俱未著錄。抑錢大昭〈潛研堂詩續集序〉固明言：竹汀服官後，「悉力著書，詩遂不多作，作亦不盡存，存者亦未及編定」。其遺稿生前既未編定，則不得《續集》之外，更有一《南陽集》在焉；且竹汀生前罕倚聲填詞之作，此集卷六乃有其詞百二首，則此稿是否確為竹汀之作，其可疑者一也。

二、余檢《南陽集》卷二〈丙寅四月十日〉詩云：

白髮潛加自不知，年華歷歷總堪悲。
回思寸草三春日，盡是劬勞未報時。[11]

按丙寅為康熙二十五年（一六八六）、乾隆十一年（一七四六）、嘉慶十一年（一八〇六）。據《竹汀居士年譜》，錢大昕生於雍正六年（一七二八），卒於嘉慶九年（一八〇四），則丙寅當為乾隆十一年，竹汀年方十九，與詩中「白髮潛加」、「年華歷歷」情味殊不合。另，此集開篇為〈辛酉仲春過唐南軒庶常寓齋，題陳道山畫葵，用東坡題畫葵韻〉，[12]按唐南軒名建中，字

9 錢師璟《嘉定錢氏藝文志略》，道光二十三年，錢氏家刻本，上海圖書館藏。

10 程其珏修，楊震福等纂《嘉定縣志·藝文志》著錄竹汀之詩，僅《潛研堂詩集》、《續集》各十卷，光緒七年刊本，卷二十七，頁三十五。

11 《南陽集》，頁二七七—二七八。

12 同上注，頁一九七。

赤子，湖北天門人，康熙五十二年進士，改庶吉士；散館後，未就官。歷遊燕趙齊魯間，後客居揚州，高風潛德，人所仰止；嗜書卷山水成癖，卷軸疊架盈几，日夕披吟。有〈鄧尉山梅花詩〉三十首、〈牡丹百韻〉諸作，傳誦大江南北；卒時會葬者數千人。[13] 此詩題辛酉為乾隆六年（一七四一），其時竹汀甫十四歲，唐氏焉肯以所藏陳道山畫作屬題？諸詩歲月顯與竹汀枘鑿不相合，其可疑者二也。

三、其尤可疑者，《南陽集》中相與酬和之士年輩俱較竹汀為長，如卷一〈柬謝山庶常〉、〈甬東全謝山將北上，見過山館，因留小集。明日謝山以四截句見投，依韻奉答即以送行〉、〈謝山以詩索汾酒；後二日過山館，又出潞酒飲之，復以詩來，用次原韻〉諸詩；又卷二有〈喜謝山，因憶諸游好〉。[14] 按全祖望生於康熙四十四年（一七〇五），[15] 長竹汀二十三歲，檢《潛研堂詩》正續集、《文集》及竹汀自訂《年譜》，俱未見有與全祖望過從之記載。抑全氏兩度入京，一為雍正七年膺選拔貢，明年（一七三〇）春，入京朝考，未與試；其秋，赴山東學政羅鳳彩幕，佐之衡文；九年秋，由山左南歸。[16] 其次則雍正十年（一七三二）四月北上，其秋，舉順天鄉試；翌年禮闈下第，淹留京師。乾隆元年成進士，入庶常館；翌年五

13 唐建中，《天門縣志・文苑》有傳，道光元年刊本，卷二十二，頁十七；生平事蹟，參彭維新〈翰林院庶吉士唐君赤子墓志銘〉，《墨香閣集》，二〇一〇年，長沙：岳麓書社點校本，頁一四三—一四四。

14 《南陽集》，頁一九八，又頁二〇五，又頁二二七，又頁二七九。

15 董秉純《全謝山年譜》，收入全祖望《結埼亭集》，《續修四庫全書》本，卷首〈年譜〉，頁一。

16 同上注，頁三—五。

月散館，考列下等，以知縣候選。時方苞任三禮館副總裁，欲薦全氏入館，辭之，於其年九月出都，[17]遂不復出，嗣後未再入京。據此所考，全祖望第二次赴京北上時，竹汀年方五歲，豈能與謝山觴詠贈答？

其次，《南陽集》中頗多與厲鶚酬答之作，卷一〈小集晚清軒，有懷厲樊榭。今日渡江，仍疊前韻〉、〈懷樊榭、西疇、南圻、玉井遊攝山〉，卷二〈分詠西湖古蹟，送樊君歸錢塘，得龍泓洞〉、〈重九後二日，樊君至武昌，與同人適有看菊之集，分韻共賦得侵韻〉，又卷四〈立冬前五日，同人攜菊集行菴對酒詠〉，其三為〈厲孝廉詠〉，均是也。[18]卷四復有〈哭友〉四章，其二云：

冷泉流不盡，游蹟憶前經。
一舸載春雨，卅年成聚萍。
史收遼散佚，詩紀宋英靈。（樊友所輯有《遼史補遺》及《宋詩紀事》）
寂寞叢書畔，高樓臏墜螢。[19]

此詩原題〈哭樊榭〉，偽為此集者刪去樊榭字號（詳下），然詩中元注《遼史拾遺》二十四

---

17 同上注，頁五—八。

18 《南陽集》，頁二三一，又頁二三六，又頁二五七，又頁二五九，又頁三八八。按此所舉詩題有稱「樊君」者，原題皆作「樊榭」，偽為此集者諱改之，說詳下。

19 同上注，頁三五六—三五七。

卷、《宋詩紀事》一百卷，為厲鶚名著，則其跡仍不可掩也。按厲鶚生於康熙三十一年（一六九二），[20]長竹汀三十六歲；卒於乾隆十七年（一七五二），[21]其年竹汀二十五歲，與此詩「一舸載春雨，卅年成聚萍」句意殊不諧，則此詩絕非竹汀之作明矣。

《南陽集》中復多與金農（壽門、冬心，揚州八怪之一，一六八七—一七六四）、胡期恆（復齋）、陸鍾輝（南圻）、方士庶（西疇）等交遊倡和之詩，諸人年輩均較竹汀為長，彼等長期在揚州地區活動。竹汀則乾隆十六年高宗南巡獻賦，召試江寧行在，賜舉人，授內閣中書學習行走；其年四月，首次赴揚州，於香草寺行宮謝恩。其秋，館於清江浦江南河道總督高斌幕府，翌年五月入都。[22]乾隆十九年成進士，歷官都中，至乾隆三十二年（一七六七）秋以病乞假南歸，其時金農卒已三年。三十四年秋，竹汀復入都供職，《年譜》及《潛研堂詩、文集》俱未有此二年竹汀遊歷揚州之記載。乾隆四十年，竹汀丁憂還里，[23]胡、陸、方諸君想俱凋零，竹汀與彼等固老死不相往來，何論唱酬？今舉全祖望、厲鶚兩家以概之，餘不悉具。此其可疑者三也。

四、《南陽集》卷三有〈送家兄入都〉詩云：

---

20 陸謙祉《厲樊榭年譜》，民國二十五年，上海：商務印書館，頁七。
21 同上注，頁八十二。
22 錢大昕編，錢慶曾續補《竹汀居士自訂年譜》，咸豐十年，錢氏家刻本，頁七—八。
23 同上注，頁十九—二十五。

未信別離輕，揚鑣入帝京。
乍經今遠隔，翻念昔同行。
嶽雪侵華髮，河春管去程。
嘯吟知不廢，終羨雁南征。[24]

同卷此詩前後，復有〈雨中與諸友見過，有懷家兄淮上〉、〈送家兄，同人各賦一物，得馬鞭〉、〈送家兄渡河，因留滯關口，是夜仍泊清江〉、〈家兄北行，未得同渡河，竚立南岸久之，歸臥蓬窗悵然有作〉、〈家兄寄北味并示以詩〉、〈上元前一日家兄北歸，集友晚清軒〉等詩，[25]可見兄弟友于情摯；卷五更有〈哭先兄十絕句〉、〈先兄遺腹生女，詩以傷之〉、〈先兄遺稿乞歸愚先生刪定，因書其後以代柬〉各詩。[26]按錢大昕撰〈先考小山府君行述〉云：

子二：長不孝大昕，乾隆甲戌進士。……次不孝大昭，國學生。……女一，適……附貢生考充四庫館謄錄、候選州同陳曦。[27]

據此，知竹汀僅有同懷弟大昭一人，別無兄長，則上舉「家兄」、「先兄」諸詩，顯與竹汀

24 《南陽集》，頁三二七。
25 同上注，頁三一九，又頁三二七，又頁三二八，又頁三三〇，又頁三三一。
26 同上注，頁四三一—四三四，又頁四三六—四三七。
27 錢大昕《潛研堂集》，頁八七七。

事實歧牾。合之前文所舉三事，則《南陽集》非竹汀之詩固可斷言矣。

然則此集原書究為何人所著？今細檢之，尚有跡可尋也。按《南陽集》中，諸君雅集觴詠多會聚於「行菴」，不下一二十首，如卷二〈癸亥九日同人集行菴，出仇十洲畫五柳先生像作供，以「人世難逢開口笑，菊花須插滿頭歸」分韻，得笑字〉、〈洞庭葉震初為同人寫《行菴文讌圖》，歲晏瀕行，自作漁隱小照索題〉、〈九日登雲木相參樓，次去年九日行菴韻〉、〈夏至後一日，邀胡復翁諸先生小集行菴，時雨適至，以「滿林煙雨聽啼鴂」分韻，得雨字〉，卷四〈喜茶塢至自吳門，同人集行菴，共談春日遊洞庭之勝〉、〈立冬前五日，同人攜菊集行菴對酒詠〉、〈仲夏諸友集行菴題壁間，王虛舟吏部書「石梁瀑布」四大字〉，卷五〈丙子初夏，同人泛舟紅橋，歸飲行菴分韻賦詩。予以病不獲從，勉成一首，即以送行，得山字〉。[28] 觀此，則行菴為作者朋儔雅集之所可知也；再由「邀胡復翁諸先生小集行菴」之語度之，作者為行菴主家亦較然明白。按全祖望〈九日行菴文讌圖序〉云：

揚州……城北天寧寺，為晉謝公駐節時所遊息，其中有行菴，吾友馬君嶰谷、半查兄弟之小築也。地不踰五畝，而老樹古藤森蔚相望，皆千百年物。間以修竹，春鳥秋蟲，更唱迭和，曲廊高榭，位置閒適。出門未數百步，即黃塵濁流，極目令人作

28 《南陽集》，頁二三四，又頁二四四，又頁二五八，又頁二六四，又頁三六二—三六三，又頁三八六，又頁三九九，又頁四三五。

惡；一至此間，蕭然有山林之思。[29]

又李斗《揚州畫舫錄》卷四云：

行菴，馬主政家庵也，在枝上村西偏，今歸御花園。……葉震初有〈行庵文讌圖〉，今已無存。馬主政曰琯，字秋玉，號嶰谷，祁門諸生，居揚州新城東關街。好學博古，考校文藝，評騭史傳，旁逮金石文字。……所與遊皆當世名家，四方之士過之，適館授餐，終身無倦色；著有《沙河逸老詩集》。……弟曰璐，字佩兮，號半查，工詩，與兄齊名，稱「揚州二馬」。……佩兮於所居對門築別墅，曰街南書屋，又曰小玲瓏山館，有看山樓、紅藥堦、透風透月兩明軒、七峰草堂、清響閣、藤花書屋、叢書樓、覓句廊、澆藥井、梅寮諸勝。玲瓏山館後叢書前後二樓，藏書百廚。[30]

據此二文，知行菴為揚州鹺商馬曰琯（一六八八—一七五五）、曰璐（一六九五—一七七五）兄弟所築。馬氏兄弟工詩好文，廣接納，「四方名士過邗上者必造廬相訪，縞紵之投，杯酒之款，殆無虛日。近結邗江吟社，賓朋酬唱，與昔時圭塘（森按：元許有壬）、玉山（顧瑛）相埒」。[31]吟社前後五十八次詩會唱和之作，後薈刻為《韓江雅集》九卷。家有小玲瓏山館，多蓄宋

29 全祖望《鮚埼亭集・外編》，卷二十五，頁三十一。
30 李斗《揚州畫舫錄》，一九八四年，揚州：江蘇廣陵古籍刻印社，頁八十三—八十四。
31 陳章〈沙河逸老小稿序〉，見馬曰琯《沙河逸老小稿》，《粵雅堂叢書》本，卷首，頁三。

元舊本，厲鶚著《宋詩紀事》一百卷、《遼史拾遺》二十六卷，全祖望修《宋元學案》一百卷，咸藉其蓄藏以資考訂。全氏〈叢書樓記〉云：「小瓏瓏山館，園亭明瑟，而巋然高出者，叢書樓也，迸疊十萬餘卷。予南北往還，道出此間，苟有宿留，未嘗不借其書。」[32] 今檢《南陽集》卷一有〈街南書屋十二詠〉，[33] 卷二有〈入夏以後，同人宴集。秋杪復集玲瓏山館，各賦四絕句一首〉，卷三有〈重集小玲瓏山館，分賦鍾馗畫，得秤鬼圖〉、〈集小玲瓏山館看芍藥，以「紅藥當階翻，蒼苔依砌上」分韻，得苔字〉諸詩，[34] 此所云行菴、街南書屋、小玲瓏山館，俱與《揚州畫舫錄》所述揚州二馬園庭合，是此集作者必與馬曰琯、曰璐兄弟密切相關。

實則前述行菴諸詩，其中癸亥（乾隆八年，一七四三）重九文讌，為乾隆初年名士雅集勝舉，一時才人群彥畢至，觴詠竟日，厲鶚撰〈九日行菴文讌圖記〉記其盛況：

行菴在揚州北郭天寧寺西隅，馬君嶰谷、半槎兄弟購僧房隙地所築，以為遊息之處也。寺為晉謝太傅別墅，西隅饒古木，翳鬱陰森，入林最僻，不知其近郛郭。菴居其中，無斲礱髹采之飾，惟軒庭多得清蔭，來憩者每流連而不能去。

32 全祖望《結埼亭集·外編》，卷十七，頁四。

33 〈街南書屋十二詠〉分詠小玲瓏山館、看山樓、紅藥階、覓句廊、石屋、透風透月兩明軒、藤花菴、澆藥井、梅寮、七峰草亭、叢書樓、清響閣十二景，見《南陽集》頁一九九—二〇二。

34 《南陽集》，頁二八二，又頁二九四，又頁三一二。

乾隆癸亥九日，積雨既收，風日清美，遂約同人咸集於斯。中懸仇英白描陶靖節像，采黃花、酌白醪為供。乃以「人世難逢開口笑，菊花須插滿頭歸」分韻賦詩，陶陶衎衎，觴詠竟日。既逾月，吳中寫真葉君震初適來，群貌小像，合為一卷。方君環山補景，命曰〈九日行菴文讌圖〉。裝池成，將各書所作於後，而屬鶚為之記。

按圖中共坐短榻者二人：右箕踞者，為武陵胡復齋先生期恆；左抱膝者，為天門唐南軒先生建中也。坐交牀者二人，中手牋者，歙方環山士庶；左仰首如欲語者，江都閔玉井崋也。一人坐藤墪撚髭者，鄞全謝山祖望也。一人倚石坐若凝思者，臨潼張漁川四科也。樹下二人，離立把菊者，錢唐厲樊榭鶚；袖手者，錢唐陳竹町章也。一人憑石牀坐撫琴者，江都程香溪先生夢星也。聽者三人，一人垂袖立者，祁門馬半槎曰璐；二人坐瓷墪，左倚樹、右跂腳者，歙方西疇士庻、汪恬齋玉樞也。二人對坐展卷者，左祁門馬嶰谷曰琯，右吳江王梅沜藻也。一人觀者，負手立於右，江都陸南圻鍾輝也。從後相倚觀者一人，歙洪曲溪振珂也。童子種菊者三人，樹間侍立者一人，攜杖、執卷者各一人。其植有蕉、有竹，又有雜樹，作丹黃青碧之色，紀時也。

夫重九佳名，舉俗所重，而高常侍歎獨坐以搔首，陸天隨感登高以杜門，無其時地與人耳。今吾儕幸生太平，遇勝地，又皆素心有文之侶，固為人世不可多得之會。而此十六人者，或土斷，或客遊，聚散不常。異日者歲月遷流，撫節物以有懷，一披此圖，怳如晤對。將來覽者或亦不異此意乎！[35]

葉氏〈九日行菴文讌圖〉現藏美國俄亥俄州克利夫蘭藝術博物館（The Cleveland Museum of Art），絹本設色，長二〇一厘米，高三十一・七厘米，畫工甚精，蓋將藉斯圖以存其人，畫中諸人神貌姿態各異，極人物形肖之妙。此十六人多見於《南陽集》中，全祖望〈九日行菴文讌圖序〉謂諸人皆邗江吟社社友，時相觴詠遊讌，宜其字號屢見於此集中。然則此集為揚州二馬之一所著，殆無疑義；而據前述此集詩題屢見「家兄」、「先兄」之稱，則斯集為馬曰璐之作已可推知矣。

按馬曰璐著《南齋集》六卷、《南齋詞》一卷，有乾隆間家刻本，傳本無多；[36]咸豐元年，伍崇曜重刻之，收入《粵雅堂叢書》。今取粵雅堂本《南齋集》與偽《南陽集》對勘，詩詞文字悉同，特作偽者為掩其跡，刻意變亂原書之貌耳，其術約有數端：

其一，變亂離合原書卷次，《南齋集》原書六卷，偽本併合為五卷，另取《南齋詞》充為卷六。偽為此集者將《南齋集》卷四〈題袚江得荔圖〉至〈消夏灣送春〉等五十首，[37]併於偽本卷三之末；[38]另將原書卷五〈美人臨鏡〉至〈題漸江梅花古屋圖〉等七十九首，[39]併

35　厲鶚《樊榭山房集》，一九九二年，上海古籍出版社，頁七八〇—七八一。

36　《中國古籍善本書目》卷二十七著錄，中國國家圖書館、中國社會科學院文學所、上海圖書館、復旦大學圖書館、南京圖書館、廣東省中山圖書館俱有藏本（一九九八年，上海古籍出版社，頁一一八八）。

37　馬曰璐《南齋集》，《粵雅堂叢書》本，卷四，頁二—十三。

38　《南陽集》，頁三二六—三四六。

入偽本第四卷；[40] 而原書卷五〈游山四詠〉以下等二十一首，[41] 則與卷六合併為偽本第五卷，故此三卷之詩獨多。

其二，移易各卷內原詩次第，以卷一為例，偽者將《南齋集》卷首〈冷泉亭〉至〈空林踏葉，時在黃鶴山中〉等三十五首[42] 退居於後，改將卷中〈辛酉仲春過唐南軒庶常寓齋，題陳道山畫葵，用東坡題畫葵韻〉至〈盆荷和袚江〉等十一首，移置此卷之首，[43] 藉以泯其偽造之跡。今二書俱在，偽本各卷內詩之次第雖多竄亂，然偽跡歷歷，固不可掩也，茲不一一備記。

其三，《南齋集》原書多聯詠之詩，阮元《廣陵詩事》卷七嘗言：「聯句之盛，莫過於馬氏小玲瓏山館、程氏今有堂、張氏著老書堂。」[44] 蓋紀實也。偽《南陽集》則凡原詩為數人聯句者，俱削去詩題「聯句」二字及詩內聯吟者之名，如偽本卷二〈食鮰魚吟〉，[45]《南齋集》原題〈食鮰魚聯句〉，為馬曰琯、厲鶚、王藻、馬曰璐、陳章、閔崋、陸鍾輝、張四

39 《南齋集》，卷五，頁二一—二十一。
40 《南陽集》，頁三六八—四〇一。
41 《南齋集》，卷五，頁二十—二十五。
42 同上注，卷一，頁一—九。
43 《南齋集》，卷一，頁九—十四；《南陽集》頁一九七—二〇四。
44 阮元《廣陵詩事》，民國二十八年，上海：商務印書館《叢書集成初編》本，頁一〇三。
45 《南陽集》，頁二五一。

科八人聯句之作，[46]今削去聯吟諸人之名，冒為一家之詩。另如偽本卷三〈寒夜石壁菴〉，[47]《南齋集》原題〈寒夜石壁菴聯句〉，為馬曰琯、厲鶚、方士庶、馬曰璐、杭世駿、陳章、閔華、陸鍾輝、樓錡九人聯吟，[48]今並削去聯句諸人名。[49]

其四，大量竄改詩題，不下數十百見。蓋自第二卷起，造偽者警覺詩題中聞人字號將敗泄偽跡，故大量觴詠贈答者名號悉被削去，如「樊榭」（厲鶚）之號或改「樊君」，或以「友」字易之，如〈哭樊榭〉改為〈哭友〉；[50]而謝山（全祖望）、堇浦（杭世駿）諸人字號亦皆削去。致有連續數題皆稱「友」而其人各異者，如卷五〈立夏後一日雨過友處〉、〈乙亥孟夏重晤友〉、〈懷友〉、〈哭友〉、〈雨餘邀友集行菴〉、〈仲夏同諸友題東坡先生海外石刻像〉，[51]此諸詩原題為〈立夏後一日雨過西疇〉、〈乙亥孟夏重晤方息翁〉、〈懷謝山〉、〈哭汫江太史〉、

46 《南齋集》，卷二，頁六—七。

47 《南陽集》，頁三〇一。

48 《南齋集》，卷三，頁九—十。

49 此例另有〈看山樓雪月句〉（《南陽集》頁二六一；《南齋集》卷二，頁十三）、〈五日席間詠嘉靖雕漆盤〉（《南陽集》頁二九三；《南齋集》卷三，頁五—六）、〈壬申山館上元日〉（《南陽集》頁三三一；《南齋集》卷四，頁四—五）、〈雨中吟〉、〈渡太湖聯句〉（並《南陽集》頁三四二；《南齋集》卷四，頁十—十一）、〈癸酉上元吟〉、〈晚清軒嘗橘酒〉（並《南陽集》頁三六五；《南齋集》卷四，頁二十三）、〈甲戌上元〉（《南陽集》頁三九〇；《南齋集》卷五，頁十三）、〈乙亥上元詠〉（《南陽集》頁四二二；《南齋集》卷六，頁五）。

50 《南齋集》卷四，頁十八；《南陽集》頁三五六。

51 《南陽集》頁四二八—四三一。

〈雨餘邀張瓜廬集行菴〉、〈仲夏同程風沂給諫、王壽民比部、家兄嶰谷題東坡先生海外石刻像〉，[52]今削其名號，俱以「友」稱之，反而欲蓋彌彰。

檢《南齋集》原書詩題稱「家兄嶰谷」者計十有二首，其十首偽本或刪去其名，或改竄詩題。[53]然有二處改之未盡，不免敗泄偽跡，偽本卷一〈辛亥九月十日，同厲樊榭、陳對鷗、汪祓江、家兄嶰谷遊真州吳氏園庭，用庾子山「梨紅大谷晚，桂白小山秋」平字為韻〉，又〈壬戌正月十六日，同符藥林、陸南圻、家兄嶰谷月夜遊平山，時從陸氏山莊飲散〉，[54]此二首偽本詩題尚留「家兄嶰谷」四字，則此集乃據馬曰璐之詩變造為之，斯其真贓矣。

如上所述，此集造偽者心虛，處處遮掩，可謂心勞日絀矣。中國國家圖書館未審其偽，編錄入藏，其欺竟售；而李靈年、柯愈春諸君編纂清集總目，亦未察其偽；今更景印行世，遂致謬種流傳。然其書偽跡歷歷，豈能悉掩世人耳目？今揭其贗，此《南陽集》偽本乃據馬曰璐《南齋集》、《南齋詞》變造為之，應可論定。

---

52 《南齋集》卷六，頁八—十。

53 如《南齋集》原題〈夏至後一日，邀胡復翁、唐南軒、查星南、陳亦韓、程洴江諸先生、家兄嶰谷小集行菴，時雨適至，以「滿林煙雨聽啼鴂」分韻，得雨字〉（卷二，頁十四—十五），偽者削諸人名，改為「邀胡復翁諸先生小集行菴」（《南陽集》頁二六四）；原書〈乾隆癸酉季夏，同人集小漪南觀荷，先兄嶰谷有「老卻憑闌幾許人」之句。閱二年，先兄及園主人先後下世。丙子秋，獨行至此，追憶前事，邈不可得，為之泫然，因成四絕，即用為起句〉（《南齋集》卷六，頁十四），偽本改此題作〈癸酉季夏，同人集小漪南觀荷，有「老卻憑闌幾許人」之句。閱二年獨行至此云云，即用為起句〉（《南陽集》頁四三八）。

54 《南陽集》，頁二一一—二一二，又頁二二五—二二六。

二、《陳鱣詩稿冊》辨偽

陳鱣（一七五三—一八一七），字仲魚，號河莊，又號簡莊，浙江海寧人。嘉慶元年舉孝廉方正；三年，本省舉人中式。嘗從錢大昕、盧文弨、段玉裁、王念孫等遊處，質疑問難，所學日進。又雅好藏書，遇宋元佳槧及罕覯之本，不惜重資收之，與同邑吳騫、吳門黃丕烈互相鈔傳。仲魚博極群書，精深許、鄭之學，中歲入京，偏交都中名士，朝鮮學者柳得恭（一七四八—一八〇七）於所著書中，曾引紀昀之語云：「近來風氣趨《爾雅》、《說文》一派，仲魚蓋其雄也。」[55] 著《說文正義》三十卷、《禮記參訂》十六卷、《爾雅集解》三卷、《簡莊疏記》十七卷、《經籍跋文》、《續唐書》七十卷等多種。《清史列傳》卷六十九、《清史稿》卷四八四有傳。[56] 余嘗纂次其學行事蹟為〈陳鱣年譜〉一編，[57] 近復有〈清代海寧學術豐碑

---

55 朝鮮柳得恭，字惠風，號冷齋。嘉慶六年隨該國使臣一行入燕，四月一日抵燕京。在京之日，結交都中學者、舉人凡四十一人。嘗與陳鱣相遇於書肆，筆談甚契，連日約會於琉璃廠五柳居。臨別，各賦詩相贈。柳氏所著《燕臺再游錄》「陳鱣」條引「紀曉嵐云：近來風氣趨《爾雅》、《說文》一派，仲魚蓋其雄也。」（金毓黼輯《遼海叢書》第一集，民國二十三年，瀋陽：遼海書社鉛印本，頁十一）又柳氏《冷齋集》中〈詠燕中諸子七首〉，首章詠陳鱣云：「考古家分講學家，邇來風氣變中華。《說文》、《爾雅》休開口，陳仲魚來誦不差。（元注：紀曉嵐云：『邇來風氣趨《爾雅》、《說文》一派，余見仲魚蓋其最用力者也。』）」（《韓國文集叢刊》第二六〇冊，二〇〇〇年，首爾：民族文化推進會，卷五，頁二十八）

56 《清史列傳》，一九八七年，北京：中華書局點校本，頁五五五六—五五五七；《清史稿》，一九七七年，中華書局點校本，頁一三三五〇。

——陳鱣其人其學述要〉一文，[58]可為論世知人之資。

陳鱣雖專精樸學，然不廢吟詠，《海昌藝文志》卷十四著錄仲魚著《簡莊詩集》十卷，寫本未刊，[59]其稿今莫知所歸。光緒間，羊復禮蒐訪遺佚，僅得遺詩二十五首，輯為《河莊詩鈔》一卷，與《簡莊文鈔》六卷、《文鈔續編》二卷合刻於粵東。此外，仲魚早年嘗賦《新坂土風》一卷，共絕句百首，歌詠鄉邦風物舊跡，以備一州之故實，有刻本行世。[60]

近年文物出版社影印《中國近代名賢書札》，中有《陳鱣詩稿冊》一種，[61]共四十四紙，每半葉七行，行三十字，計詩一百五十一首，卷末有張瀛洲〈喜雨得時字〉一首。原稿為海寧某藏家所有，二〇一二年七月十三日，余在上海圖書館借讀，藏者攜此稿來，乞為鑑定。其書前後無作者序跋，惟卷末有「歲在嘉慶十二年八月十一日陳鱣記」題款一行，下鈐「仲魚」篆文方印，藏者相傳以為仲魚詩稿，近復影印行世。

余審《詩稿冊》文字斷非仲魚筆跡，其詩亦非仲魚之作，即卷末仲魚題款一行亦贗，

57 陳鴻森〈陳鱣年譜〉，一九九三年，《中央研究院歷史語言研究所集刊》六十二本第一分，頁一四九—二二四。

58 陳鴻森〈清代海寧學術豐碑——陳鱣其人其學述要〉，二〇一三年，《中國文化》第三十八期（北京：中國文化雜志社），頁一三七—一四八。

59 管庭芬原著，蔣學堅續輯《海昌藝文志》，民國十年鉛印本，卷十四，頁十一。

60 陳鱣《新坂土風》，光緒十八年，《海昌叢載》本。

61 《陳鱣詩稿冊》，原題陳鱣著，收入《中國近代名賢書札》，二〇〇六年，北京：文物出版社，頁四六六—四七三。

必出後人假造無疑。以下謹就譾陋所及，辨析其偽。

按陳鱣《簡莊文鈔》、《文鈔續編》並無自撰詩集序跋，惟吳騫《愚谷文存》稿本有〈陳仲魚小碎集序〉一篇，云：

《小碎集》一卷，通古近體詩如干首，為予友仲魚陳子舊作，留案頭者荏苒十餘寒暑矣。仲魚間復來徵，且屬論定，因取而再三諷焉。凡編中相與往還酧唱者，若抱經盧先生、闇谷邵太守、倪研翁處士、朱米舟理問，並已宿草。惟予之衰頹，與一二老友僅而尚存，兼多離隔，俯仰沈吟，曷勝今昔聚散之感。仲魚自少勵操行，勤學問，雖祁寒酷暑，南北舟車，未嘗一日廢輟。故其于詩也，所謂「歡娛之詞頗尠，危苦之搆恆多」。獨吾輩二三同志，輒用勞人之調，時相慰藉，悲歌擊筑，情見乎詞。今仲魚以孝廉膺公車之徵，行且讀石渠東觀之書，入承明著作之室，異時文章制作，奚翅十倍于茲！然而讀是編者，不特可覘其詩品，于凡深襟雅韻、忼慨卓犖之志，已髣髴于言外領之。語曰：「嘗鼎一臠，不為不知味」，《詩》曰：「獨寐寤言，永矢勿諼。」又以見夫人之眷懷舊友，愈久而不能忘也，爰為題識而歸之。嘉慶庚申春仲月。[62]

---

62 吳騫《愚谷文存》稿本，今收入《國家圖書館藏鈔稿本・乾嘉名人別集叢刊》冊十三，頁二六五——二六六。

庚申為嘉慶五年（一八〇〇），仲魚時年四十八。由吳〈序〉「留案頭者荏苒十餘寒暑」之語推之，則《小碎集》約乾隆五十年至五十五年間所錄，書止一卷，蓋仲魚早年肆力於學，詩其餘事耳，故不多作。又仲魚弟子查元偁稿本《蒔齋文存》，中有〈陳河莊先生詩集序〉，云：

（前略）河莊先生寢饋於許慎《說文》，旁及六藝，而以其餘力作歌行，鋪陳排比，追踪古作者，名重當世，有以也。元偁未弱冠執贄于先生，方學為帖括。先生不鄙夷之，命探索經史古學，并教為詩與唱酬，今集中〈和綠萼梅〉詩，即偁少作也。先生通今古，又嫻籌筴，先比部公重其才品，請庀家事，授館幾三十年，集中所稱「乘津逮舫往來蘇、揚間」及〈石泉古舍〉諸作皆是也。元偁通籍後，每謁告歸，侍函丈，猶獲聞緒論，示以新什。迨嘉慶廿四年歲己卯假旋，而先生已歿，求其遺稿不可得。至道光六年丙戌，先生之孫鴻如乃以詩稿來乞序，較曩時所見，大都散佚，存者特什之二三耳。偁從學於先生最早，侍几席之日最久，表章迪哲，未敢以弇陋辭也，爰述梗概為緣起焉。[63]

此集未見傳本，蓋其孫鴻如當日並未付刻。《海昌藝文志》著錄《簡莊詩集》十卷，云「寫

63 查元偁《蒔齋文存》，清稿本，今收入《四庫未收書輯刊》（一九九七年，北京出版社），第十輯，冊二十九，頁六六〇——六六一。

本」者，未審即此本否？據查元偁〈序〉，則仲魚詩稿道光間尚藏其家。文物出版社所印《詩稿冊》不分卷，且書中並無查〈序〉所言〈和綠蕚梅〉詩、「乘津逮舫往來蘇、揚間，及〈石泉古舍〉諸作」，則此非仲魚家所存詩稿，較然明白。

另據吳騫〈序〉，仲魚之詩多與吳騫、盧文弨、邵闇谷、倪研翁等唱酬之作。按邵闇谷名齊然，曾任海寧知州，據吳騫〈喜河莊補博士弟子〉詩，元注：「河莊夙為太守邵公齊然所知，欲拔置高等，會卒，不果。」[64] 則仲魚早年曾見賞於邵氏，故集中有酬和之詩。倪研翁，據《拜經樓藏書題跋記》卷五「海昌閨秀詩」條，載吳騫〈書蕉雨吟後〉言：「余從花溪倪硯翁借得全稿讀之」，[65] 即其人。考王國維《觀堂集林》卷二十三〈敬業堂文集序〉云：「他山先生冢孫岩門（岐昌）輯此集，稿藏花溪倪氏六十四硯齋，陳簡莊（鱣）首錄一本，張漚舫從之傳錄，吳氏（騫）又錄張本。」[66] 而吳騫〈敬業堂文集跋〉言：「鄉先輩查初白內翰，……文集未經授梓，故傳本尤少，予昔於倪敏修大令六十四研齋見之。」[67] 合此諸文，則研翁即倪學洙，字敏修，乾隆二十二年進士，曾官江蘇沭陽知縣。[68] 倪氏富收藏，仲魚嘗館於其家，《拜經樓藏書題跋記》載仲魚〈南部新書跋〉，末署「新坡陳鱣記於六十

64 吳騫《拜經樓詩集》，《拜經樓叢書》本，卷四，頁二。
65 吳壽暘《拜經樓藏書題跋記》，二〇〇七年，上海古籍出版社郭立暄點校本，頁一九八。
66 王國維《觀堂集林》，二〇〇一年，石家莊：河北教育出版社，頁七一八—七一九。
67 吳騫《愚谷文存》，《拜經樓叢書》本，卷六，頁九。
68 管庭芬原著，蔣學堅續輯《海昌藝文志》，卷十二，頁六。

四硯齋」，69又《河莊詩鈔》有〈觀六十四研齋所藏時壺率成一絕〉，70可為佐證也。今檢《詩稿冊》，並未見與吳、盧、邵、倪唱酬之作。此冊題贈之詩，僅〈寄王望湖開益〉、〈送袁參軍查賑江濱〉、〈憶潘吉士元安湖州道中〉三首，絕不見有與乾嘉文人學士酬答之作。其可疑者一也。

其次，《詩稿冊》多抒情、詠物、課賦之作，幾無若何藝林故實可稱，與現存仲魚之詩迥不相類。茲將《河莊詩鈔》廿五首詩題錄次，可見其概：〈誦隅箴〉、〈妝域詩〉、〈題槎客先生荆溪漉酒圖〉、〈小桐溪十詠〉、〈長河舟次遇雪〉、〈硤川夜泛〉、〈贈苕上書估〉、〈論印十二首，同吳槎客作〉、〈題珠樓小影〉、〈題珠樓遺稿寄慰槎客先生〉、〈題吳子律松靄山房讀書圖〉、〈觀六十四研齋所藏時壺率成一絕〉、〈偶從吳市購得宋淳祐《臨安志》六卷，雖非全本，然自來著錄家多未見，喜而有作，寄槎客先生〉、〈自題《續唐書》後〉、〈槎客先生招同人集湖舫即席〉、〈題兔牀先生拜經樓〉、〈夏日招同人雅集果園之溪山雲樹間，分韻得「間」字〉、〈漢鐎斗歌〉、〈起也張丈以檇李十二遣送吳槎客先生，承以二枚分餉，作此奉酬，用東坡食荔支韻，即題張丈仙根分種圖〉、〈家無軒先生焯屬題湘管齋圖，即和元韻〉、〈牡丹分詠〉、〈新建唐三賢祠〉、〈白牡丹二首和蔣夢華楷〉、〈新坂土風〉、〈蠶詞〉。

69 吳壽暘《拜經樓藏書題跋記》，頁五十三。
70 陳鱣《河莊詩鈔》，《續修四庫全書》本，頁七。

另中國國家圖書館藏徐光濟輯《汲修齋叢書》，中有《河莊詩文鈔》抄本一冊，[71]輯錄仲魚遺文十六篇，另詩八首。此八首詩題為〈梅里陳孝子歌〉、〈送秦廉訪小峴師入都〉、〈兔牀丈枉過草堂，以所著尺苑并覃谿學士寄詩及建武銅尺拓本見示，率賦一律〉、〈和周松靄大令梅花四首〉、〈題曾波臣畫醉別圖〉、〈程孝子〉、〈題朱超宗姊丈埍小照〉、〈題五硯樓宋刻《爾雅疏》十卷本〉。

羊、徐兩家輯錄者外，余另輯得仲魚佚詩三十八首，曰〈癸亥上元後十日，兔牀丈招集耕煙山館，時鱣將之吳門，並以新刊《拜經樓詩集》見遺即席〉、〈春雨松陵道中讀兔牀先生《拜經樓詩集》卻寄〉、〈臨平道中〉、〈武林寓偶作呈兔牀〉、〈周子珮公子餅硯歌，為宋芝山明經作〉、〈偶以括蒼石屬鐵生作書室小印兼索為圖〉、〈與兔牀西湖晚步乘月而歸〉、〈歸舟二絕贈兔牀〉、〈杭遊雜詩五首〉、〈當票四首〉、〈長興縣謝文靖公墓〉、〈二月二十日奉隨兔牀先生花溪泛舟即事書懷〉、〈題卞潤甫谿山秋色圖〉、〈周漪塘七十壽詩二首〉、〈十月望對月書懷〉、〈題桐陰小牘寄懷兔牀先生〉、〈題從祖目耕先生《印存》〉、〈牡丹分詠〉、〈題吾與庵圖〉、〈贈澄谷方丈〉、〈甲子臘月望日，與匪石、蕘圃訪穉存太史於吾與庵，是日晚寒石具蔬素、穉存出嘉醞，見山閣小集，以「一把酒問青天」五字分韻，得「問」字〉、〈乙丑四月四日，偕槎客、蕘翁訪寒石上人，適石遠梅在坐，因約遊支硎諸勝，歸集見山閣分

71 徐光濟（一八六六—一九三五），字蓉初，號寅庵，居海寧硤石，徐志摩伯父。家富藏書，編有《汲修齋叢書》十六種，《河莊詩文鈔》其一也，稿藏中國國家圖書館。徐氏所輯仲魚遺詩八首，拙稿〈陳鱣簡莊詩文鈔拾補〉嘗錄之，詳下注。

韻，得「氣」字〉、〈和蕘圃辛未仲夏二十日放舟西山口占韻〉、〈蕘圃以吾與庵小憩詩見示，即次元韻〉、〈辛未仲夏分龍日，與黃蕘圃、陸東蘿同訪寒石上人，留宿吾與，晚間納涼，以「清風徐來」分韻，得「風」字〉、〈前題次復翁「徐」字韻〉、〈庚午五月朔，與黃蕘圃、沈子逸同訪寒石上人，是日雨甚，集見山閣，憑闌遠眺煙雲之變幻，以「賞雨茅屋」分韻，得「茅」字〉、〈挽寒石上人〉、〈兔牀補寫初白翁蘆塘放鴨圖〉、〈題兔牀丈摹從高祖乾初先生遺像〉、〈贈高麗使者柳惠風〉、[72]〈經函詩〉、〈曹娥碑硯歌〉、〈病鶴〉、〈尋梅〉、〈為法梧門題李西涯畫像〉、〈兔牀山人八十壽〉、〈沈蘧翁壽盃歌〉。

今合三家所輯，共詩七十一首。按此七十一詩，竟無一首見於《詩稿冊》者，此其可疑者二也。

由上錄詩題觀之，其中與吳騫（槎客、兔牀）唱酬之作尤多，蓋二人數十年論交，雅相投契。[73]其餘詩作亦多朋儔題贈，或書寫本地景物（如〈小桐溪十詠〉、〈硤川夜泛〉、〈夏日招同人雅

---

72 以上三十一首，見拙稿〈陳鱣簡莊詩文鈔拾補〉，二〇一三年，《書目季刊》四十六卷第四期，頁七十七—一〇九。

73 中國國家圖書館藏吳壽照、壽暘兄弟所撰《兔牀府君行述》，中言：「交游中氣誼最篤者，惟陳簡莊孝廉，居同里閈，時相過從，於是語，於是道古。簡莊博聞強識，資府君以講習，而府君亦自謂得一知己，可以不恨。疾革時，猶延至臥榻前晤言移時，屬其料理平生著述。」（嘉慶間吳氏家刻本）

集果園之溪山雲樹間，分韻得間字〉、[74]〈奉隨兔牀先生花溪泛舟即事〉）；或吟詠古籍舊器（如〈贈茗上書估〉、〈論印十二首〉、〈偶從吳市購得宋淳祐《臨安志》六卷〉、〈題五硯樓宋刻《爾雅疏》十卷本〉、〈經函詩〉、〈題從祖目耕先生《印存》〉、〈妝域詩〉、〈觀六十四研齋所藏時壺率成一絕〉、〈漢鐎斗歌〉等）。陳鱣交遊多乾嘉知名之士，如秦小峴（瀛）、周松靄（春）、袁壽階（廷檮、五硯樓）、宋葆淳（芝山）、奚鐵生（岡）、周漪塘（錫瓚）、洪穉存（亮吉）、黃蕘圃（丕烈）、陳無軒（焯）、法式善（梧門）等，皆見前述詩題，可徵藝林故實。而《詩稿冊》題材則大異其趣，此冊前數十題皆拈字課賦，如〈倚遍江南賣酒樓得「樓」字〉、〈桑柘影斜春社散得「斜」字〉、〈風前薄面小桃花得「花」字〉、〈春草鬥雞臺得「雞」字〉、〈鼠姑花得「香」字〉、〈攝桑得「蠶」字〉、〈鳥弄歌聲拂管絃得「絃」字〉等，詩格平庸卑弱，並無別趣。餘若〈蟻陣〉、〈蛙鼓〉、〈藜花〉、〈白燕〉、〈秋聲〉，……〈菊花〉、〈荷花〉、〈楊花〉、〈梔子花〉、〈新鶯〉、〈新燕〉之類，多閒適情語，與仲魚見存之詩，題材、風格絕不相類，此其可疑者三也。

《詩稿冊》多寫風月閒情，罕及個人遭際，其述及作者行實者，僅〈檢乙未鄉闈落卷有懷房薦師蕭公〉一首，詩云：

司馬文章昔薦雄，登龍緣淺愧途窮。

---

74 按果園為陳鱣別業，嘉慶十二年搆（詳拙稿〈陳鱣年譜〉）。曹宗載《硤川續志·園亭》載：「果園，在紫薇山西麓，孝廉陳鱣別業。前為宜堂，又為向山閣，藏書十萬卷。後有橫經亭、繫舟自得之居、谿山雲樹間諸勝。」（嘉慶十七年刻本，卷二，頁二十）

璿機十二人雖到，弱水三千路未通。
朽木安能交廣廈，落花惟是感東風。
祇今魂夢營吳市，何日衣冠拜醉翁。[75]

按清人鄉試舊例，凡同考官於未薦之卷，主考官於薦而未取中之卷，須酌加批語，稱曰落卷，榜發後，由落卷公所管理，聽憑士子領還。據詩題「有懷房薦師」之語，蓋薦而不售也。仲魚生於乾隆十八年癸酉，卒於嘉慶廿二年丁丑，年六十五。乙未則乾隆四十年（一七七五），仲魚時年二十三歲。然仲魚遲至乾隆四十八年始補諸生，[76]吳騫有〈喜河莊補博士弟子〉詩賀之：

魯芹芳徧綠波回，晚就從來是大材。
早卜神魚啣學舍，纔憑靈鵲報妝臺。
詩成霽雪唐名士，策射賢良漢茂才。
向使西湖存老守，也應蒿目為君開。（河莊夙為太守邵公齊然所知，欲拔置高等，會卒，不果。）[77]

75 見《中國近代名賢書札》，頁四七〇。
76 參拙稿〈陳鱣年譜〉乾隆四十八年條。
77 吳騫《拜經樓詩集》，卷四，頁二。

仲魚乾隆四十八年年三十一始補諸生，故首聯有「晚就」之語。然則乾隆乙未仲魚猶為童生，尚未進學，焉能預赴鄉試？何有「鄉闈落卷」可言？即此一詩，則《詩稿冊》非陳鱣之作斷然可知，其證一也。

復據此冊有〈寄王望湖開益〉詩，[78] 按王開益江蘇甘泉人，世居赤岸湖北，道光十四年冬，重葺舊居，鑿池蒔花，顏曰望湖草堂，[79] 以為讀書養息之所，因以「望湖」自號。計王氏構望湖草堂時，仲魚卒已十七年，斷不能九原復作而有〈寄王望湖〉詩，則此《詩稿冊》絕非仲魚之詩，其證二也。

道光十八年，阮元予告歸里；翌年，築南萬柳堂於赤岸湖。王開益因阮元從弟阮先之介，得從遊侍側。王氏嘗為阮先參校《北湖續志補遺》一書，書後〈北湖續志補遺跋〉，末署「咸豐庚申（十年）春二月，甘泉王開益識於望湖草堂」，[80] 則王開益乃道光、咸豐間人，此《詩稿冊》亦必道、咸時人所撰，則前述詩題「乙未鄉闈」，當為道光十五年乙未恩科鄉試，終有清一代，乙未鄉試僅此一科。仲魚卒於嘉慶二十二年二月，下距道光乙未恩科，

---

78 見《中國近代名賢書札》，頁四六九。

79 王開益〈望湖草堂記〉云：「道光辛巳（元年）春，家君構草屋數間，環以柳梅松竹，命益讀書其中，未幾傾圮。甲午（十四年）冬，又從而修葺之，基址增高，拓徑栽花，鑿池成沼，夕陽帆影，搖曳湖光。……侍親之暇，以其西枕碧流，萬頃練鋪，煙霞出沒，皆可收諸一覽之間，因顏之曰望湖草堂。」見阮先纂《北湖續志補遺》，咸豐十年原刊本，卷一，頁八—九。

80 阮先纂《北湖續志補遺》，卷末〈跋〉，頁一。

渠卒已十八年矣。然則《詩稿冊》絕非仲魚之詩，斯其確證也。按《詩稿冊》內既有道光十四、十五年以後之詩，則此稿冊末「歲在嘉慶十二年八月十一日陳鱣記」題款，必出後人偽造，亦從可知矣。

本文原載二〇一三年中央研究院文哲所《中國文哲研究集刊》第四十三期

阮元與王引之書九通考釋

一、引　言

高郵王氏父子音聲訓詁之學，冠絕一代，所著《讀書雜志》、《經義述聞》、《經傳釋詞》諸書，凡經傳子史，漢晉以來疑文滯義，一經發正，所到冰釋理順；而王念孫《廣雅疏證》一書，論者比之為裴松之注《三國志》、酈道元注《水經》，段玉裁稱其書「尤能以古音得經義，蓋天下一人而已矣」；[1] 焦循更推之為「鄭、許之亞」，[2] 其為當時名家碩學推重如此。有關王氏傳記學行資料，除《高郵王氏遺書》，閔爾昌、劉盼遂兩家《高郵王氏父子年譜》外，[3] 另有羅振玉所輯《昭代經師手簡》二編，[4] 為乾、嘉、道群賢與王氏父子論學書

1　段玉裁〈王懷祖廣雅注序〉，《經韵樓集》，嘉慶十九年刊本，卷八，頁三。

2　焦循〈讀書三十二贊〉，《雕菰集》，道光四年，阮福校刊嶺南節署刊本，卷六，頁七。

3　羅振玉輯《高郵王氏遺書》，民國十四年，上虞羅氏排印本；閔爾昌《高郵王氏父子年譜》，民國二十年，江都閔氏排印本；劉盼遂《高郵王氏父子年譜》，民國二十五年，北平：來薰閣書店《段王學五種》本。

札，書中多存學林故實，足資考據者甚夥。近臺灣師範大學賴貴三教授著《昭代經師手簡箋釋》一書，欲考其事，[5]用意至善。惟箋釋者於清代學術所涉未深，故僅能就文面詞意略作詮解耳。諸家書札相關故實，賴君率多茫昧，罕能言之。

余近年論次阮元學行，於《昭代經師手簡》阮元寄王引之諸札嘗三復之。阮氏自言：「元于〔石臞〕先生為鄉後學，乾隆丙午（五十一年）入京，謁先生。先生之學精微廣博，語元，元略能知其意，先生遂樂以為教。元之稍知聲音文字訓詁者，得於先生也。」[6]而王引之則阮元嘉慶四年典會試時所得士也。阮元與王氏喬梓數十年交好，相契尤深也。二〇〇一年九月十七日，納莉颱風侵臺，臺北大浸稽天，生民其魚矣。余汐止山居被災稍淺，然停電斷水者半月，溽暑燋心，因取《昭代經師手簡》所收阮元〈與王伯申書〉九通，為之考釋，藉此消煩遣日。閔爾昌《年譜》於此九札俱未引及，豈以其年月失考，莫能詳歟？劉盼遂《年譜》雖略及之，然各札繫年幾無一是者。今就譾陋所及，詳考各札事實年月，以備討論阮、王學術者采擇焉。至賴君《箋釋》違誤處，間加商訂，各隨文所及，不悉具也。

4　羅振玉輯《昭代經師手簡》，民國七年，上虞羅氏影印本。按此諸札原藏王氏後人王丹銘處，後歸于省吾雙劍誃。羅氏輯印此書始末，參王慶祥、蕭立文校注《羅振玉王國維往來書信》（二〇〇〇年，北京：東方出版社）第四三五、四五二、四五四、四五六、四六四、四六六、四九二、五〇〇、五〇四、五一八、五三二、五三八、五四七各函。

5　賴貴三《昭代經師手簡箋釋》，一九九九年，臺北：里仁書局。下文引用，簡稱《箋釋》。

6　阮元〈王石臞先生墓誌銘〉，《揅經室續集》，道光間阮氏文選樓刊本，卷二之下，頁三——四。按中華書局鄧經元點校本《揅經室集》缺此文。

二、阮元與王引之諸書考釋

與王伯申書一

兩接手書，具蒙關愛，謝何可言！生治理葬事略畢，惟封樹、碑石之事，須俟來年次第料理。蒙示《經義述聞》，略為翻閱，並皆洽心，好在條條新奇，而無語不確耳。見索拙論曾子一貫之義，詳在《詁經精舍文集》內，今以一部奉寄；其言「郵表畷」，似亦有可採者。拙撰《曾子注釋》，出京後又有改動。因今年正月鳩工刻《雅頌集》，工已集而書未校寫，不能眾工閒居，因即以此稿付刻，其實不能算定本。其中講博學、一貫等事，或可少挽禪悟之橫流；至于訓詁，多所未安。頃翻《經義述聞》「勿慮」等訓，[7] 尚當采用尊府之說，將板挖改也。《注釋》一本呈覽，初印不過三十本，概未送人，乞秘之，勿示外人，緣將來改者尚多也。宅兆想已卜定？冬寒，嗽疾聞常舉發，尚望珍重。肅此，奉問考履，不具。伯申宮庶年兄閣下，生制阮元稽首。

森按：此札言「生治理葬事略畢，惟封樹、碑石之事，須俟來年次第料理」。檢《雷塘

7 《箋釋》讀此文作「頃翻《經義述聞》『勿』、『慮』等訓」（頁二二四），誤。按「勿慮」二字連讀，見今本《經義述聞》卷十一及卷三十一「無慮」條。

庵主弟子記》卷二，阮父湘圃（名承信），嘉慶十年閏六月十五日卒於阮元浙江撫署，年七十二。七月初三日，芸臺奉櫬返里；十二月，葬於揚州府城北雷塘祖塋，孫星衍為誌其墓。[8]據阮元「治理葬事略畢，……須俟來年」之語，則此札當撰於嘉慶十年歲杪，時阮元居墓廬在揚州也。其時，王引之亦丁內憂里居，王壽同等撰〈伯申府君行狀〉云：

乙丑（嘉慶十年）奉先大母喪，自山東濟寧旋里。時未卜葬地，府君親歷山崗，凡數閱月，始卜地於安徽天長縣之南原。[9]

阮札詢問「宅兆想已卜定」，蓋其時猶未葬也。

札言「蒙示《經義述聞》」云云，《箋釋》謂此書三十二卷，計六百九條，[10]其實此非阮元當日所見之本。按《經義述聞》其書凡三刻，初刻本刊於嘉慶二年，不分卷，書內各條獨立，不相連屬，無頁碼，蓋隨就所得增刻補入也。[11]二刻本嘉慶二十二年

8 張鑑等纂《阮元年譜》，一九九五年，北京：中華書局黃愛平點校本，頁六十三—六十四。按《雷塘庵主弟子記》八卷，阮元門人張鑑及阮元諸子常生、福、孔厚等所編；道光十八年以下，則柳興恩續編也。其書倣宋劉敞《公是先生弟子記》之名，實譜記阮元行實也。黃愛平點校本改題《阮元年譜》，今據此本，以其書坊間易見也。

9 羅振玉輯《王氏六葉傳狀碑誌集》，《高郵王氏遺書》本，卷五，頁四。

10 賴貴三《昭代經師手簡箋釋》，頁二二四。

11 葉德輝《郋園讀書志》卷二「《經義述聞》四冊不分卷」條，云：「高郵王文簡引之所著《經義述聞》一

刊於江西，《周易》、《尚書》各一卷，《毛詩》二卷，《周官》、《儀禮》、《大戴禮》各一卷，《禮記》、《左傳》各二卷，《國語》、《公羊傳》、《穀梁傳》、〈通說〉各一卷，計十五卷，[12] 阮元為之序。三刻本則道光七年冬刊於京師壽藤書屋者，道光十年全書刻成，今通行三十二卷本即從此本出。[13] 賴君不知此書先後諸刻不同，故《箋釋》凡諸家手簡言及《述聞》者，不問其札撰年，悉指為三十二卷本，殊誤。

札言「見索拙論曾子一貫之義。……其言『郵表畷』，似亦有可採者」，前者指〈論語一貫說〉，後者即〈釋郵表畷〉，《箋釋》誤釋。二文並見於《詁經精舍文集》卷八，今分別收入《揅經室一集》卷二及卷一。《論語》「貫」字凡三見，曾子之「一貫」也，子貢之「一貫」也，閔子言「仍舊貫」也，阮元謂此三「貫」字皆當訓為行事。孔子語曾子「吾道一以貫之」，言孔子之道壹皆於行事見之也。[14] 阮元頗自矜其說，渠著《曾

書，久為經神學海，然不知其竭一生之心力，凡數易稿而始寫定刊行。此其初次刻也，書分四冊，共四百十七葉，不分卷，不記葉號，孫星衍《祠堂書目》內編經部載之。」（民國十七年，長沙葉氏澹園排印本，卷二，頁三十）孫殿起《販書偶記》卷三亦著錄。（一九五九年，北京：中華書局，頁六十五）

12 周中孚《鄭堂讀書記》卷二、孫殿起《販書偶記》卷三著錄。葉德輝云：「嘉慶丙子（二十一年）刻于江西，有阮文達〈序〉者，分為二十八卷。」（同上注）按此說未確，二刻本凡十五卷，此葉氏記憶偶誤耳，同書卷二「《周秦名字解詁》」條（頁四）不誤。

13 參拙作〈清代學術史叢考〉「《經義述聞》諸版」條，一九九三年，《大陸雜誌》八十七卷第三期，頁四—十五。

14 阮元〈論語一貫說〉，《揅經室一集》，道光間阮氏文選樓刊本，卷二，頁二十—二十二。

子注釋》及〈論語解〉、〈孟子論仁論〉、〈石刻孝經論語記〉諸文，俱有此說；[15]而方東樹抨擊漢學之失，則極斥此說禍道害教。[16]〈釋郵表畷〉一文，謂《禮記·郊特牲》所言「郵表畷」，「『郵』乃為井田上道里可以傳書之舍也；『表』乃井田間分界之木也；『畷』乃田兩陌之間道也。凡此，皆古人饗祭之處也。而『郵表畷』之古義，皆以立木綴毛裘之物垂之，分間界行列遠近，使人可準視望、止行步而命名者也」。[17]此義前人未經道及，侯外廬極稱其說，認為「其內容暗示些古代國家起源的說明」。近年楊向奎、李中清二氏，更謂「郵表畷」即兩漢郵亭制度之前驅，[18]其說亦由阮元此文導出也。

阮氏所注《曾子十篇》，原序文末繫嘉慶三年六月，蓋書稿即成於是時。道光二十五年重刊本卷首，劉文淇識語云：「嘉慶戊午（三年），儀徵相國注釋是書，刊於浙江使院。板藏揚州福壽庭，燬於火。乙巳（道光二十五年）冬，以初印本重刊」云云，[19]似其

15 阮元《曾子注釋》，道光二十五年，阮氏揅經室刊本，卷二，頁一—二；又《揅經室一集》，卷二，頁十六—十七；又卷九，頁十四；又卷十一，頁二。

16 方東樹《漢學商兌》，道光十一年刊本，卷中之上，頁四十—四十四。

17 阮元〈釋郵表畷〉，《揅經室一集》，卷一，頁十八。按《大戴禮記·曾子制言》：「言為文章，行為表綴於天下。」阮元《曾子注釋》云：「凡樹臬以著望曰表，復繫物於表曰綴，皆所以正疆土及人行立者。」（卷三，頁十二）亦據此說作解。

18 侯外廬《中國思想通史》，一九八〇年，北京：人民出版社，卷五，頁五八七；楊向奎、李中清〈論郵表畷與街彈〉，收於《紀念顧頡剛學術論文集》，一九九〇年，成都：巴蜀書社，頁二一九—二二七。

19 阮元《曾子注釋》，卷首，頁十。

書嘉慶三年曾刻於杭州。然據此札言「即以此稿付刻」、「初印不過三十本」云云，知此書初刻當在嘉慶十年，劉說未確也。阮亨《瀛舟筆談》卷七言：其兄「入官以後，編纂之書較多，而沈精殫思、獨發古誼之作為少，不能似經生時之專力矣。然所作《曾子十篇注釋》，則時時自隨，凡三易稿。此中發明孔、曾博學、難易、忠恕、一貫等事，實昔儒所未及罶言，故所撰之書當以此五卷為最重」。[20] 此札言「頃翻《經義述聞》『勿慮』等訓，尚當采用尊府之說」云云，檢〈曾子立事篇〉：「居由仕也，備則未為備也，而勿慮存焉。」阮《注》：「王給事云：勿慮，都凡也，猶言大凡。」[21] 是已改從王念孫之說矣。今檢阮書引王念孫、王引之之說各七事，蓋皆後來增改者。

札言「今年正月鳩工刻《雅頌集》」，《箋釋》以《詩》之六義說之，[22] 殊不曉事。按鐵保纂《八旗通志》，選錄清開國以來百數十年間八旗之詩，成書一百三十四卷，嘉慶九年進呈，賜名《熙朝雅頌集》，札中所言《雅頌集》者，即此。鐵保奏請此書由阮元於浙江刻之，《揅經室二集》卷八〈奉敕撰熙朝雅頌集跋〉云：「是書於嘉慶九年九

20 阮亨編《瀛舟筆談》，嘉慶二十五年刊本，卷七，頁一。
21 阮元《曾子注釋》，卷一，頁十九。
22 賴貴三《昭代經師手簡箋釋》，頁二二六。

月開雕，四閱月而工竣。」[23]《弟子記》載十年四月「刻《熙朝雅頌集》成」，[24]二者不一。據此札言「今年正月鳩工刻《雅頌集》，工已集而書未校寫」，則當以後一說近是。

與王伯申書二

《古韻廿一部》刻字之事，若元在粵，十日即成，而至今杳然。吳蘭修辦事有名疲緩，亦不催之矣。堂中《經解》，若非夏道與厚民緊緊催辦，必致中輟（夏升去，即無人可出力，巧巧刻完即升）。因思年兄大人此時居鄉無事，何不將《廣韻》取出，送一教館之人令其排寫（字要似《廣韻》大字之大），特須至、祭等一一指示耳。單寫大字，不寫小字，不過數萬字；寫成，交舍下刻之甚易。舍下管事者張茂才（鶴書，號琴堂）舍親，付之即可刻也。如有書函，揚州太守官封最便。[25]（四十餘日即到）

---

23 阮元《揅經室二集》，卷八，頁二。又阮元為斌良撰〈抱沖齋詩集序〉，言：「嘉慶甲子，鐵冶亭師采輯長白諸公之詩，為《熙朝雅頌集》，命元刊刻於浙江，並撰跋語於後，洵藝林之盛事矣。」此文本集未收，見余〈阮元揅經室遺文輯存〉，二〇〇一年，《大陸雜誌》一〇三卷第三期，頁四十五。

24 張鑑等纂《阮元年譜》，頁六十。

25 「封」字，賴君《箋釋》釋作「書」（頁二二九），誤也。

森按：此札與王引之商討刊刻《古韻廿一部》之事，王國維以為即王念孫《說文諧聲譜》，王氏〈高郵王懷祖先生訓詁音韻書稿敘錄〉云：

此書（森按：指《說文諧聲譜》）文達在粵東時擬為刊行，未幾去粵，而稿本尚留學海堂。文達於嘉慶乙丑由雲南致文簡札，云：「《古韻廿一部》刻字之事，若元在粵，十日即成」云云。[26]

王國維以此札為嘉慶十年乙丑撰；劉盼遂《高郵王氏父子年譜》嘉慶十年條亦言：

阮元來書，論刻《二十一部古均》事。[27]

王、劉二人以此札為嘉慶十年所撰，未詳所據，蓋以札中「年兄大人此時居鄉無事」之語，為王引之母喪居鄉時也。惟余考之，此說有誤。阮氏云「若元在粵，十日即成」，明此札當是阮氏去粵，任雲貴總督以後所撰也。按《雷塘庵主弟子記》，阮元由湖廣總督調補兩廣總督在嘉慶二十二年八月，十月二十二日到任接印；道光六年六月改調雲貴總督。[28]則此札必道光六年以後所撰無疑。若嘉慶十年，阮元尚在浙江巡撫任；七月，丁父憂里居。是年阮氏並未赴滇，焉有「由雲南致文簡札」之事？

26 王國維《觀堂集林》，一九五九年，北京：中華書局影印《海寧王靜安先生遺書》本，卷八，頁三十二。
27 劉盼遂《高郵王氏父子年譜》，頁二十。
28 張鑑等纂《阮元年譜》，頁一二五，又頁一五一。

復按此札下文云「堂中《經解》，若非夏道與厚民緊緊催辦，必致中輟」，所云「堂中《經解》」，即學海堂所刻《皇清經解》。賴君《箋釋》云：「夏道，不詳，查無此人資料，即簡中之『夏升夫』其人。」[29]賴君誤釋「去」字作「夫」，又誤以「夏升夫」為夏道之字。按夏道者，夏修恕也，[30]「道」則其官稱，時任廣東督糧道也。《弟子記》道光五年八月條，阮福云：

是月，輯刻《皇清經解》。此書編輯者為錢塘嚴厚民先生杰，監刻者為吳石華學博，校對者為學海堂諸生。福在署總理收發書籍出入、催督刻工諸事。[31]

其監刻者吳石華，即此札所言吳蘭修也，時任學海堂學長。[32]《弟子記》道光六年六月

29 賴貴三《昭代經師手簡箋釋》，頁二三〇。

30 夏修恕，字渾初，號森圃，江西新建人。嘉慶七年進士，歷官惠潮嘉兵備道，署肇羅道，補廣東督糧道。庚寅，擢湖南按察使，旋調山西；十二年，轉安徽按察使，因事罣吏議，降貴州思南府知府。同治《新建縣志》卷四十一有傳。

31 張鑑等纂《阮元年譜》，頁一四八——一四九。

32 吳蘭修，《清史列傳》卷七十二、阮元《疇人傳》卷五十一有傳。汪兆鏞纂《碑傳集三編》卷三十八〈吳蘭修傳〉云：蘭修，字石華，嘉應州人，嘉慶十三年舉人。道光元年，署番禺縣學訓導。四年，總督阮文達元建學海堂，與趙均董其役；堂成，舉為學長，兼粵秀書院監院；後補信宜縣學教諭。著有《南漢紀》五卷、《南漢地理志》一卷、《南漢金石志》二卷、《宋史地理志補正》等。擅算術，撰有《方程論》；尤善倚聲，論者許為嶺外白石翁、玉田生也。（《清代傳記叢刊》本，卷三十八，頁六）

條云：

是時編輯《皇清經解》將一載，已得成書千卷。今欲赴滇，大人將書交付糧道夏公修恕接辦；至編輯者，仍嚴厚民先生也。[33]

又道光九年條載：

十二月，粵東將刻成《皇清經解》寄到滇南。福案：是書大人於道光五年在粵編輯開雕。六年夏，移節來滇，迺屬糧道夏觀察修恕接理其事，嚴厚民先生杰總司編集。[34]

此札言「夏升去即無人可出力，巧巧刻完即升」，明此札必撰於道光九年秋《經解》刻成以後。[35]檢《清代職官年表》，夏修恕道光十年四月由廣東督糧道陞湖南按察使，[36]則此札應撰於道光十年四月以後。另考《揅經室續集》卷三有阮元道光十年閏四月〈與學海堂吳學博蘭修書〉，正囑渠於學海堂編刻《古韻廿一部》事：

33 張鑑等纂《阮元年譜》，頁一五三。

34 同上注，頁一六五。

35 按《昭代經師手簡》二編，陳壽祺〈與王伯申第三書〉云：「儀徵夫子在嶺南編緝《皇清經解》，今秋刻竣，亦藝林大觀也。」（頁三十五）則《經解》道光九年秋刻成也。

36 錢實甫《清代職官年表》，一九八〇年，北京：中華書局，頁二一三五。

高郵王懷祖先生，精研六書音韻，欲著古音一書，因段氏成書，遂即輟筆（原注：余三十年前即聞此論）。然其分廿一部，甄極《詩》、《騷》，剖析豪芒，不但密于段氏，更有密于陸氏（森按：指陸法言）者。予屢欲并《廣韻》而以古音分部，使便於擬漢以上文章辭賦者取用之，迄未暇為之計。學海堂中，年兄深擘古音，曷就段氏精審之，而進以王氏之學，定為《古韻廿一部》，以群經、《楚辭》為之根柢，為之圍範，庶無隔部臆用之謬乎！……年兄試再與堂中林、曾、楊諸子商榷寫定（原注：即如廿一部至質須在各韻中將各字提摘而出，而刪去彼韻之字），即可在堂中刊板成帙，不過數萬大字，即可嘉惠學古之士。予雖老，亦樂得觀之。[37]

據此信，知《古韻廿一部》者，蓋參酌段玉裁《六書音均表》，並依王念孫所分二十一部，歸併《廣韻》之字，「使便於擬漢以上文章辭賦者取用之」，「庶無隔部臆用之謬」。是《古韻廿一部》本無成稿，故阮元囑吳蘭修就《廣韻》歸併之，並與學海堂學長林伯桐、曾釗諸君商榷寫定，即於堂中刻之。然則王國維以此札所言《古韻廿一部》，謂即王念孫《說文諧聲譜》，其誤可知矣。靜安又言：王氏「以定稿寄阮文達公於廣東。……此書文達在粵東時擬為刊行，未幾去粵，而稿本尚留學海堂。文達於嘉慶乙丑由雲南致文簡札云：『《古韻廿一部》刻字之事，若元在粵，十日即成』云云」，[38] 此懸揣無根，

37 阮元《揅經室續集》，卷三，頁十五—十六。
38 王國維《觀堂集林》，卷八，頁三十一—三十二。

非其實也。王氏未考阮集〈與吳蘭修書〉，致有此誤。

今繹阮札「《古韻廿一部》刻字之事，若元在粵，十日即成，而至今杳然。吳蘭修辦事有名疲緩」云云，蓋渠屬吳蘭修編排，久而無成，故阮元別為之計，因勸王引之讀禮之暇，「送一教館之人令其排寫」，書稿成後，即於揚州付刻。下文第七札亦言及此事，合二書考之，則此札所言「年兄大人此時居鄉無事」者，當是道光十二年正月王念孫卒後，王引之居鄉守制時也，此札應作於道光十三年（參下第七書考證）。王國維、劉盼遂誤為嘉慶十年王引之居母喪時，前後相去將三十年，可謂失之遠矣。靜安先生為學向極矜慎，不知何以有此誤？而劉盼遂既為王氏父子譜其行實，乃其年月乖牾如此，[39]更不可解。《箋釋》以此札為「希望王引之能協助他將《廣韻》付梓，並交待排寫的格式及內容」，[40]此眯目道黑白，益不足辨也。

與王伯申書三

前接手函并課卷，已照來單出榜，榜上并寫明會同學院云云矣。濟寧老大人處已將《文選》八十三條送到；又荐陳君（啟宗，乃注《春秋外傳》樹華之子）來覓館，

39 按劉盼遂《高郵王氏父子年譜》道光十四年條下云：「阮伯元來第六書，又第二書。」（頁三十）則劉氏復將第二書繫於道光十四年，亦非。

40 賴貴三《昭代經師手簡箋釋》，頁二二九。

一時無地，且延入署暫住矣。昨摺差回，接軍機水部童蓴君書，云廿九日曾有一書與生，并文正師詩稿等件，[41]交年兄處摺差帶回。計此差十日到京，仍須七八日始能回到彰德。如此差由彰德回省，想已令其帶回；否則即加封包好，交與提調專差差人遞省，勿致遲舛為屬。以歲作科之例，已據禮部行文到豫，可以毋庸具奏矣。肅此，并候行祺，不具。伯申宮庶年兄學使，生阮元頓首。初七日大梁發。

森按：此札末記「初七日大梁發」，則是時阮元任官河南也。札言「濟寧老大人」者，指王念孫，時任山東運河道，[42]官署在濟寧也。其言「荐陳君（啟宗，乃注《春秋外傳》樹華之子）來覓館，一時無地，且延入署暫住」，賴君《箋釋》讀「乃注《春秋外傳》」為句，謂陳樹華之子「啟宗，阮元言其注《春秋外傳》」，[43]殊誤。按陳樹華字芳林，號冶泉，元和人，乾隆元年恩貢。歷官江西靖安縣丞、湖口知縣。以大吏保薦，授山西澤州府同知，因到任遲延，降補寧鄉知縣。有三子，啟宗其季也。段玉裁《經韵樓集》卷八〈陳芳林墓志銘〉言：

乾隆辛丑（四十六年），余自巫山引疾歸，南陔多暇，補理舊業。得盧召弓、金輔之、

41 「師」字，《箋釋》釋作「卿」，誤。按阮元乾隆五十一年丙午科鄉試，為朱珪所得士也。

42 王引之〈石臞府君行狀〉，《王氏六葉傳狀碑誌集》，卷四，頁九。

43 賴貴三《昭代經師手簡箋釋》，頁二三五。

劉端臨諸君為友。盧、金二君為余言蘇州陳君芳林，以所著《春秋內外傳考正》五十一卷相示。余讀之，駭然以驚，曰：「詳矣，精矣！內、外傳乃有善本矣。」迻書其副藏於家，用以訂阮梁伯《十三經校刊記》。[44]

陳樹華著《春秋經傳集解考正》三十卷、《春秋外傳考正》二十一卷，兩書並以校勘精審稱，極為盧文弨、金榜、段玉裁等所推許，惜其書迄未付刻，有鈔本傳世，臺灣國家圖書館藏袁廷檮貞節堂鈔本，中國國家圖書館藏盧文弨抱經堂鈔本，蘇州市圖書館藏魏氏績語堂鈔本，另臺北故宮博物院、復旦大學圖書館亦各藏鈔本。

劉盼遂《經韵樓文集補編》卷下，有嘉慶九年段氏與王念孫書，中云：

有陳芳林先生之子名啟宗，渠因失館出門，其人品行端方，亦翩翩書記。執事倘能教誨之，必能不負，芳林固亦先生之故人也。[45]

據此，則陳啟宗之謁王念孫，乃段玉裁所推薦也。王氏復薦之於阮元，使赴開封覓館。段玉裁另有與王念孫書一通，劉盼遂《段集補編》失收，札中言：

陳兄啟宗以鄙札奉謁，中有「棘人」字，[46] 彼于裁服未闋時取有拙札，遲之又久

---

44 段玉裁《經韵樓集》，卷八，頁三十九。

45 劉盼遂輯《經韵樓文集補編》，《段王學五種》本，卷下，頁十七〈與王懷祖第一書〉。

46 按即上注《經韵樓文集補編》所收〈與王懷祖第一書〉，時段氏居父喪也。

而後行，乃又取札。不用後札而用前札，殊憒憒也。先生念舊，廣為推轂，甚善。[47]

余考此信為段氏嘉慶十三年夏所撰。[48]據《雷塘庵主弟子記》，阮元嘉慶十二年十月服闋入都，署戶部右侍郎。十一月十五日，奉命赴河南審辦勒休知府熊之書控案，尋補兵部右侍郎；十二月二十二日，授浙江巡撫，暫署河南巡撫事。翌年三月初三日，豫撫清安泰到任，乃啟程赴浙，二十八日抵杭州接印。[49]則此札必阮氏署理河南巡撫時，即嘉慶十三年一、二月間所撰也，[50]與上引段氏嘉慶十三年夏與王念孫書正相前後。復按王壽同等〈伯申府君行狀〉，王引之於嘉慶十二年服闋入都，補原官（右春坊右庶子），八月簡放河南學政，在官三年。是阮元署河南巡撫時，王引之同在河南，〈行述〉言：「豫省民風淳厚，學問稍乏根柢，府君謀於中丞阮芸臺先生，捐廉購《十三經注疏》百餘部，分置各屬學宮，俾諸生鈔讀。」[51]即此時也。此札札首言「會同學院」出榜云

47 見拙稿〈《段玉裁年譜》訂補〉嘉慶十三年條，一九八九年，《中央研究院歷史語言研究所集刊》六十本第三分，頁六三七—六三八。

48 同上注。

49 張鑑等纂《阮元年譜》，頁六十七—六十九。

50 按劉盼遂《高郵王氏父子年譜》乾隆五十八年條云：「阮伯元來第三書」（頁十六）；嘉慶十三年條復言：「阮元來第三書」（頁二十一），一信分繫兩處，前後相去十五年，蓋成書時前後失於檢照也。

51 羅振玉輯《王氏六葉傳狀碑誌集》，卷五，頁四。

云，可見二人公私相得也。

阮元於嘉慶十年、十一年間，曾薈聚諸家校本參訂《李善注文選》，所集有馮竇伯據晉府諸本參校者，又陸敕先據錢遵王宋本校者，及顧千里校宋淳熙尤袤刊本。[52]此札言「濟寧老大人處已將《文選》八十三條送到」，蓋阮元擬為《文選校勘記》，因向王念孫索其舊所校訂者。嘉慶十四年，顧千里為胡克家校刻宋尤袤本《文選》，另撰校勘記《文選考異》十卷，附刻其後，故阮元校本後未付刻。《揅經室三集》卷四〈南宋淳熙貴池尤氏本文選序〉云：「元既構文選樓于家廟旁，繼得此冊藏之樓中，別為《校勘記》，以貽學者。」又阮亨《瀛舟筆談》卷七云：「兄舊嘗校《文選》之誤若干條，又集高郵王氏等所校若干條，皆甚精確。戊辰（嘉慶十三年）又得南宋尤袤本《文選李善注》，屬〔嚴〕厚民校訂，厚民多所校正。時胡果泉先生（克家）亦別得尤袤本，屬顧千里校刻，甚為精核。兄與厚民所校，與顧校亦互有詳略也。」[53]此其事始末也。檢《讀書雜志》卷末〈餘編下〉有王念孫考訂《文選》譌誤者一百十五條（其中八條為王引之之說），蓋此札所言八十三條外，其後復有增益也。

另，札中言「文正師詩稿」，即朱珪之詩也，阮元〈知足齋詩集後序〉云：

---

52 見王文進《文祿堂訪書記》，民國三十一年，北平：文祿堂排印本，卷五，頁二十六。

53 阮元《揅經室三集》，卷四，頁六；阮亨《瀛舟筆談》，卷七，頁二十二—二十三。按阮元此〈序〉云：「嘉慶丁卯（十二年），始從昭文吳氏易得南宋尤延之本，為無上古冊矣。」（頁五）是阮元得宋尤袤本在丁卯年，阮亨云戊辰者，未確。

元奉命巡撫浙江，師嘗以詩寄示。爰請於師，得授全集，將刊之於板，師復命元選訂之。元乃與及門陳編修壽祺等共商，刪存以癸亥年（嘉慶八年）以前，編為二十四卷。[54]

《弟子記》嘉慶八年二月條記：「刻朱文正公《知足齋集》」；[55]中央研究院史語所傅斯年圖書館藏此集原刊本，題「嘉慶十年刊」，蓋其時所刻者至癸亥以前。此札言「文正師詩稿等件，交年兄處摺差帶回」，按朱珪卒於嘉慶十一年十二月五日，年七十六，謚文正，[56]蓋此所言「詩稿」，為嘉慶八年以後續作也。阮元〈杭州靈隱書藏記〉言：「嘉慶十四年，杭州刻朱文正公、翁覃溪先生、法時帆先生諸集將成」云云，[57]則補刻《知足齋集》全稿，翌年乃成也。

與王伯申書四

承示經訓數十條，皆細閱過，條條精確不磨，銳見卓識，不勝贊歎，必如此乃真能讀經也。所詮釋虛字十餘條，尤為精美，得未曾有！元嘗謂今人實事

---

54 阮元《揅經室二集》，卷七，頁九。
55 張鑑等纂《阮元年譜》，頁五十一。
56 阮元〈太傅體仁閣大學士大興朱文正公神道碑〉，《揅經室二集》，卷三，頁九。
57 阮元《揅經室三集》，卷二，頁十三。

求是固多，而于虛文等處，轉未能細意體認。昔嘗有意作《詞氣釋例》一書，凡經典中用詞氣體例，逐一解釋本訓；又以經典中嚮來注、疏之誤會者附于下，如之、乎、也、者一概全載，首以《說文》、《爾雅》，以及子史中可證者亦旁通之（如「焉」字，即將「焉始乘舟」等注于下；「而」、「如」相通，亦將各處「而」、「如」互誤者附于下）。呂氏《東萊博議》卷末曾有解釋虛字文意一卷，惜乎太淺陋。今用此例為之，以為讀經者之助，亦甚妙也。元此刻心亂如蓬，不能執筆，即為之，亦不及弟之精博。據鄙意，何不將「逢，大也」諸條刪去，別入他稿，專將詞氣注成一帙乎？詞氣，古人最先者發聲，〈堯典〉中「都、俞」可證，《爾雅》中「爰、粵、于」諸詞是也。至于轉聲、收聲，後世乃多有之，不甚古也，故「也」、「焉」等皆假借字；而「曰」、「于」等皆本字也。匆匆具覆。引之仁弟足下，元頓首。

森按：此札論纂輯古書虛字事，札中無實事可考，莫能詳其年月也。考阮元《定香亭筆談》卷四其一條云：

> 虞、夏、商古籍，詞氣簡少，至周始有「也」、「矣」等字。然「也」字始見于《毛詩》「其後也悔」，猶為轉聲；及中葉，始為句末收聲。故凡詞氣中，有發聲，有轉聲，有收聲，經傳子史體例非一，且有誤讀實字為虛字、虛字為實字者。《說文》中如「粵、乎、爰、乃」等為本字，「也、焉、雖、然」等為借字，當博采經傳而

疏證之。故元欲仿《東萊博議》卷末之例，作《釋詞》一書，惜未暇成也。[58]

其言擬作《釋詞》一書，即此札所言「昔嘗有意作《詞氣釋例》一書」也。王引之《經傳釋詞》卷首〈自序〉言：

引之自庚戌歲（按乾隆五十五年）入都，侍大人質問經義，始取《尚書》廿八篇紬繹之。而見其詞之發句、助句者，昔人以實義釋之，往往詰籟為病；竊嘗私為之說，而未敢定也。及聞大人論《毛詩》「終風且暴」、《禮記》「此若義也」諸條，發明意恉，渙若冰釋，益復得所遵循，奉為稽式。乃遂引而伸之，以盡其義類。[59]

此〈序〉末繫嘉慶三年二月，蓋其初治經傳虛詞即在此前後也。[60]《昭代經師手簡》二編有嘉慶三年三月望日焦循〈與王伯申書〉，中云：

阮閣學嘗為循述石臞先生解「終風且暴」為「既風且暴」，與「終窶且貧」之文法

58 阮元《定香亭筆談》，《文選樓叢書》本，卷四，頁二十六。

59 王引之《經傳釋詞・序》，嘉慶二十四年，王氏家刻本，卷首〈序〉，頁三。

60 王引之此〈序〉言：「自九經三傳及周、秦、西漢之書，凡助語之文，徧為搜討，分字編次，以為《經傳釋詞》十卷，凡百六十字」云云，一若嘉慶三年渠已成《釋詞》十卷、虛字百六十字矣。按此並非實錄，其書之成當在嘉慶末年，別詳拙作〈《經傳釋詞》作者疑義〉（《中華文史論叢》二〇〇六年第四輯，頁二十九—七十四）。

相為融貫，說經若此，頓使數千年淤塞，一旦決為通渠。後又讀尊作《釋辭》，四通九達，迥非貌為古學者可比。[61]

據此，知嘉慶三年春王引之已將釋虛字之條編為《釋辭》一稿，則阮元此札必撰於嘉慶三年以前無疑。此札言「據鄙意，何不將『逢，大也』諸條刪去，別入他稿，專將詞氣注成一帙乎？」所云「逢，大也」之說，見《尚書述聞》「子孫其逢」條。[62]《經

61 羅振玉輯《昭代經師手簡》二編，頁十八。

62 見《經義述聞》初刻本，冊一「子孫其逢」條；今本《述聞》卷三文字同。《箋釋》此文失注。按中央研究院史語所傅斯年圖書館藏王氏父子零稿，其一件文末有王念孫識語：「倉卒錄得十八條，本欲再謄清稿呈閱，恐再遲則緩不及事。且案頭無書，不能考證，祇據意見所到為之，故多所未安，務祈考訂原書，重加改正。文不成文，字不成字，惟知己諒之而已。念孫叩。」李宗焜君據傅斯年圖書館所藏王家手稿零件，編為《高郵王氏父子手稿》一書，此件題為〈經義雜志〉。中有「子孫其逢」條，王念孫原注：「《注疏》及監本皆不在案頭，祈考入。此條本出足下，不過增成之耳。」條末又有「此條足下再增成之可也」十字（頁五十四，又頁六十三）。考〈洪範〉此文，舊讀並以「子孫其逢吉」五字為句，李惇《群經識小》始創言此文應讀「子孫其逢」句絕，「逢」字訓「大」，猶言其後必昌大耳；「吉」字別為一句（《清經解》，道光九年，廣東學海堂刊本，卷七二〇，頁十三）。今據王氏「此條本出足下」云云之語，知此件十數條蓋王念孫肄經所得，寫錄以就正於李惇者。阮氏《揅經室續二集》卷二〈高郵孝臣李君傳〉：「既長，博極群書，尤邃經傳，與同里賈君稻孫、王君懷祖同力于學。」（頁四十五）是王念孫與李君同里共學也。

又按：《述聞》嘉慶二年初刻本，王引之〈序〉云：「旦夕趨庭，聞大人講授經義，退則錄之，終然成帙。」依其說，似《述聞》所載王念孫之說，乃王引之錄記平日所聞於乃父者。劉盼遂則言：

義述聞》初刻本刊於嘉慶二年春，蓋其書付刻前，王引之曾錄其父子之說數十事，就正於阮元，阮氏因勸渠將「逢，大也」、「終風」等釋虛詞者各條抽出，異時另成一書。由此繹之，此札應撰於嘉慶二年春《述聞》初刻本付刻之前，則撰於嘉慶元年前後也。阮元《經傳釋詞・序》云：

> 高郵王氏喬梓，貫通經訓，兼及詞氣，昔聆其「終風」諸說，每為解頤。乃勸伯申勒成一書，今二十年，伯申侍郎始刻成《釋詞》十卷。[63]

所謂「乃勸伯申勒成一書」者，即此札所云「專將詞氣注成一帙」也。阮〈序〉作於嘉慶二十四年小寒日，其言「今二十年」者，蓋舉其成數約略之言耳。

與王伯申書五

前接手函，欣悉近祉安和，著述日富。昨過濰縣，晤莊葆誠，得讀《尚書》數條，極為精核。閱來函，中言體中欠豫，此正宜留意。吾弟賦質似弱，而治

> 王靜安師云：「在津沽曾見石渠先生手稿一篇，訂正《日知錄》之誤。原稿為『念孫案』，塗改為『家大人曰』。」盼遂案：據此事，知《經義述聞》中之凡有「家大人曰」者，皆石渠札記原稿，非經伯申融會疏記者也。（劉盼遂《高郵王氏父子年譜》，頁四十）

今據王念孫手稿「子孫其逢」諸條，可為劉氏此說增一佐證也。

63 王引之《經傳釋詞》，卷首阮元〈序〉，頁一；又《揅經室一集》，卷五，頁十五。

經又太銳，尚宜靜思息動以攝養之，至屬至屬。[64]春間曾將吳中珩《廣雅》本寄上，未知曾收到否？曾校畢否？念念。元近作《爾雅名義考》、《毛詩補箋》二種，卷帙尚少，秋間可有規模。又作〈釋且〉文一篇，內有一條言「且」與「祖」同義，同訓為「始」，凡經傳中言「既○且○」者，皆「終而又始」之義。如此似可為老伯「終風」、「終窶」、「終溫」加證，未知是否？刻考事已畢旋省，日日在大明湖水木明瑟軒中坐臥，尚饒清趣。武虛谷及杭州朱朗齋，現已延致修纂《山左金石志》，此書若成，頗有可觀。草此奉佈，並候近安，不具。伯申仁弟足下，阮元頓首。

森按：此札言「刻考事已畢旋省，日日在大明湖水木明瑟軒中坐臥」，《箋釋》讀「日日在大明湖」一句，又「水木明瑟」四字為句，解為形容林木山泉之佳美勝景，不知其為軒名也。阮元《小滄浪筆談》卷一云：

> 小滄浪者，歷下明湖西北隅別業，即杜子美所言北渚也。魚鳥沈浮，水木明瑟，白蓮彌望，青山嚮人，至此者渺然有江湖之思。別業為鹽運使阿雨牕（林保）所築，雨牕移任天津，方伯江滋伯（蘭）領之；方伯移任雲南，余乃領之。與學署相距一

64 此四字，《箋釋》釋「至囑之」，實則此為「至屬」重文，非「之」字也；下文「念念」，《箋釋》亦釋「念之」。

湖，少暇即放舟來，讀書于此。或避暑竟日，或坐月終夜，筆牀茶竈，夷猶其間。

又言：

「水木明瑟」四字，見《水經注·濼水》下，足以盡明湖之妙。如上沙陸氏水木明瑟園，乃借用也，故予題小滄浪軒額曰「水木明瑟」。[65]

阮氏有〈水木明瑟軒即事〉詩寫其佳勝。[66]然則此札當為阮氏提督山東學政時所撰也。按《弟子記》，阮元於乾隆五十八年七月二十三日赴山東學政任，六十年八月二十四日調浙江學政，[67]在山左僅兩年。另據阮氏《山左金石志·序》云：

五十九年，畢秋帆先生奉命巡撫山東。先是，先生撫陝西、河南時，曾修《關中》、《中州》金石二志。元欲以山左之志屬之先生，先生曰：「吾老矣，且政繁，精力不及此，願學使者為之也。」元曰：「諾。」先生遂檢《關中》、《中州》二志付元，且為商定條例暨搜訪諸事。元于學署池上署「積古齋」，列志乘圖籍，案而求之，

65 阮元《小滄浪筆談》，嘉慶七年，《文選樓叢書》本，卷一，頁一—二。按阮氏〈小滄浪亭〉詩序云：「小滄浪亭在鐵公祠旁，與學署近隔一湖。其後軒，元題為『水木明瑟』，用《水經注》語也。夏秋間，每泛舟過之，茶竈書牀，流連竟日，較之春秋行迹，頗分勞逸。」（《揅經室四集·詩》，卷一，頁十三）

66 阮元《小滄浪筆談》，卷一，頁二—三。

67 張鑑等纂《阮元年譜》，頁十二，又頁十四。

得諸拓本千三百餘件，較之《關中》、《中州》多至三倍，實為始修書之舉。[68]畢沅乾隆五十九年冬調山東巡撫，《弟子記》載阮元始修《山左金石志》在五十九年十二月。[69]而此札言「武虛谷及杭州朱朗齋，現已延致修纂《山左金石志》」，按朱文藻《益都金石記・序》云：

乙卯仲夏，余與益都段赤亭（松苓）先生同受山東學使阮宮詹芸臺先生之聘，輯《山左金石志》於濟南試院之四照樓下，聯榻於積古齋中，共晨夕者凡四閱月。[70]

則朱文藻乾隆六十年五月入阮元山東學政幕修書。札又言：「近作《爾雅名義考》、《毛詩補箋》二種，卷帙尚少，秋間可有規模」，則此札乾隆六十年夏所撰審矣。札言「刻考事已畢旋省」，《弟子記》載四月杪試畢回省，[71]則此札六十年五月所撰，[72]此亦一證也。札中言「春間曾將吳中珩《廣雅》本寄上」（參下第九書）、「秋間可有規模」，時間

68 畢沅、阮元《山左金石志》，嘉慶二年，阮氏小琅嬛僊館刊本，卷首〈序〉，頁一；又《揅經室三集》，卷三，頁七—八。末句「實為始修書之舉」，集本作「實始為」。

69 張鑑等纂《阮元年譜》，頁十三。

70 段松苓《益都金石記》，光緒九年，益都丁氏刊本，卷首〈序〉，頁二。

71 張鑑等纂《阮元年譜》，頁十四。

72 劉盼遂《高郵王氏父子年譜》乾隆五十八年條云：「阮伯元來第五書。」（頁十六）以此札為五十八年撰也，誤。

正合。

札首言：「昨過濰縣，晤莊葆誠」，即莊述祖，字葆琛，時任山東濰縣令也，[73]研精《尚書》，著《尚書今古文考證》七卷。其言「近作《爾雅名義考》、《毛詩補箋》二種」，此二書未見傳本。按阮元乾隆五十九年七月〈與王竹所書〉云：「元裒成《山左金石志》，已得一千餘件；自著《毛詩補箋》，略有梗概。如文駕來省，當出以商定。」[74]則《補箋》五十九年秋略已具稿。另據臧庸《拜經日記》卷六云：

> **內閣學士阮伯元補箋《毛詩》，督學山左時節錄下問，郵寄至楚。來書自言「語多武斷，質之同志，不以為謬，則當編錄付梓」。**[75]

阮元寄臧庸書，撰於六十年秋阮元調任浙江學政之前，[76]其時《補箋》略已成稿，臧君並為參訂若干事。[77]《爾雅名義考》一種，似未成書。《揅經室一集》卷一〈釋心〉、

73 據宋翔鳳〈莊先生述祖行狀〉，莊述祖乾隆五十七年任濰縣知縣，在任凡五年。見錢儀吉編《碑傳集》，《清代傳記叢刊》本，卷一〇八，頁二十四。

74 阮元〈與王竹所書〉，見李湘芝《柳絮集》卷首，又拙輯《揅經室遺文輯存》卷十一。

75 臧庸《拜經日記》，嘉慶二十四年，《拜經堂叢書》本，卷六，頁一。

76 參拙稿〈臧庸年譜〉乾隆六十年條，時臧氏客楚，在畢沅湖廣總督幕。文載二〇〇七年，《中國經學》第二輯，頁二四七—三一五。

77 阮元《毛詩補箋》，其書未刊，惟《揅經室一集》卷四〈詩十月之交四篇屬幽王說〉及臧庸《拜經日記》卷六略存其說。

〈釋鮮〉、〈釋磬〉、〈釋蓋〉、〈釋黻〉、〈釋矢〉、〈釋門〉、〈釋釋訓〉諸篇，蓋其遺也。札中所言〈釋且〉一篇，亦見《揅經室一集》卷一。

與王伯申書六

接到兩次手書，知近來下榻敝居，讀禮刻石，體中安善為慰。葬地在天長、六合之間，想在冶山、棠山一帶，必有佳城。昔生看地至冶山，冶山山口南嶂開下，明明一脈至上陳庄，不必言佳城，即山水環抱，亦頗可樂，因買其庄。此處曾到過否？拙集蒙看出多少錯字，希隨時語舍弟改之。

本朝戴氏等發明漢學固透矣，而自晉、宋以來蒙錮之疾，尚未說明。此事在魏收〈志〉及《十八賢行狀》狀內明明有其來路，大端皆道安、慧遠之所為。即如慧遠《毛詩》，精博之至，陸德明〈敘錄〉不避其為方外人而特著之，是道安、慧遠皆博精《詩》、《禮》，深明《倉》、《雅》之儒。試問《華嚴一切經音義》中所解釋之字，[78] 半在《詩》、《禮》、《倉》、《雅》，此豈西域番僧之所知

78 「解」字，《箋釋》釋「能」（頁二五二），誤。

耶？生若有暇，尚欲在《毛詩釋文》內尋出慧遠師之說，[79]再在佛經《音義》內證之，如有相近相合者，則是真是儒者造佛經之確據矣。

今年會榜殊不慊意，策題索性不撰，不過一空而已。會元乃生所定，知其人甚靜細，[80]京中公論亦以為此元乃近科所無，特惜其人兩耳全聾，雖分部而無志于為官，為可惜耳。潘仕成已中而斥去，乃禮部之所斥，遂為戶部之所首舉。生到滇，[81]不病為幸；而又辦地震之災，殊為慘懼。肅此奉復，并候孝履，不具。伯申大宗伯年兄，生期阮元頓首。八月廿六。[82]

前說寫誌銘高姓（爽泉，名塏），頃問潘紅茶方伯，云已回杭，老尚能寫，但須潤筆數十方耳。（山舟先生之字，元人字耳；高乃唐以上碑版之字，世之貴耳而賤目者不知也。生丁憂時，其人字尚未成。）尊阡不知在何處？聞在天長界內，然耶？舍下觀風巷宅子空著，如上郡城，頗可

---

79 《毛詩釋文》者，即《釋文》中〈毛詩音義〉也。《釋文・序錄》載周續之、雷次宗並為《詩序義》，二人俱事惠遠法師，故阮元云「欲在《毛詩釋文》內尋出慧遠師之說」，蓋臆想〈毛詩音義〉內或引周、雷二家詩義，可藉以推尋慧遠遺說也。《箋釋》標點、注解此文，以《毛詩》、《釋文》為二書，未得阮元之意也。

80 《箋釋》讀「細京中公論」五字為句，文不成義。

81 「滇」字，《箋釋》釋「值」，誤。

82 「六」字，《箋釋》誤釋作「八」。

住得。又啟。（仍有杭人何臻，乃高塏之弟子，其字可以有其師七分光景，如高不能寫，此人亦可。）[83]

森按：札言「生到滇，不病為幸」云云，則此札在雲南撰也。阮元由兩廣總督調任雲貴總督在道光六年六月，九月十三日接印；迄十五年三月擢體仁閣大學士，六月八日交印，北上入京，前後在滇者九年。[84] 其間，道光八年、十三年曾兩度進京。十三年三月初一日入覲，旋奉命充癸巳科會試副總裁。[85] 據此札「今年會榜殊不慊意」、「會元乃生所定」云云諸語，則此札當撰於道光十三年可知。其會元，據《弟子記》所載此科中式名錄，似為許楣。[86]《清史稿》卷三六四阮氏本傳云：

> 道光十三年，由雲南入覲，特命典試，時稱異數。與大學士曹振鏞共事，意不合，元歉然以前次得人之盛不可復繼。[87]

曹振鏞，《清史稿》卷三六三有傳，史稱：

83 《箋釋》以「前說寫誌銘高姓」以下一段，合下第七書為一通。然此段末有「又啟」字，知合上為一通，下「冬半接京中來書」自為一通也。

84 張鑑等纂《阮元年譜》，頁一五一，又頁一五四，又頁一八七，又頁一九一。

85 同上注，頁一七七。

86 同上注。

87 趙爾巽等撰《清史稿》，一九七七年，北京：中華書局點校本，頁一一四二四。

振鏞歷事三朝，凡為學政者三，典鄉、會試者各四。衡文惟遵功令，不取淹博才華之士。殿廷御試，必預校閱，嚴於疵累忌諱，遂成風氣。[88]

曹氏為癸巳科總裁，其「衡文惟遵功令，不取淹博才華之士」，與阮元專「以經義求士」者，[89]意趣自不相投，故札言「今年會榜殊不慊意」，深歎未能如己未（嘉慶四年）科得人之盛也。[90]

四月十日，榜發出闈。阮元回宅，聞夫人孔氏（名璐華，孔子七十三代長孫女）死訊，又悉長子阮長生於三月二十七日病故，一時兩喪，傷慟不可名狀。奉諭仍回雲貴總督任，《弟子記》載：「四月二十二日出京，時長途盛暑，大人神傷貌瘁。……六月二十八日，……入滇。」[91]此札言「生到滇，不病為幸」者指此。《弟子記》另載是年「七月二十二日地震，自省城，南至臨安、開化十數州縣同時被災，壓斃男婦大小口數千

88 同上注，頁一一四〇六。

89 阮亨《瀛舟筆談》云：「己未科兄以經義求士，尤重三場策問，是以武進張皋文惠言、高郵王伯申引之、閩縣陳恭甫壽祺、德清許積卿宗彥、桐城馬魯陳宗璉、棲霞郝蘭皋懿行等，皆治經多所著述也。」（卷七，頁十四）

90 按己未科會試，朱珪為總裁，阮元副之，所取多積學之士，王引之、陳壽祺、張惠言、胡秉虔、許宗彥、馬宗璉、郝懿行、姚文田、張澍、吳鼒等，並在此榜，「論者謂得士如鴻博科，洵空前絕後也」。（張鑑等纂《阮元年譜》，頁二十一）

91 張鑑等纂《阮元年譜》，頁一七九。

人，房屋坍損數萬間」。札中所言「又辨地震之災」者是。然則此信撰於道光十三年八月二十六日審矣。[92]

王引之道光十二年正月父喪，乃父遺命卜葬江蘇六合縣之北郊。[93] 據此札，知迄翌年秋間猶未葬也。按王引之之孫恩錫等撰〈子蘭（壽同）府君行狀〉，云：「壬辰（道光十二年）春，曾王父棄養，府君隨大父扶柩旋里。將營兆域，府君以大父年且七旬，不任勞苦，因而究心於地理諸書，周歷相度，無間寒暑。年餘，得地於六合郊外之東王廟。至立向，諸堪輿互爭不決，府君虔卜得吉兆，向遂定，而大父之憂始釋。」[94] 蓋因宅兆久而未決故爾。王引之撰〈高郵湖西王氏先塋記〉，云：「考石臞公墳，在六合東北鄉東嶽廟鎮南癸山，丁向。」[95] 據阮元撰王念孫〈墓誌〉云：「道光十三年十二月庚子日，奉公柩葬于六合縣東北鄉東原王廟鎮之南原。」[96] 是歷時近兩年乃葬也。其寫墓誌之高氏，《定香亭筆談》卷一云：「仁和高爽泉塏，工書，楷法絕似虞永興〈夫子廟堂碑〉。」高氏能詩，阮元錄其〈梅莊餞別徐惕庵太守〉、〈春草〉二首，並極清麗。[97]

92 劉盼遂《高郵王氏父子年譜》道光十四年條云：「阮伯元來第六書」（頁三十），以此信撰於道光十四年，誤也。

93 王壽同等撰〈伯申府君行狀〉，《王氏六葉傳狀碑誌集》，卷五，頁十四。

94 王恩錫等〈子蘭府君行狀〉，同上，卷六，頁三。

95 王引之《王文簡文集》，《高郵王氏遺書》本，卷四，頁二十六。

96 阮元〈王石臞先生墓誌銘〉，《揅經室續集》，卷二之下，頁五。

97 阮元《定香亭筆談》，卷一，頁五十六—五十七。

李桓《國朝耆獻類徵初編》卷四四二有黃安濤撰〈傳〉，云：「君書行草無不工，尤精小楷，大概樹骨於率更、河南，而取姿於吳興。」又言：「四方載金幣乞書者踵門麕至，必饜其意以去。今大江南北，寺觀、祠墓、園林、碑版，不下數百處，咸以為我浙乾嘉以來梁山舟後一人而已。」[98]

至阮氏擬於「《毛詩釋文》內尋出慧遠師之說，再在佛經音義內證之」，以求「儒者造佛經之確據」云云，此其妄臆耳。按《釋文・敘錄》詩類但言：「宋徵士雁門周續之（本注：字道祖，及雷次宗俱事廬山惠遠法師）、豫章雷次宗、齊沛國劉瓛並為《詩序義》。」又《儀禮》類言雷次宗、周續之並注〈喪服〉耳，[99]不言慧遠曾注解《毛詩》，阮元乃「欲在《毛詩釋文》內尋出慧遠師之說」，豈非刻舟求劍？欲由此進而求佛經為儒者所造之確據，鑿空尤甚。阮氏〈孟子論仁論〉亦言及此：

佛經大指，具見《漢四十二章遺教》等經，不過如此，無大玄妙。自晉常山衛道安以彌天俊辯之高才，獨坐靜室十二年，構精神悟，始謂舊經為舛，此以晉人玄學入釋學之始。蓋舊經本非舛，然必以為舛，方能以玄學羼入變易之也。故蓮社魏道生曰：「自經典東流，譯人重阻，多滯權文，解通圓義，若忘筌得魚，始可言

98 李桓《國朝耆獻類徵初編》，《清代傳記叢刊》本，卷四四二，頁三十四。

99 陸德明《經典釋文》，一九八〇年，上海古籍出版社景印北京圖書館藏宋刻宋元遞修本，卷一，頁二十；又頁二十三。

道矣。舊學僧徒，以為背經。」據此，可見晉宋人以老、莊玄學改增佛說之實據，舊學僧徒拙守本經者，見其相背矣。道安既與佛圖澄合，互相標榜，符會如一；復令玄宗流布，分遣弟子四出。道安與慧遠入襄陽；慧遠又入廬山，與雷次宗、周續之、宗炳等合。雷次宗、周續之、宗炳與賈慧遠本皆通儒才士。慧遠少隨舅令狐氏遊學許洛，博綜六經，尤善《莊》、《老》，從釋道安受業。周續之少從范寧通經，窮研《老》、《易》，預蓮社。宗炳富於學識，尤精玄理，入蓮社。雷次宗博學，明《詩》、《禮》，入蓮社。（原注：以上見《宋書》、《北魏書》及《蓮社高賢傳》，此《傳》宋以前名《蓮社十八賢行狀》。）周續之、雷次宗又同受《詩》義於慧遠法師（原注：見陸德明《毛詩音義》），謝靈運亦慧業文人。故晉宋以後，西僧如佛圖澄、鳩摩羅什等，多以神驗見異於世。至於翻經著論，非藉名儒文人之筆不能，踵事變本，引人喜入彼道如此。此以玄學入釋學而昧所從來之蹤跡也。……故由儒而玄，由玄而釋，其樞紐總在道安、慧遠之間。由釋而禪，其樞紐又在達摩、慧能之間。後儒不溯而察之，所以象山、陽明、白沙受蓮社、少林之紿而不悟矣。[100]

此阮元討論儒、釋交涉之定論也，可補此札未備之義，今錄之以並觀焉。

---

100 阮元《揅經室一集》，卷九，頁十——十二。

與王伯申書七

冬半接京中來書，知〈墓銘〉已收到，冬間想已到家鄉矣。頃接粵中曾釗書，知《廿一部古韻》已上板，冬初前有等語，[101]然則前書欲在揚另刻者不必矣。曾公書內又云：如「風」、「芃」等字亦須提出，究不知其所提者若干字也。此致，并候素履，不一。生阮元頓首。

森按：此札言「頃接粵中曾釗書，知《廿一部古韻》已上板。……然則前書欲在揚另刻者不必矣」。所謂「在揚另刻者」，即第二書囑王引之在揚州「送一教館之人，令其排寫」，成稿後，即交阮家文選樓刻印者。然則此札當撰於第二書之後，理固甚明。復據「冬半接京中來書，知〈墓銘〉已收到」之語，與下第八書合考之，則此札應撰於道光十三年季冬。蓋是年夏秋間王引之曾由揚返京，故札首言「冬半接京中來書」，又言「冬間想已到家鄉矣」。其京中寄阮元書，則仲冬始寄到滇也。所言「墓銘」，指阮元所撰〈王石臞先生墓誌銘〉，見《揅經室續集》卷二之下；[102]下第八書亦言及墓銘事，《箋釋》兩處均未能指實其事，不免疏陋。今據此札推之，知阮元〈王石臞墓誌〉當撰於是年秋，劉盼遂《高郵王氏父子年譜》繫於十二年者，[103]誤也。如其說，則與第八

101 「冬初前有等語」，原札文字如此，疑有脫誤。
102 阮元《揅經室續集》，卷二之下，頁一—六。
103 劉盼遂《高郵王氏父子年譜》，頁二十九。

書言「近年傷逝」之語不合（詳下），此其一。其次，《弟子記》載十二年九月，阮元奏請入京覲見；十二月，奉硃批：「著來京陛見」，即於十六日交印，起程北上。[104]此札並無一語言及上京陛見事，其非撰於十二年季冬可知，則〈墓銘〉亦不撰於十二年決矣。札言「冬間想已到家鄉」者，按王念孫於道光十三年十二月庚子下葬，知王氏由京返鄉正為乃翁葬事也。

今合第二、第七兩書繹之，知阮元擬刻《古韻廿一部》，屬吳蘭修在粵辦之，久而無成，阮元因勸王引之在揚州另覓人排寫，書稿成後，即交其家文選樓刻之。實則其書所以久而無成者，蓋《廣韻》分韻，乃參酌魏晉六朝韻書，綜合古今、南北之音變，故其部居與古聲韻原多歧互。而王念孫之考古韻，壹以群經、《楚辭》用韻及《說文》形聲偏旁為依據，原不以唐宋韻書為旨歸，阮元並此而不知，蓋渠於古音學所涉未深。今欲割裂歸併《廣韻》二百六韻為廿一部，其間離合歸屬，要非如阮元所設想者，送一教館之人即可輕易為之。王國維對阮元此舉極不以為然，譏為「後世一笑柄」，並斥阮氏欲「令一教館之人排寫，此事亦談何容易」、「此書粵中刻成與否雖不可知，即令刻成，乃任不知此學之人，將表中諸字任意出入，不如不刻之為愈」。[105]阮元此札謂曾剳來書，言《古韻廿一部》粵中已上板，故前擬在揚屬人排寫另刻者可不必矣。據下

104 張鑑等纂《阮元年譜》，頁一七四—一七五。
105 王國維《觀堂集林》，卷八，頁三十二。

文「曾公書內又云，如『風』、『芃』等字亦須提出，究不知其所提者若干字」。蓋粵中之本後由曾釗排寫，而冬部「風」字與侵部「芃」字古韻同部，特不知其於二韻分併離合「所提者若干字」也。

曾釗，字勉士，一字敏修，廣東南海人。道光五年拔貢，官合浦縣教諭，調欽州學正。阮元督粵時，設學海堂，以古學造士，特命曾釗為學長。著有《周易虞氏義箋》七卷、《詩說》二卷、《詩毛鄭異同辨》二卷、《周禮注疏小箋》四卷、《面城樓集》十卷等。《清史稿》卷四八二、《清史列傳》卷六十九有傳。106

曾釗來書謂《古韻廿一部》已上板，似其書刊成不遠矣。惟按曾氏《面城樓集鈔》卷四〈上阮雲臺相國書〉，述及此事：

秋仲李孝廉能定自京師還，奉到頒發江君韻書、王氏《二十一部韻表》，並擲回《二十一部韻》稿本，訓誨諄諄，不勝感佩。釗竊以為韻出於聲，聲著於字之偏旁，十而七八；其餘象形、指事諸文，雖非諧聲，而皆以聲載義，故即義可以尋聲之部分。第今世所傳之《廣韻》凡四刻，明中涓本、曹楝亭國朝刻本皆未見；顧寧人本與澤存堂本雖注有詳簡之分，而其韻字大略相同，往往疑澤存堂本譌者，檢顧本復如是。偏旁既誤，韻無所歸，不得不推原《說文》，以求其形聲之本；《說

106 《清史稿》，頁一三二八〇—一三二八一；《清史列傳》，一九八七年，北京：中華書局點校本，頁五六二九—五六三一。

文》無者，又不得不旁徵《玉篇》、《集韻》，以求其沿譌之故。即如寢韻之「⿰舟炎」，為「朕」古文，甚不可解。觀《集韻》而後知為「⿰舟并」之譌；據《款識》而後知「⿱关廾」即「⿱釆廾」之異文，「朕」、「縢」等字入蒸部。……凡此，皆以定字之偏旁，即以定字之聲韻，故旁涉《玉篇》、《集韻》，不以為繁也。107

觀其所述，則知此事牽涉文字偏旁考訂及聲韻流變，非若阮氏原初設想「送一教館之人，令其排寫」之易易也。阮元夸夸其談，自謂「若元在粵，十日可成」，揆其初意，其書僅為俗學擬漢晉文章辭賦而設，故稍事歸併，即可成書。而曾氏乃務詳辨析，欲考明音變原委，而今本《廣韻》文字多譌誤，故不得不旁徵《篇》、《韻》諸書，以求偏旁沿譌之故；再依字之體以定其聲，審其韻部之所從屬。若此，其書固難期速成，斯與阮元當日急於成書之用意相去絕遠。曾釗此信未具年月，然由其札稱「相國」及「自京師還」之語，當係道光十五年八月阮元由雲貴總督卸任，返京供職以後之事也。其時王引之已前卒，108 阮元亦年逾古稀，刻書之事意興已滅，故曾釗《二十一部古韻》雖已編排成稿，阮元閱後仍歸還之。其書迄未付刻，原書二卷，稿本現藏廣東省中山

107 曾釗《面城樓集鈔》，光緒間《學海堂叢刊》本，卷四，頁七—八。

108 據王壽同等撰〈伯申府君行狀〉，王引之道光十四年十一月二十四日病逝，年六十九。

圖書館，惜下卷已佚。[109]是阮氏縈懷數年之《古韻廿一部》，終未刻成。抑余復為其書未能早刻為幸，庶免貽後人之譏。[110]

與王伯申書八

前接手函，具知近況，〈墓誌〉亦已收到。生近年傷逝，心境殊劣，因思古人絲竹之說，殊為不確之事。公餘仍以遊園、把卷，自遣哀情耳。《說文》「有」字之說，前接大意，誠為要論。今另又敘成一則，抄以奉覽，以為何如？亦欲年兄知生用心于此等事，尚不過昏憒耳。家鄉後進不知尚有可談者否？肅此奉致，並候孝履，不既。伯申尚書年兄，生阮元頓首。

有，《說文》：「日有食之，不宜有也。」此乃直是反話，于心久有不安。竊疑《說文》此處不能明晰，當曰：「有，从月又，又亦聲。月食也，《詩》曰：『彼月而食，則惟其常。』此日而食，于何不臧？』《春秋》曰：『日有食之』，不宜有也。」如此似于心為安，未知是否？希商訂之。

109 《中國古籍善本書目・經部》，一九八九年，上海古籍出版社，頁四九一；陽海清主編《中南、西南地區省市圖書館館藏古籍稿本提要》，一九九八年，武昌：華中理工大學出版社，頁四十二。

110 余別有〈阮元刊刻《古韻廿一部》相關故實辨正〉一文，詳論其事。（二〇〇五年，《中央研究院歷史語言研究所集刊》七十六本第三分，頁四二七—四六六）

段氏言：「《春秋》言『有』，皆不宜有。」此似不然，「有蜚」等誠不宜有，「有年」豈亦不宜耶？況〈虞書〉言「有」者，皆對「無」為言，「有鰥」、「有德」、「有能奮庸」、「懋遷有無」，豈皆不宜耶？「有」字乃倉頡造于〈虞書〉之前，「不宜有」之訓自是後起。

森按：此札云「前接手函，具知近況，〈墓銘〉亦已收到」，與第七書所言，正同一事，知二信正相前後，俱道光十三年季冬所撰也。前一札專為告知《古韻廿一部》粵中聞已上板事，此則與王引之討論《說文》「有」字也。

札言「生近年傷逝，心境殊劣」者，按《弟子記》，道光十二年二月，阮元側室唐氏病卒於雲南督署，年四十五。同年十二月十六日，阮元由滇赴京，而二十八日夫人孔氏病卒滇署，時阮元尚在赴京道上，未即得耗。翌年三月二十七日，長子阮長生復卒於保定直隸清河道署。四月十日，阮元禮闈撤棘後，聞兩喪，慟悼倍至。即於四月二十二日出京，過保定，哭住一日，料理柩眷回揚州事。六月杪返滇，七月二十二日雲南大地震，死者數千口。[111] 蓋此一二年間，迭遭變故，其「心境殊劣」，固可想見。

至論《說文》「有」字之說，札言「前接大意，誠為要論，今另又敘成一則」，知斯說此前曾與王引之商討及之。按《說文》月部原作：「有，不宜有也。《春秋傳》曰：『日月有食之。』从月，又聲。」[112] 阮元則以「月食」為「有」字本義，故引《詩・十

111 張鑑等纂《阮元年譜》，頁一七三—一七九。

112 許慎《說文解字》，《四部叢刊》影印日本靜嘉堂文庫藏宋刊本，卷七上，頁四。

月之交》之文證之；而《春秋》但言「日有食之」，不書月食，阮元因刪去許君引《春秋傳》文「傳」、「月」兩字，[113]並改許君說解「不宜有也」，以為《說文》別義。此恣意增改許書舊文，以就己說，未免鹵莽。檢《揅經室續集》增訂本卷一有〈日有食之不宜有解〉一文，即申此義，惟彼文則仍許君舊文，不復妄增引《詩》之文及校刪「月」字矣。其說略云：

> 「有」所以从月者，月食也，「月食」為本義；有無之「有」乃假借字。……「不宜有日食」之說，或亦是先儒之故說，但此似說《詩》之義，而非說《春秋》之義。《詩・十月之交》云云，此詩「日有食之」及《春秋》「日有食之」，兩「有」字祇當借訓為有無之「有」，無「月食」本義在內。……《詩》若曰：月食則尚為常有之事，日食則不臧，不宜有也。故凡說《詩》及《春秋》「日有食之」，皆當先從《詩》此義以為「不宜有」，不可牽泥「月食」之本義也。《說文》不是衍「月」字，大約許氏尚引有古說而脫錯耳。[114]

其說較此札所言者為圓融，蓋王引之亦不以其妄改許君舊文為然，文集所言，當參用王氏之說而改之。然阮元以「月食」為「有」字本義，說似新奇，然此說並無明文佐

113 按嚴可均《說文校議》亦言：「『日食』始見隱三年經，『月食』不書。『傳』字、『月』字議皆刪。」（咸豐二年，江都李氏半畝園刊本，卷七，頁八）

114 阮元《揅經室續集》，卷一，頁四十三—四十四；按中華書局點校本缺此文。

證，不過因「有」字从「月」懸揣之耳。至渠言「『有』字乃倉頡造于〈虞書〉之前，『不宜有』之訓自是後起」，實則「有」字晚出，近世出土卜辭、金文並以「又」字為之，「有」字非古，盡人而知，可不復論。至《說文》「不宜有」之訓，此漢人說《春秋》之義，非先民造字本義也。錢大昕《潛研堂答問》云：

漢儒說《春秋》，以為「有者，不宜有之辭」，如「有蜚」、「有蜮」、「有鸛鵒來巢」、「有星孛入於北斗」之類皆是。「日有食之」，月食之也，不言「月食」而言「有食之」者，扶陽抑陰之義，亦見其「不宜有」也。《說文》「有」从月，以月食日為「不宜有」，正與《春秋》義合。……竊意此文當云「《春秋傳》曰：日有食之，月食之」。後人妄有改竄，遂失其旨耳。115

桂馥《說文義證》亦言：

「不宜有也」者，《春秋》莊十八年「秋有蜮」，《穀梁》云：「一有一亡曰有。」何休《公羊注》：「言『有』者，以『有』為異也。」桓三年「有年」，賈逵云：「桓惡而有年豐，異之也，言『有』，非其所宜有。」朱新仲曰：「『有年』、『大有年』，桓、宣時也，『有』者不宜有，二公行不宜有此，皆貶也。春秋二百四十二年之間，豈止此二三年豐熟哉？以是知二公不宜有此也。」《釋例》：「劉、賈、許（森按：劉

115 錢大昕《潛研堂集》，一九八九年，上海古籍出版社呂友仁點校本，頁一七一——一七二。

歆、賈逵、許淑也）因『有年』、『大有年』之經；『有鸜鵒來巢』，書所無之傳以為經。諸言『有』，皆『不宜有』之辭也。」116

許慎從賈逵受學，故本其說《春秋》義，為「有」字作解，二家闡發其義甚詳。阮元乃臆以「不宜有」之說，「似說《詩》之義，而非說《春秋》之義」，渠好自標新義，不知其不可通也。果爾，許君何不徑引《詩》文而引《春秋傳》？許君原文雖不可知，竹汀所改或近是也。

與王伯申書九

伯申大弟手啟：前曾有一函奉致，想已入覽。茲瀆者，在山東尋得吳中珩《廣雅》本，特為寄上老伯校正《廣雅》之用。元又鈔得一分，乞吾弟即用吳本代為一校，校畢存于尊處，俟桂未谷來京引見，將此二部統交彼帶回山東可也。草此，並候即安，不一。阮元頓首。

森按：札言「在山東尋得吳中珩《廣雅》本，特為寄上老伯校正《廣雅》之用」；而第五書云「春間曾將吳中珩《廣雅》本寄上，未知曾收到否？」二札正相前後，此札在前也。以彼札年月證之，則此札應為乾隆六十年春所撰，時阮元正官山東學政也。

---

116 桂馥《說文解字義證》，同治九年，湖北崇文書局刊本，卷二十，頁四十。

吳中珩本《廣雅》，即明吳琯《古今逸史》本。[117]按此本世多有之，非罕覯之本，丁丙《善本書室藏書志》卷五載盧文弨《廣雅》校本，題款云「乾隆丙子正月，盧文弨以吳琯本校」；[118]段玉裁跋劉台拱所校皇甫錄本《廣雅》，云：「劉端臨以此本見借，凡與吳琯及他本異者，以朱圈之。」[119]皆是也。中央研究院史語所傅斯年圖書館藏一吳中珩本，卷首有「高郵王氏藏書印」白文方印，中有王念孫朱、墨兩色批校之語，朱筆校語云「皇甫作某」者，蓋以皇甫錄本參校也。據此，則吳中珩本《廣雅》，王氏固自有藏本。見存《廣雅》諸刻，陳景雲、黃丕烈等並以皇甫本為最善；[120]王念孫則以畢效欽刻《五雅》本為尤愈也。王氏《廣雅疏證・序》云：「《廣雅》諸刻本，以明

117 中央研究院史語所傅斯年圖書館藏《古今逸史》本《廣雅》，每卷首題「吳琯校」，或題「吳中珩校」，知札言「吳中珩《廣雅》本」，即吳琯《古今逸史》本也。《箋釋》云：「吳中珩，疑為吳中行，明武進人，字子道，號復菴。……書室名賜餘堂，著有《賜餘堂集》。」（頁二七三）此張冠李戴，殊誤。

118 丁丙《善本書室藏書志》，光緒二十七年，錢唐丁氏原刊本，卷五，頁六。

119 阮恩海〈劉端臨先生遺書跋〉引，《劉端臨先生遺書》，一九七〇年，臺北：藝文印書館影印本，卷末〈跋〉，頁四。

120 黃丕烈〈博雅跋〉：「余向收李明古家書，內有皇甫錄本《博雅》，詫為得未曾有，取余舊儲影宋鈔之本相勘，行款悉同，信乎陳少章先生云『皇甫本最佳』，誠不誣也。」（繆荃孫、章鈺等輯《蕘圃藏書題識》，民國八年，金陵書局刊本，卷一，頁十二）

畢效欽本為最善，凡諸本皆誤而畢本未誤者，不在補正之列。」[121] 則王氏《疏證》以畢刻為底本。蓋吳刻並非善本，故《疏證》不復論其是非。

三、結　語

綜上所考，其可得而言者凡若干事：

一、《昭代經師手簡》二編所收阮元〈與王伯申書〉九通，並未依書寫年代排次先後，今考第一書應撰於嘉慶十年歲杪；第二書撰於道光十三年；第三書撰於嘉慶十三年一、二月間；第四書蓋作於嘉慶元年前後；第五書撰於乾隆六十年五月；第六書撰於道光十三年八月二十六日；第七書撰於道光十三年季冬；第八書亦道光十三年冬所撰；第九書則撰於乾隆六十年春。閔爾昌《高郵王氏父子年譜》、賴貴三《昭代經師手簡箋釋》於諸札撰寫年月並缺；劉盼遂《高郵王氏父子年譜》間或及之，然各書繫年多誤。本文所考，宜可訂補諸家之闕譌也。

二、阮元擬刻《古韻廿一部》，王國維以為其事在嘉慶十年，又謂斯書即指王念孫《說

---

121 王念孫《廣雅疏證·序》，嘉慶元年刊本，卷首〈序〉，頁二。按王國維〈畢效欽刻五雅本廣雅跋〉言：「此書明刊本自皇甫錄本外，首推此本。胡文煥以下，便等諸自鄶。王石臞先生撰《廣雅疏證》，即以此為底本也。皇甫本余曾見之歸安蔣氏，黃復翁以景宋校過，其字佳於此本者無幾。」（徐復主編《廣雅詁林》，一九九二年，南京：江蘇古籍出版社，頁一〇二八）然則皇甫本、畢刻本固不相遠也。

文諧聲譜》。惟今考之，此二說俱非。靜安先生誤將第二書王引之道光十二年父喪丁憂，誤為嘉慶十年居母喪也，二者相差近三十年，故渠撰王念孫《韻譜》諸書敘錄，年月舛錯，事實多差牾也。

三、本文所考阮元、王引之二家行實，可據以訂正諸書違誤、拾補遺闕者不少。如劉文淇言：「嘉慶戊午（三年），儀徵相國注釋《曾子十篇》，刊於浙江使院。」實則此書初刻當在嘉慶十年。另由第三札可知：阮元嘉慶中曾屬門下士纂錄《文選校勘記》，因胡克家刊本及顧廣圻為胡氏代撰《文選考異》先出，阮書遂爾中輟，未底於成；第五書考證阮元嘗著《毛詩補箋》等，此並近人討論阮元學術者鮮論及之。

四、阮元聰慧早達，揚歷中外，雖著作等身，然其書頗多出他人代工纂輯者。由此諸札，可知其在官日久，其學漸疏，第二札渠欲屬一教館之人，依《廣韻》排纂《古韻二十一部》；第六札擬於《毛詩音義》「尋出慧遠師之說，再在佛經《音義》內證之」，以尋「儒者造佛經」之據證；第八書論《說文》「有」字等，俱可見也。

二〇〇一年十月五日初稿

二〇〇二年八月十五日寫定，壬午歲七夕也。

本文原收於《龍宇純先生七秩晉五壽慶論文集》，二〇〇二年，臺北：臺灣學生書局。另載於《中國典籍與文化論叢》第八輯，二〇〇五年，北京大學出版社。

段玉裁《說文注》成書的另一側面

——段氏學術的光與影

清代《說文》研究，有所謂四大家之說，即段玉裁《說文解字注》、桂馥《說文義證》、王筠《說文句讀》、《說文釋例》和朱駿聲的《說文通訓定聲》。這四家之中，尤以段玉裁《說文注》創獲最多，王念孫為段書作序，稱其書「千七百年來無此作」，[1]也就是自有《說文》以來，沒有一本著作能像《段注》那樣卓犖千古。段書雖有不少武斷之處，但他創通條例，發明許君說解，特別是由古音通形聲、假借之郵，因聲求義，使先秦、兩漢古義粲然大明，一直到今天我們讀它，還是覺得勝義紛出，益人神智。過去學者稱它為清代漢學考據扛鼎之作，誠無愧色。

1 王念孫〈說文解字注序〉，段玉裁《說文解字注》，嘉慶二十年，經韵樓原刊本，卷首〈序〉，頁一。

段氏《說文注》於嘉慶十二年成稿，[2]後來陸續增補修訂，這可從書中引證諸家之說看出。《段注》一篇上「三」字下引陳奐之說；[3]另外，「蘄」、「告」、「嚏」、「笠」字下引汪龍之說。[4]陳奐受業於段玉裁門下，在嘉慶十七年冬；[5]段氏與汪龍訂交則在嘉慶十八年，[6]這是《段注》引書年代的下限，可見此書嘉慶十二年告成後，仍持續進行增補。由於卷帙龐大，加上段氏不斷增改，全書三十卷直到嘉慶二十年五月始刻畢，[7]同年九月八日段氏病卒，享年八十一，距《說文注》全書刻成僅三、四個月，所以段玉裁注《說文》可說是終生以之。段氏除《說文注》之外，另著《古文尚書撰異》三十二卷、《詩經小學》三十卷、《毛詩故訓傳定本小箋》三十卷、《周禮漢讀考》六卷、《儀禮漢讀考》一卷、《六書音均表》五卷，並校勘群經《注疏》、《經典釋文》、《國語》、《漢書》、《荀子》、《列女傳》、

2 段氏《說文解字注》，十五篇下，頁七。

3 同上注，一篇上，頁十七。按段書引陳奐之說及書後陳奐〈跋〉，並作「煥」字，蓋其原名。今改為「奐」，殆因《說文》無「煥」字而改之。

4 同上注，一篇下，頁十三；又二篇上，頁十一，又頁十七；又五篇上，頁十四。

5 陳奐〈王石臞先生遺文編次序〉云：「奐憶嘉慶十七年壬申冬，金壇段若膺先生令校《說文注》十五卷，館宿枝園，願留而受業於門」云云（陳奐《三百堂文集》，《清代詩文集彙編》本，卷一，頁十）；又〈國語校注三種序〉：「昔余在壬申歲，受業於金壇段先生。」（同上，卷一，頁六）則陳奐受業於段氏門下在嘉慶十七年。

6 汪龍《毛詩異義》目錄後識語云：「（嘉慶）十八年，獲交金壇段懋堂先生，讀其所注《說文》，鄉所疑義，得補正者若干條。」（民國二十一年，《安徽叢書》本，卷首，頁三）

7 段氏《說文解字注》，十五篇下，頁十四。

《廣韵》、《集韵》等書，可以說這一切譔著，都是為了成就《說文注》的奠基工程。因此，《段注》能夠成為不朽名著，背後是一個學者孜孜矻矻，露纂雪鈔，窮其一生精力，盡瘁於此。段玉裁六十歲以後健康情況並不好，他給劉台拱的信裏，屢屢談到他病中著述情況，從這些信札所述，可以說，《說文注》最終得以告成，憑藉的是他過人的意志力和學術堅持。

歷來有關《段注》的研究論著，可說汗牛充棟。但有個面向是過去學者未曾觸及的，就是《段注》成書與當時江南學術圈的關係，有些是非公案，迄今並未釐清。我今天的報告，就是想從另一個側面來觀察《段注》成書的一些糾葛。

有關《說文注》成書經緯，段玉裁曾自述：

> 始為《說文解字讀》五百四十卷，既乃檃栝之成此注，發軔於乾隆丙申，落成於嘉慶丁卯。[8]

根據此文，他注《說文》之前，曾先纂有一本五百四十卷的《說文解字讀》，然後在這基礎上，隱括成為今本《說文注》三十卷。這項工作發軔於乾隆四十一年（一七七六），告成於嘉慶十二年（一八〇七），前後歷時三十二年。《段注》書後有一篇陳奐的〈跋〉，〈跋〉中也有相應的說法：

> 先生自乾隆庚子（四十五年）去官後注此書，先為長編，名《說文解字讀》，抱經盧氏、

8 同上注，十五篇下，頁七。

雲椒沈氏曾為之序，既乃簡練成《注》。海內延頸望書之成，已三十年於茲矣。[9]

陳奐〈跋〉中談到，段玉裁乾隆四十五年從四川辭官回到江南，開始注《說文》，先為長編，名《說文解字讀》。段、陳兩人之說，具體年代雖有出入，但並不矛盾。段氏發軔於四十一年之說，指他開始纂輯《說文解字讀》之年；陳奐的說法，指的是段氏乾隆四十五年辭去巫山知縣後，開始專力注釋《說文》。段玉裁（一七三五—一八一五）、陳奐（一七八六—一八六三）兩人相差五十一歲，陳奐嘉慶十七年冬受業於段氏門下，這一年段玉裁七十八歲，已屆暮年。陳奐著《師友淵源錄》一書，書中談到段玉裁事跡有不少錯誤，可見陳奐對段氏早年事跡，其實瞭解並不深。陳奐〈跋〉中所說的「先為長編，名《說文解字讀》，既乃簡鍊成《注》」，以及盧文弨、沈初曾為《說文解字讀》作序，這些說法似乎得自段氏敘述，陳奐未必親見這一本五百四十卷的長編。（詳下）由於五百四十卷長編之說，出自段玉裁夫子自道，又經過陳奐補述於後，所以歷來研究《說文》學史，以及段氏學術的學者皆承用此說，並無異辭。

在進入正題討論之前，我想先談談段氏研究《說文》的脈絡。段玉裁現今存世的《說文》著作，除《說文注》外，另有嘉慶二年夏、秋間與周錫瓚、袁廷檮合校的《汲古閣說文訂》一卷，以及中央研究院歷史語言研究所傅斯年圖書館所藏的《說文補正》鈔本、中國國家圖書館所藏的《說文解字讀》殘本。通過這幾種刊本、鈔本的考察，我們對段玉裁

9　陳奐〈跋〉，《說文解字注》卷後，頁二。

《說文》研究的進程，可以有較深入的瞭解。

《汲古閣說文訂》主要依據蘇州地區幾位藏書家的收藏，如王昶所藏宋小字本《說文》，周錫瓚所藏另一種宋本，以及葉石君（萬）、趙靈均（均）舊藏兩種不同的宋鈔本，外加宋刊、明刻兩種《說文五音韵譜》，和《集韵》、《類篇》所引徐鉉舊文，用以校勘當時通行的毛氏汲古閣本《說文》之妄改，藉以恢復徐鉉本的舊貌。這書成於嘉慶二年，段玉裁在此之前雖然也曾校過《說文》，但限於條件，他主要依據的是他校法和理校法；薈聚各種《說文》善本進行校勘，則始於嘉慶二年。

傅斯年圖書館藏的《說文補正》是個鈔本，不分卷，前後無序跋，共九十葉，計二百四十九條，其中有幾條重出，所收之字前後並無序次，大概是段氏平居校理《說文》，隨就考證所得條錄而成的札記。《補正》主要內容有二，一是增補今本《說文》的缺脫，凡許慎說解出現的文字，今本《說文》無篆字的，段氏均認為是今本脫漏，因此以意補之。這些增補之字，在我們下面將談及的《說文解字讀》裏，段玉裁則改依江聲之說，認為許慎「解說內或用方言俗字」，[10] 其字未必皆在《說文》九千三百五十三個字之中，不煩費事增補。《補正》大部分條目還是在校正許書文字的譌誤，少數是考釋古義。這些文字校勘工作，主要根據《爾雅》、《毛傳》，以及《玉篇》、《釋文》、群經義疏、兩《漢書》注、《文選注》等書所引《說文》為依據。水部之字，則多依《漢書・地理志》校改；還有一些條目是段氏

10 段玉裁《說文解字讀》，一九九五年，北京師範大學出版社影印本，頁七「槖」字條。

以意改之，並無文證。根據我的考證，《補正》應該是段玉裁在四川任官時所撰，這個鈔本鈐有兩方吳省欽的印章，應是吳氏舊藏。吳省欽乾隆三十七年十二月由翰林院侍讀外放四川學政，翌年二月到任。[11] 當時段玉裁任四川富順知縣，兩人在四川任職時頗有交往，段氏自撰的〈六書音均表序〉，即託名吳省欽作。[12] 吳氏乾隆四十二年秋任滿，十二月一日離蜀回京，[13] 此後段、吳兩人即無往來記錄，因此，我們可據以推斷：傅斯年圖書館所藏這個鈔本應該寫成於乾隆四十二年冬以前。

段氏何時開始從事《說文》研究？劉盼遂編的《段玉裁先生年譜》並無記載。今據段氏所編《戴東原先生年譜》乾隆二十年條載：

> 是年以《方言》寫於李燾《許氏說文五音韻譜》之上方。……玉裁自庚寅、己丑假觀，遂攜至玉屏。壬辰入都，拜先生於洪蕊登京寓，先生索此書。……玉裁旋入蜀，竟以道遠難寄，藏弆至今。然假此書時，未知重《方言》也，乃始將讀《說文》耳。[14]

11 吳省欽編，吳敬樞續編《吳白華自訂年譜》，《北京圖書館藏珍本年譜叢刊》影印嘉慶十五年刊本，頁十四—十五。
12 劉盼遂輯《經韵樓文集補編》，民國二十五年，北平：來薰閣書店《段王學五種》本，卷上，頁六—八。
13 吳省欽編，吳敬樞續編《吳白華自訂年譜》，頁十七。
14 段玉裁纂《戴東原先生年譜》，乾隆五十七年，經韵樓刊《戴東原集》附刻，頁七—八。

庚寅、己丑為乾隆三十四、三十五年，據段氏自述「假此書時，乃始將讀《說文》」，可知段玉裁開始讀《說文》在乾隆三十四、五年間。另據四十年十月段氏〈寄戴東原先生書〉，信末談到：

> 玉裁入蜀數年，幸適有成書。而所為《詩經小學》、《書經小學》、《說文考證》、《古韻十七部表》諸書，亦漸次將成。今輒先寫《六書音均表》一部，寄呈座右，願先生為之序。[15]

這裏提到的《說文考證》，指的應該是《說文補正》這類考證札記。通過《補正》鈔本，我們可約略看出段氏早年研究《說文》的心得和造詣。

中國國家圖書館所藏的《說文解字讀》（以下簡稱「北京本」），存卷一至卷六，及卷八，共七冊。《說文》本文共十四篇，第十五篇為〈說文敘〉。北京本每篇為一冊，則原書至少有十四冊，現缺其半。此書一九九五年曾由北京師範大學出版社影印出版，許嘉璐先生作序，並由朱小健、張和生兩位教授加以點校。此本卷首有王念孫弟子王萱鈴題識，和段玉裁女婿龔麗正，也就是龔自珍父親的題款。王萱鈴題識說此本「首八十八翻為懋堂先生手書」，其說不知何據？依我所見段氏手稿和書札筆跡，以及《說文補正》幾處段氏批語，二者字跡顯然不同，這應該是個傳錄本。此本卷首冠有乾隆五十一年中秋前三日盧文弨的

15 段玉裁〈寄戴東原先生書〉，見《六書音均表》，經韻樓本《說文解字注》附刻，卷首，頁五。

〈序〉，次為沈初〈序〉，未署年月，即前引陳奐〈跋〉中所說的「抱經盧氏、雲椒沈氏曾為之序」。但北京本和段玉裁所說的五百四十卷「長編」，二者性質顯然不同：

一、北京本依《說文》十四篇，每篇各為一冊；但每篇之內各部連屬，並無分部獨立的痕跡。

二、《說文》分五百四十部，北京本並非每部皆具。張和生、朱小健合撰的〈《說文解字讀》考〉一文曾統計：以現存《說文解字讀》七冊和《段注》相應各篇比較，《段注》此七篇共兩百六十七部，四千七百五十一字；北京本僅有一百八十一部，一千二百九十七字。[16]

三、北京本每部之內，並非《說文》所有之字俱全。如《說文》一篇下艸部共四百四十五字，重文三十一字，北京本僅有一百零三字；《說文》二篇上口部共一百八十字，重文二十一字，北京本只有二十四字；辵部一百十八字，重文三十字，北京本僅二十二字；足部八十三字，重文四字，北京本僅十九字；三篇上言部二百四十七字，重文三十二字，北京本僅有三十九字。

從這三點看來，北京本不像是長編性質，毋寧更近於條考式札記。

我曾將傅斯年圖書館所藏的《說文補正》和北京本相應部分加以比較，可以看出《補正》考正文字各條，多被迻錄在北京本之上；亦有兩條並列，即《補正》之外，另有後來

16 張和生、朱小健〈《說文解字讀》考〉，《北京師範大學學報》一九八七年第五期，頁十五—二十。

新撰的考證或增訂之條，兩條並陳，以待日後論定者；其中北京本大幅改動的僅有數條。可見北京本係由《補正》之類的札記，加上後來考訂所得，增益而成，其條目較《補正》增加甚多，由此可見這一階段段氏《說文》研究的進展。但北京本列字並非全依《說文》原書次第，有少數淆錯之處。另外，如剛才提到的，不少條目詳略並陳，未及刪併為一；也有同一字兩條並列，前後異說，未及刪正統一者。根據這些特點，可以看出北京本還不是最後定本。

北京本成書年代，學者並未作深入討論。我們可以根據幾個內證和旁證，來推定它的著成年代。其一、攴部「斁」字條批評王鳴盛《尚書後案》之誤：

《周書・梓材》：「惟其斁塈茨」、「惟其斁丹雘」，《正義》曰：「二文皆言『斁』，即古『塗』字。」……近王光祿鳳喈《尚書後案》昧於《正義》所云「〔二文〕皆言『斁』」，乃據《說文》「雘」下引「敷丹雘」，改為「二文皆言『敷』」，非也。斁得音徒者，如「彝倫攸殬」讀當故反，「於菟」亦作「於擇」，皆「睪」聲字也。丙午正月三日識於經韵樓。[17]

這一大段文字亦見於段氏《古文尚書撰異》卷十八，[18] 其中「近王光祿鳳喈《尚書後案》」

17 段玉裁《說文解字讀》，頁一四七——一四八。

18 段玉裁《古文尚書撰異》，《經韵樓叢書》本，卷十八，頁三。

十字，《撰異》作「近人」，其餘文字皆同。北京本除「斁」字條標示年代外，人部「代」字一條，文末也有紀年，作「丙午閏七月」，[19]「丙午」為乾隆五十一年。我們剛才提到，北京本書前冠有乾隆五十一年中秋前三日盧文弨〈序〉，包含這〈序〉前八十八葉既然出自同一人手筆，這意味北京本全書謄寫必在五十一年中秋以後。

其次，艸部「芘」字條引述王念孫《說文》校語，[20]段、王結識訂交有具體年代可考。根據王念孫〈答江晉三論韵學書〉所述：

己酉（五十四年）仲秋，段君以事入都，始獲把晤，商訂古音。告以侯部自有入聲，月、曷以下非脂之入，當別為一部；質亦非真之入。又質、月二部皆有去而無平上；緝、盍二部則無平上而並無去。段君從者二（謂侯部有入聲，及分術、月為二部），不從者三。[21]

段氏因為祖墳爭地，與人發生衝突，纏訟多年，五十四年八月曾一度避難入都，冬間始返，[22]

---

19 段玉裁《說文解字讀》，頁三四〇。

20 《說文》艸部：「芘，艸也。一曰芘尗木。从艸，比聲。」北京本引「王懷祖念孫曰：『一曰芘茮木』五字，當是『一曰芘芣』之譌衍，《詩・東門之枌・傳》：『荍，芘芣。』是也。」（段氏《說文解字讀》，頁六十三）

21 王念孫《王石臞先生遺文》，《高郵王氏遺書》本，卷四，頁十六。

22 劉盼遂《段玉裁先生年譜》，《段王學五種》本，頁二十一—二十二。

此為段、王初次見面。王念孫《說文》校語並未付梓，王氏曾把《說文》稿本送給段玉裁，這點我們後面還會談到。「芘」字一條是駁王念孫之說的，我們可以肯定「芘」字這條必寫於五十四年秋冬以後，當然這也意味著北京本著成年代必在乾隆五十四年秋冬以後。

第三，段氏《古文尚書撰異・序》曾言：

> 乾隆四十七年，玉裁自巫山引疾歸，養親課子之暇，為《說文解字讀》五百四十卷；又為《古文尚書撰異》三十二卷，始箸雝涒灘（按五十三年戊申），迄重光大淵獻皋月（五十六年辛亥五月）乃成。[23]

根據這段自述，可知段氏從四川辭官回江南後，乾隆四十七年到五十六年這十年間，他最主要的譔述工作是《說文解字讀》和《尚書撰異》。段氏此處並未明言《說文解字讀》成於何年，前面所引四十年冬段玉裁致戴震信中談到，他在四川任官時著《尚書小學》、《說文考證》等書，《古文尚書撰異》和《說文解字讀》自然是在這兩書的基礎上擴充而成。段氏除《尚書》外，另著有《詩經小學》一書，今本仍沿用舊名。《尚書小學》何以要改名《古文尚書撰異》？原來，段玉裁乾隆四十五年辭官，第二年回到江蘇，歸途特地到南京鍾山書院拜訪錢大昕，當時錢氏主鍾山講席。在《洪範・撰異》裏，段玉裁曾經追憶：

> 辛丑（四十六年）之四月，自四川引疾歸，途謁錢詹事於鍾山書院。……憶詹事又言：

---

23 段玉裁《古文尚書撰異》，卷首，頁一。

「考證果到確處，便觸處無礙，如東原在都門分別《水經》與酈《注》，得其體例，渙然冰釋。」余聞其說，即閉門校此書，一一與合轍。今以玉裁分別今文、古文者告之詹事，當亦為之大快也。[24]

《古文尚書撰異》有兩大內容，一是校訂文字、考釋古義，即《尚書小學》原來的性質；另外則是創通條例，分別漢代今、古文《尚書》經字異同。從上引《撰異》文末兩句，可以感受到段氏當時興奮之情。錢大昕「得其體例，渙然冰釋」的說法，給了段玉裁很大的啟發，在《說文注》裏隨處可見段氏創通許書、發凡起例之用心，這種探索許書條例的作法，其實在北京本已可看到；《周禮漢讀考》更是推求「漢讀條例」的創闢之作，段氏依據鄭玄《周禮注》的訓詁用語，分析「讀若」（「讀如」）、「讀曰」（「讀為」）和「當為」（「當作」）三組訓詁用語內涵之異同。《說文解字讀》和《古文尚書撰異》撰著年代相近，我們比觀兩書，可以清楚看到：《說文解字讀》涉及《尚書》文字時，段氏常刻意分析今、古文經字異同；另有不少條目，兩書互見，以北京本玉部為例，「瑁」字條段氏駁虞翻論鄭玄解《尚書》違失一段，文字與《顧命・撰異》全同；[25]「玲」字條論「偽《古文尚書》作『璆琳』，鄭注《尚書》作『璆玲』」一條，亦見於《禹貢・撰異》；[26]「玭」字條校改許書「玭珠之有聲」五字，

24 同上注，卷十三，頁十二。按此段引文末署「庚戌七月識」，即乾隆五十五年秋所撰。
25 段氏《說文解字讀》，頁二十三；段氏《古文尚書撰異》，卷廿六，頁十七。
26 段氏《說文解字讀》，頁三十四；段氏《古文尚書撰異》，卷三，頁五十九—六十。

當作「玭，蚌之有聲者」六字，同樣見於《禹貢・撰異》；[27] 前面提到的「斁」字一條，也是一例。段氏《尚書撰異・序》，雖說《說文解字讀》創稿於乾隆四十七年，但從北京本與《撰異》存在不少文字雷同的條目這點來推敲，加上前引王念孫「芘」字一條，可知北京本寫成年代不得早於乾隆五十五年以前，甚至在《尚書撰異》五十六年成書之後。一些學者根據盧文弨〈序〉末署五十一年八月，即認為《說文解字讀》成於乾隆五十一年，恐怕過於輕斷。

前面提到，《尚書撰異・序》所說的《說文解字讀》，是個五百四十卷的長編，這和北京本僅是一些條考式的札記，二者性質很不相同。北京本《說文解字讀》為周叔弢先生舊藏，一九五二年連同一些善本秘籍共七百十五種，兩千六百七十二冊，一同捐贈北京圖書館，但這鈔本一直未被外界所知。北京本見知於世，最早是由日本學者阿辻哲次於一九八一年先後發表兩文介紹於世，一是〈北京圖書館藏段玉裁《說文解字讀》初探〉，刊於《日本中國學會報》第三十三集；[28] 另一篇為〈北京圖書館藏段懋堂《說文解字讀》について〉，刊於《東方學報》第五十三冊。[29] 在後一文，阿辻氏同時鈔錄了北京本前面六十幾葉。阿

27 段氏《說文解字讀》，頁三十九；段氏《古文尚書撰異》，卷三，頁十八—十九。

28 阿辻哲次〈北京圖書館藏段玉裁《說文解字讀》初探〉，一九八一年，《日本中國學會報》第三十三集，頁二五〇—二六二。

29 阿辻哲次〈北京圖書館藏段懋堂《說文解字讀》について〉，一九八一年，《東方學報》第五十三冊，頁五九二—六一〇。

阿辻氏考證，他認為北京本並不是《說文解字讀》原書，真正的《說文解字讀》應該另有其書；而北京本書前所冠的盧文弨、沈初兩〈序〉，他認為是從他書迻錄來的。阿辻氏說北京本不是五百四十卷的《說文注》長編，這話自然不錯；但說北京本不是《說文解字讀》原書，則極唐突。我們看北京本書前所冠盧文弨〈序〉說：

> 吾友金壇段若膺明府，於周秦兩漢之書，無所不讀；於諸家小學之書，靡不博覽而別擇其是非。於是積數十年精力，專說《說文》，以鼎臣之本頗有更易，不若楚金之本為不失許氏之舊。顧其中尚有為後人竄改者、漏落者、失其次者，一一考而復之，悉有左證，不同肊說。詳稽博辯，則其文不得不繁。然如楚金之書以繁為病，而若膺之書則不以繁為病也。何也？一虛辭，一實證也。蓋自有《說文》以來，未有善於此書者。[30]

另外，沈初〈序〉言：

> 吾友段若膺明府，博學好古，既梓其所著《音韻表》以傳世矣；復得見其《說文解字讀》一書，訂其舛譌，別其同異，辨其是非，證以金石文字與周秦以下諸子百家之記載，條分而縷析之。於徐氏之說，精核而詳定之，誠為叔重之功臣已。……況《說文》尚是篆體，漢之去周未遠也，叔重之書，後世之信而可從者莫是若矣。第為

30 盧文弨〈《說文解字讀》序〉，段氏《說文解字讀》，頁二。

後人竄改缺漏，則非得博聞卓識者為之考核精審，以定厥宗，猶有遺憾焉。今得明府書出，助經文之詁訓，作後學之津梁，固非《玉篇》以下為字書者所能窺測其涯涘者矣。[31]

細讀兩家〈序〉文，完全沒提到段玉裁有為《說文》作注的意圖，此點至關重要。盧、沈兩家推許段氏《說文解字讀》的成就，主要在考正今本《說文》竄改、漏落，和列字前後失次，「訂其舛譌，別其同異，辨其是非」，以還許書之舊。兩家〈序〉中所言，與北京本內容若合符節，因此，說北京本不是《說文解字讀》原書是說不通的。但段氏在北京本之外，到底有沒有另一個五百四十卷的長編存在？我認為此一長編事屬子虛，並不存在。

《說文》正篆有九千三百五十三字，分為五百四十部，則所謂五百四十卷長編，我們會有一個印象，它應該是依《說文》部次，每部自為一卷，每卷各字之下（或大部分的字下），薈集有關許君說解「文字校訂、字義考釋以及字體結構分析、字音審訂」等相關材料，彙成長編。而所謂「簡鍊成注」，則是依據這些先期的考釋材料，刪繁就簡，撰成《說文注》。我們下面將論證，無論從時間上來推考，或從事理上分析，段氏注《說文》之前，不可能在北京本之外，另有餘暇，再纂錄一本五百四十卷的長編。

段玉裁撰著《說文注》過程，在他給劉台拱（端臨）的手札裏有詳細的記述。這些手札，撰寫當時未必料到會流傳後世，今天卻成為我們考證《段注》成書始末最可靠的史料。現

---

31 沈初〈《說文解字讀》序〉，段氏《說文解字讀》，頁二—三。

存段氏與劉台拱書札有三十幾封，劉盼遂《經韵樓文集補編》收錄了三十一通，部分原件現藏東京國立博物館，其中有兩封是劉盼遂《補編》失收的。[32]要討論《段注》成書原委，應先確定段氏開始注《說文》究竟始於何年？劉盼遂《段玉裁先生年譜》將此繫於乾隆五十九年，[33]其依據為《補編》卷下〈與劉端臨第九書〉：

> 弟近日於《說文》，知屬辭簡鍊之難；考核於素者，則固不誤者多也。「禂」字下小徐引《詩》「是禡是禂」，大徐乃入之許君正文；《爾雅》及杜子春引《詩》皆作「既伯既禱」也。劉春浦之覼縷，乃徒多事耳，故知讀書最難是得善本也。「吅」字下引《書》「吅疑」、「禜」字引《記》「雩禜」，其誤正同。大約示部既成，義例便可定。[34]

我們知道：《說文》一篇上，一部居首，其次是上部，示部第三，玩味信中「近日於《說文》，知屬辭簡鍊之難」，以及「大約示部既成，義例便可定」兩文，可以推知，這信確為段氏開始「將《說文解字讀》隱括作《注》」後不久所撰；但劉氏將此信繫於乾隆五十九年，則頗可商榷。按此信談到：

---

32 參見拙稿〈《段玉裁年譜》訂補〉嘉慶四年及十年條，一九八九年，《中央研究院歷史語言研究所集刊》六十本第三分，頁六〇三—六五〇。

33 劉盼遂《段玉裁先生年譜》，頁二十七。

34 劉盼遂輯《經韵樓文集補編》，卷下，頁六。

> 次兒鞜初意不欲其秋試，近日始拘於俗見，令其觀場。但恐科舉甚艱，惟大兄進而教之。二舍弟之子鼎同錄遺。鼎讀《春秋胡傳》頗熟，鞜遠不及也。……月底梓人將到，《尚書》之刻不能已矣。東原師《集》已刻成，費而不佳，俟刷印後再奉送海內同志。……新刊《釋文》，繙閱有不愜之處，恨不得暇全校之。

《戴東原集》刻於乾隆五十七年，由臧庸、顧明任校讎之役，但此書刻成後，段氏發現書中文字頗有譌誤，因此這年八月另作〈校記〉附刻書後，[35] 故此信說戴《集》「刻成費而不佳」。五十七年為大比之年，即壬子科鄉試，這和信中所言段鞜首次鄉試之說正合。此信信末僅記「初五」兩字，今據信中段鞜赴試，「惟大兄進而教之」，及信末「小兒一切，務懇留神」之語推繹，劉台拱時任丹徒縣訓導，這信應是段鞜赴江寧鄉試時面呈劉台拱的。信中談到段鞜兄弟未參與錄科，因此，鄉試之前須先經學政補試「錄遺」，遺才補考須於七月末以前完成，則此信應為五十七年七月五日所撰。信中談及「梓人將到，《尚書》之刻不能已」，按《古文尚書撰異》成於五十六年五月；七月，段氏遊常州，以《撰異》書稿請臧庸代為校讎，[36] 翌年全書寫定，將謀付刻，年月正合。而所謂「新刊《釋文》」，則指盧文弨抱經

---

35 按段刻《戴東原集》書後《校記》之末，段氏識語：「刻板既成，不欲多剜損，故箋其後如此。得此書者，尚依此研朱校改，以俟重刊。乾隆壬子八月。」（頁四）則《戴集》刻於乾隆五十七年甚明。

36 劉盼遂《段玉裁先生年譜》，頁二十四。

堂刻本，盧氏〈重雕《經典釋文》緣起〉文末署五十六年九月既望，[37]大概五十七年全書刻成，段氏這年春夏間始見其書，「繙閱有不愜之處」，與此札年月亦合。劉盼遂始則將段刻《戴東原集》誤繫於五十八年秋，[38]然五十八年並無鄉試，因此又將信中所言「秋試」認為是「甲寅恩科」，[39]故繫於五十九年；然此則與段刻《戴集》年月枘鑿不合。[40]此信既然是五十七年七月所撰，我們可據此推定，段玉裁始注《說文》應在五十七年夏。因此，段氏如有另一本五百四十卷《說文解字讀》長編，自然應該成於五十七年夏注《說文》之前。

我們將前面所述幾個時間點再作確認：（一）據盧文弨、沈初兩〈序〉觀之，至少乾隆五十一年秋，段玉裁尚未有為《說文》作注的意圖。（二）從現存《說文解字讀》「芘」字一條，可以確定北京本寫成年代，必在五十四年秋以後。（三）五十三年到五十六年五月之間，段氏主要從事《尚書撰異》的著述工作。（四）段氏因為祖墳遷葬，新阡未與地主商定，至於動武，段父被毆傷，段玉裁則由本縣提控，這事一直纏訟到嘉慶四年七月，段家遷墳改葬，五年春才告結案（詳下）。依據《年譜》所載，乾隆五十八年以前，段氏生活一直處

37　陸德明《經典釋文》，盧氏抱經堂本，卷首，頁二；又盧文弨《抱經堂文集》，一九九〇年，北京：中華書局，頁二十五。

38　劉盼遂《段玉裁先生年譜》，頁二十六。

39　劉盼遂輯《經韵樓文集補編》，卷下，頁六。

40　按劉《譜》繫年頗多違誤，拙稿〈《段玉裁年譜》訂補〉辨之數十事，下文簡譜所記段氏年月與劉《譜》異者，並參拙稿〈訂補〉，茲不具論。

在不安定狀態：五十四年八月入都，其冬由北京南返；五十五年春夏之交，客遊武昌，在湖廣總督畢沅幕；五十六年七月，遊常州；五十七年夏，刻《戴東原集》成；十月，舉家遷居蘇州。[41] 因此，從時間上來看，段玉裁在乾隆五十五年北京本謄寫清本之後，至五十七年夏注《說文》之前，不可能有餘裕從事另一本五百四十卷長編巨帙的纂輯工作。其次，從事理上來看，北京本至早五十五年謄寫清本，尚未刪汰錄為定本，隨又另起爐灶，重編另一本五百四十卷的長編，情理上也不好說。《經韻樓文集補編》收錄一通段氏寄趙懷玉的短札，此信至關重要，但一直為學者所忽略，信中全文為：

弟日來刪定《說文》舊稿，冀得付梓。東原師《集》刻雖成而多未妥，容日再寄。肅候近安，不一。味辛大兄先生座右，愚弟段玉裁頓首。[42]

前面談到，《戴東原集》於五十七年夏刻成，趙懷玉聞訊，來信索求其書，段氏覆信應該撰於五十七年夏。[43] 這短札傳達了一個訊息，即這年夏間，段氏原擬「刪定《說文》舊稿，冀得付梓」，其時《說文注》尚未著手為之，所謂「《說文》舊稿」，指的自然是北京本《說

41 劉盼遂《段玉裁先生年譜》，頁二十一——二十四。
42 劉盼遂輯《經韻樓文集補編》，卷下，頁二十一。
43 劉盼遂《段玉裁先生年譜》將此信繫於嘉慶五年（頁三十四），劉氏按語云：「按《戴集》刻成在嘉慶四、五年間，詳〈與劉端臨第二書〉。」然〈第二書〉絕無《戴集》刻於嘉慶四、五年之說，不知劉氏何以有此誤？

文解字讀》一類成稿，可見段氏《尚書撰異》告成後，曾考慮將《說文解字讀》重加刪訂，寫成定本，以謀付刻。五十七年七月〈與劉端臨第九書〉言「月底梓人將到，《尚書》之刻不能已矣」，推測《尚書撰異》五十六年五月成稿後，翌年全書寫定，將付梓人；同時又擬「刪定《說文》舊稿」，繼《撰異》之後，次第付刻。而同一時間，段氏復分神另編一本五百四十卷的《說文》長編，這在情理上斷無可能。因此，段氏注《說文》之前，曾纂有一本五百四十卷的長編，這個說法應該是段氏虛構的。〈與劉端臨第九書〉所言「考核於素者，則固不誤者多也」，自指北京本之類成稿而言。而段氏由「刪定《說文》舊稿，冀得付梓」，到轉念改注《說文》，這兩封信都撰於五十七年，一前一後，時間是密接的。段氏動念擬注《說文》，首先應與邵晉涵《爾雅正義》刊行後受到高度評價有關，段玉裁致邵氏信中，推許「《爾雅正義》高于邢氏萬萬，此有目所共見」。[44] 邵書的成功，促使當時深通故訓小學者競相從事，陳鱣著《說文正義》，乾隆五十四年已成初稿；[45] 王念孫則於五十三年八月著手疏證《廣雅》，五十七年這年，《廣雅疏證》已成稿四卷。[46] 段玉裁五十四年秋入都時，陳鱣同在京中，通過王念孫的介紹，段、陳二人訂交，此後一直維持著密切的交誼。[47] 我

44 段玉裁〈與邵二雲書三〉，劉盼遂輯《經韵樓文集補編》，卷上，頁二十二。

45 參見拙稿〈清代海寧學術豐碑——陳鱣其人其學述要〉，二〇一三年，《中國文化》第三十八期（北京：中國文化雜誌社），頁一三七——一四八。

46 劉盼遂《高郵王氏父子年譜》，《段王學五種》本，頁十六。

47 參見拙稿〈清代海寧學術豐碑——陳鱣其人其學述要〉，《中國文化》第三十八期，頁一四二——一四三。

推測，乾隆五十七年段玉裁原擬刊刻《說文解字讀》舊稿，但不久即轉念改注《說文》，這種心理轉折應與陳鱣有關，五十七年這年陳鱣《說文正義》已成書，段氏殆見其稿，[48]並不滿意，因而產生「重為之注」的想法。

以下我們再從段氏《說文注》譔著過程，來印證這一本五百四十卷的長編事實上並不存在。現參據段氏與劉台拱書札等材料，將他五十七年夏開始注《說文》，到嘉慶十二年《說文注》初稿完成，這十六年間段氏工作進程排成簡譜：

乾隆五十七年壬子　段氏五十八歲

是年夏，始撰《說文注》。（〈與劉端臨第九書〉）

八月，撰《戴東原集・校記》一卷。（《戴集・校記》段氏識語）

48　嘉慶十二年四月，段氏撰〈陳仲魚簡莊綴文序〉云：「壬子、癸丑（乾隆五十七、八年）間，余始僑居蘇之閶門外，……而仲魚（陳鱣）十餘年間為人作計，常往來揚、鎮、常、蘇數郡間，每歲亦必相見數回。見則各言所學，互相賞奇析疑，朋友之至樂也。仲魚所為《孝經集鄭註》、《論語古訓》、《六藝論拾遺》、《鄭君年譜》，余既一一雒誦，歎其精覈。」（劉盼遂輯《經韵樓文集補編》，卷上，頁十三）此雖未提及《說文正義》，然陳鱣此書五十七年業已成稿，是年二月，王鳴盛曾為《說文正義》作序。（拙稿〈王鳴盛年譜〉乾隆五十七年條，二〇一二年，《中央研究院歷史語言研究所集刊》八十三本第一分，頁一四六—一四七）段氏既徧讀陳著各書，而《說文正義》為陳鱣半生心力所注，段氏復研精《說文》，自無不索觀其書之理。今考《段注》「菑」字下引陳鱣之說（卷一下，頁四十一），則段氏曾見其書矣。〈綴文序〉歷數陳鱣所著各書，獨獨不提《說文正義》，尤可玩味。

十月，因避金壇訟事，移家蘇州。（劉盼遂《段玉裁先生年譜》）時錢大昕主講紫陽書院，因得時時過從討論。（《文集補編》卷上〈陳仲魚《簡莊綴文》序〉）

乾隆五十八年癸丑　段氏五十九歲

自上年迄本年，由於金壇訟事，「心緒如棼，兼之外感，故心脈甚虛，少用心則夜間不能安宿；又左臂疼痛不可耐」，無法讀書。（〈與劉端臨第四書〉）七月十四日，〈第五書〉言：「弟數年來心事沈鬱，故今夏病雖不重，而精力大改；兼之臂痛，未識醫能治之否？私懼《說文》等書不能成。」

七月，始撰《周禮漢讀考》，「擬秋間完功此書為善」。（〈與劉端臨第五書〉）

按是年段氏擱置《說文》舊業而治《周禮》，蓋《說文》卷一示部、玉部之字多涉及禮制、名物。〈第五書〉言：「弟壇邑事（按指金壇訟事）糜爛不可言。……心煩慮亂，潦倒不可言。」

九月，娶孫媳，為二子析箸。（〈與劉端臨第五書〉）

是月，〈與劉端臨第六書〉言：「弟近日看屋遷居，總不合意，甚矣其難，心緒棼如。亦復校正《儀禮》，頗有創見。……《周禮漢讀考》亦已到〈秋官〉大半。……今年校得《儀禮》、《周禮》、《公羊》、《穀梁》二傳，亦何義門、惠松厓舊本，將來攜以呈政。」

按段氏所以分力校勘二禮二傳，正為《說文注》積累訓詁材料。

乾隆五十九年甲寅　段氏六十歲

是年春，《周禮漢讀考》六卷告成；繼撰《儀禮漢讀考》。（〈與劉端臨第七書〉）

三月，從周錫瓚借得汲古閣影宋鈔本《集韵》，以校曹楝亭刻本。（同上）

秋，校勘《毛詩》。

七月五日〈與劉端臨第八書〉言：「弟本擬出門送考（按指送段騑赴甲寅恩科鄉試），因患瘡特甚，遂中止。……弟暑天不能出門，借得毛子晉影宋抄《集韵》校畢。目下有校《毛詩》之役，此間有宋本、有岳本、有宋版《註疏》，有山井鼎《考文》，種種對校，亦事之難得者也。訟事弟仰恃霖若兄，而竟失所恃，……只有同他一審而已。」又言：「弟精力甚衰，承尊意命完《說文》，此非一人幫做，一人幫寫不可，幸為我籌之。……但總須《儀禮漢讀考》成後，乃能動筆也。」據此，則今年校《集韵》、《毛詩》，注《說文》之事中輟。段氏倘真有一本五百四十卷《說文解字讀》長編，正當汲汲從事，以期早日成書，不應多所旁騖。

八月，傷足，甚劇。（劉盼遂《段玉裁先生年譜》）

乾隆六十年乙卯　段氏六十一歲

四月，至丹徒，晤劉台拱。（〈與劉端臨第十一書〉）

七月，〈與劉端臨第十一書〉言：「別來已七旬矣，歸時頗自整頓，欲有成書。而腳痛之外，加之瘡爛疥煩，展轉兩月，全廢書本，可嘆！」

按此札下文言金壇訟事：「五月內乃有五日、十二日頻催到壇，近日又奉府移關到蘇，使我勞勞。」又言：「奉上……《毛詩故訓傳》四本，此書凡硃筆注處，皆弟愜心貴當之言，最堪探討。」則校《毛傳》之役，是年夏業已告竣。

冬，《儀禮漢讀考》未竟而輟業，重理《說文》。（〈與劉端臨第十四書〉）

嘉慶元年丙辰　段氏六十二歲

正月，成《說文注》二篇上。

是年正月，〈與劉端臨第十四書〉言：「弟到今瘡不痊愈。客冬至今，勉治《說文解字》，成第二篇之上卷，胸中充積既多，觸處逢源，無所窒礙，言簡而明。此書計三年可成，足以羽翼漢注，足以副同志之望，看來有必成之勢矣。」

是春，赴句容，停留三四旬。四月，〈與劉端臨第十五書〉言：《說文注》二篇下草稿尚未畢。

秋，《說文注》第三篇已畢。

九月一日，〈與劉端臨第十六書〉言：「弟自立秋後頗健，每日得書一葉，《說文》第三篇已畢。中秋以後則又懈怠，看來五年內能成此書為幸，不能急也。……腳已壞而瘡不絕，終日所苦者，惟查書之苦耳。……《說文》一書，賴吾兄促成之，然已注者十之三耳，故成之不易也。」

嘉慶二年丁巳　段氏六十三歲

正月，病二十日。（〈與劉端臨第十七書〉）

春，《說文注》至五篇下食部。（同上）

是夏，與袁廷檮、周錫瓚據王昶所藏宋小字本《說文》、周氏所藏宋本，明葉石君、趙靈均兩景宋鈔本，及《五音韵譜》宋、明二槧本，汲古閣《說文》初刻本，暨《集韵》、《類篇》所引徐鉉說，校正毛氏汲古閣本先後剜改之失，成《汲古閣說文訂》一卷。七月，序而刊之。（本書）

嘉慶三年戊午　段氏六十四歲

七月，段氏弟子王國章為刻《周禮漢讀考》六卷成。

《經韵樓文集》卷二〈書《周禮漢讀考》後〉言：「戊午刻成，偶一復閱，則已有未確處。」

嘉慶四年己未　段氏六十五歲

正月，大病。（〈與劉端臨第十八書〉）月杪，復因祖塋訟事至金壇，四月初乃歸。（《經韵樓文集補編》卷下〈與嚴九能書一、二〉，拙稿〈《段玉裁年譜》訂補〉有考）

正月杪〈與劉端臨第二十一書〉：「客冬弟以事到潤，……別時未及面叩。到壇，至歲杪乃回蘇，感冒寒病，近日稍甦，又將束裝。……衰年心血已枯，心中不快特甚，……蓋《說文》全書恐有難成者矣。近者又隨家嚴至壇，了祖塋公事，不得已也。」此信言及「陳藩臺又逝，此間少一知己」，按江蘇布政使陳奉滋卒於嘉慶四年一月二十三日（《國朝耆獻類徵初編》卷一八五本傳）又二月撰〈第十八書〉言：「弟於前月廿七日發一信，不知已收到否？」則此札一月廿七日撰。

本年《說文注》無甚進展。欲延臧庸、顧廣圻襄助，事皆不果。迄中秋後，僅成二十葉。

是年段氏因春病及金壇訟事纏身，未能讀書。〈與劉端臨第十八書〉言：「弟正月大病初起，不得已復到金壇，事之無可如何者也。弟於學問深有所見，苦一切纏繞，不盡所長。……近來宿食不寧，兩目昏花，心源枯槁，深惜《說文》之難成。」又言：「意欲延一後生能讀書者相助完《說文》稿子而不可得。在東已赴廣東，為芸台刊《經籍籑詁》；千里亦無暇助我，歸後再圖之。」〈第十九書〉言：「弟自冬入春，了無佳趣。由春多心病，不能讀書。既不能讀書，則一切不適意。」又〈第二十書〉言：「荏苒又過中秋，……弟近來微理舊業，然今年所成者廿葉耳。」

嘉慶五年庚申　段氏六十六歲

四月，《說文注》迄無進展。

是年四月〈與劉端臨第二十二書〉：「弟自度歲至今，未曾讀書，於《說文》曾未落筆，總覺不能用心，蓋蒲柳之質柔脆使然，此書殆恐不能成。」

秋，《說文注》大幅進展，已至八篇上。

七月〈與劉端臨第二十四書〉：「弟自四月以後，乃覺心疾霍然，成書七十餘葉，才到第八篇人部、匕部竣事耳。日西方莫，恐其不成可惜，圖迎臧在東相助，而未知其肯來否？」又言：「弟近擬為《儀禮漢讀考》，庶使讀《儀禮》所得，不付子虛。」

是年《說文注》成稿百四十頁，第九篇已發軔。

是年冬〈與劉端臨第二十六書〉：「入冬來，賤體大好，今年《說文》稿成百四十頁，第九篇已發軔矣。」

嘉慶六年辛酉　段氏六十七歲

春，病甚，《說文注》無甚進展，擬請王引之續成之。（〈與劉端臨第二十七書〉，又〈第二十九書〉）

秋、冬間〈與劉端臨第二十八書〉言：「裁精力大衰，拙著恐不能成。……《詩經·毛傳》弟年來有所增益，可以成書。」（拙作〈《段玉裁年譜》訂補〉）

是年為阮元參訂《十三經注疏校勘記》，《說文注》僅成三葉。

十一月二十六日〈與劉端臨第二十九書〉：「弟衰邁之至，《說文》尚缺十卷。去年春病甚，作書請王伯申踵完，伯申杳無回書。今年一年為他人作嫁衣裳，《說文》僅成三頁。」（拙作〈《段玉裁年譜》訂補〉）

嘉慶七年壬戌　段氏六十八歲

是年為阮元審定《十三經注疏校勘記》。

嘉慶八年癸亥　段氏六十九歲

六月，段父卒於蘇州，年九十四。（劉盼遂《段玉裁先生年譜》）

冬，為阮元審定《十三經注疏校勘記》事竣，續理《說文》。

嘉慶九年甲子　段氏七十歲

是年春，《說文注》尚有五卷未成。（拙稿〈《段玉裁年譜》訂補〉）

東京國立博物館藏段氏致劉端臨手札云：「弟冬間稍可，至春乃入病境耳。去冬於阮公書畢，乃料《說文》，未注之五卷，不識能成否？」（拙稿〈《段玉裁年譜》訂補〉原繫於嘉慶十年，今改次於本年）

六月，與王念孫書：「弟七十餘耳，乃昏眊如八、九十者，不能讀書。唯恨前此三年為人作嫁衣而不自作，致此時拙著不能成矣，所謂一個錯也。」（《經韵樓文集補編》卷下〈與王懷祖第一書〉）

嘉慶十年乙丑　段氏七十一歲

五月二十二日，劉台拱卒。（劉文興〈劉端臨先生年譜〉）

十二月，請王念孫為《說文注》撰序。（拙稿〈《段玉裁年譜》訂補〉）

嘉慶十一年丙寅　段氏七十二歲

是年冬，《說文注》尚有二卷未成。（拙稿〈《段玉裁年譜》訂補〉）

是冬〈與王懷祖書五〉：「弟夏天體中極不適，冬日稍可，當汲汲補竣。依大徐三十卷，尚有未成者二卷也（十二之下、十三之下），今冬、明春必欲完之，已刻者僅三卷耳。

精力衰甚，能成而死則幸矣。……求序出於至誠，前函已詳。」（《經韵樓文集補編》卷下）

嘉慶十二年丁卯　段氏七十三歲

是年《說文注》全書稿成。（《說文注》卷十五下）

從上列簡譜可以看出，此《注》時作時輟，段氏寄劉台拱信中多次提到，深恐《說文注》不能終底於成，因此，數度想請當時年輕精銳學者臧庸、顧廣圻、王引之等人相助，完成其事，但皆未能如願。最後，得到江聲之孫江沅的協助，嘉慶十二年全書稿成；一直到嘉慶十八年冬，《說文注》刊刻將半，江沅才離去。[49] 此書撰著過程，段氏一面慨嘆《說文注》成書之難，一面則心多旁騖，屢屢轉而研究他業。如五十七年夏開始注《說文》，翌年七月，段氏轉而研究《周禮注》。五十九年春，撰成《周禮漢讀考》六卷，隨又續撰《儀禮漢讀考》；其事未竟，又轉而校勘《集韵》；六月，《集韵》校畢；又續校《毛詩》。這顯示段氏《說文注》進行不久後，即遇到瓶頸。嘉慶元年正月，段氏寄邵晉涵書：

玉裁前年八月跌壞右足，至今成廢疾，加之以瘖，學問荒落。去年始悉力於《說文解字》，刪繁就簡，正其譌字，通其義例，搜轉注、假借之微言，備故訓之大義，三

49 江沅〈說文解字後敘〉，段氏《說文解字注》卷後，〈後序〉頁一—二。

年必可有成，亦左氏失明、孫子臏腳之意也。[50]

從這信可知，他專力注《說文》在乾隆六十年。[51] 給邵晉涵、劉台拱的信中，他樂觀地認為「此書三年可成」；但同年秋〈與劉端臨第十六書〉談到：「腳已壞而瘡不絕，終日所苦者，惟查書之苦耳。」這幾句話最可作為段氏注《說文》之前，先纂有一本五百四十卷長編的反證。在這信裏談到，《說文》「已注者十之三耳，故成之不易也」，不過半年時間，心境截然而異。可以說，他真正著手注《說文》後，才清楚意識到，北京本所薈聚的材料遠遠不敷使用，所以注示部、玉部時，不得不重肆鄭玄《禮注》；五十九年校《集韵》、《毛傳》，其實皆在積累訓詁材料，因此，我不認為他注《說文》之前，先有一本五百四十卷的長編。

上列簡譜有一特別值得留意之處。嘉慶五年四月，〈與劉端臨第二十二書〉談到：「弟自度歲至今，未曾讀書，於《說文》曾未落筆。」但同年秋，段氏《說文注》忽然大幅進展，成書七十餘葉，八篇上人部、匕部業已告竣；而冬間〈第二十六書〉談到「今年《說文》稿成百四十葉，第九篇已發軔」，即三、四個月又成稿七十葉。此較之嘉慶二年春五篇下食部以後，即進度遲緩，前後大相逕庭。其中最主要的關鍵，即是嘉慶四年十二月，阮

50 段氏〈與邵二雲書二〉，劉盼遂輯《經韵樓文集補編》，卷上，頁二十二。

51 嘉慶元年正月，〈與劉端臨第十四書〉言：「客冬至今，勉治《說文解字》，成第二篇之上卷，胸中充積既多，觸處逢源，……此書計三年可成。」（劉盼遂輯《經韵樓文集補編》，卷下，頁八）

元《經籍籑詁》在廣東刻成。[52]我們知道，《經籍籑詁》一書，蒐采唐以前群經子史訓詁舊義，可說是小學之淵海，此書刊行，給從事小學研究的學者帶來莫大的便利。因此，要說段氏注《說文》之前有一個長編，《經籍籑詁》一書更足以當之。段氏嘉慶五年秋〈與劉端臨第二十四書〉說到：

> 《經籍籑詁》一書甚善，乃學者之鄧林也，但如一屋散錢未上串。拙著《說文注》成，正此書之錢串也。[53]

同信談到：「弟自四月以後，乃覺心疾霍然，成書七十餘葉。」段書大幅進展其故有二，一為金壇訟事了結；再則《經籍籑詁》適時刻成，一書在側，〈第十六書〉所言「終日所苦者，惟查書之苦」，自可迎刃而解；且阮書每字「以本義前列，其引伸之義、展轉相訓者次之，名物象數又次之」，[54]所以王引之〈序〉稱其書「展一韻而眾字畢備，檢一字而諸訓皆存，尋一訓而原書可識」，不惟節省檢索之勞，從中可得到大量的文證，同時也便於尋討字詞本義、引申和假借的脈絡。北京本原即長於考校文字傳譌，而《經籍籑詁》則錄有大量訓詁語料，二者結合，才是段玉裁據以櫽括作注的長編。

52 張鑑等編《阮元年譜》，一九九五年，北京：中華書局黃愛平點校本，頁二十二；另參拙稿〈阮元《經籍籑詁》纂修考〉，二〇〇八年，上海社會科學院《傳統中國研究集刊》第四輯，頁二四七——二六四。

53 劉盼遂輯《經韵樓文集補編》，卷下，頁十四。

54 阮元《經籍籑詁》，嘉慶間阮氏琅嬛僊館刊本，卷首〈凡例〉第十二則。

談到這裏，諸位想必會問，那段玉裁何以要詭稱注《說文》之前，先編有一本五百四十卷的長編？這牽涉到一樁公案，過去學者未曾論及。我們知道，乾嘉之際，家家許鄭，江南學者研究《說文》，欲為《說文》作注、作義疏者大有人在，陳鱣著《說文正義》三十卷，錢大昭著《說文統釋》六十卷，王紹蘭有《說文集注》之作。嚴可均和姚文田合著《說文疏義》，也纂有《說文長編》，據嚴可均《說文校議·敘》說：

嘉慶初，姚氏文田與余同治《說文》，……為《說文長編》，亦謂之《類考》，有〈天文算術類〉、〈地理類〉、〈艸木鳥獸蟲魚類〉、〈聲類〉、〈說文引群書類〉、〈群書引說文類〉，積四十五冊。又輯鐘鼎拓本為《說文翼》十五篇，將校定《說文》，譔為《疏義》。55

另外，江聲、王念孫也各有稿本；北方學者則有桂馥著《說文義證》。這些學者所著之書或成或否，有的成而未刻，有的半途而廢。其中以段氏《說文注》聲名最著，因此，江聲、王念孫先後將自己的稿本送給段玉裁，這點我們下面將會談到。嚴可均和姚文田合著的《疏義》也半途中輟，嚴氏將其中校訂《說文》的材料，錄為《說文校議》一書；所彙聲類材料，嚴、姚兩家各纂有《說文聲系》之書。還有一些學者則專門從事某些專題研究，如錢大昕弟子鈕樹玉，著有《說文考異》、《說文新附考》等書。《考異》一書，專門蒐集群書徵

---

55 嚴可均、姚文田《說文校議》，《續修四庫全書》本，卷一上，頁一。

引《說文》的材料，以訂正今本《說文》文字傳譌，用力甚專勤。鈕氏曾將《考異》書稿就正於段玉裁，今本《段注》稱引鈕氏之說僅有六處，但有一些地方段氏採用其說，卻未明言出自鈕氏所校。因此段書出版後，鈕樹玉著《段氏說文注訂》八卷，書中不少地方指出，《段注》校改之字，「蓋本余說」、「全本余說」，如：

「梔」改為「桅」，余《新附考》有此說。[56] 按此蓋本余說。（卷三，頁十三）

「㡛」注云：「當刪『㡛』而存『㡛』。」

「侊」解改「一食」為「壺飧」，《注》又云：「按許所據，竟作『一食』未可知，似不必改。」按此蓋本余說而改，不應又為騎牆之見。（卷三，頁十五）

「𤃬」改為「𤃬」，蓋本余說。（卷五，頁十七）

「醆」改為「𨡕」，全本余說。（卷八，頁十五）

這種例子共二十餘見，有幾條鈕樹玉指證歷歷，看來段玉裁曾參用其說應無疑義。

段氏掩用他人成說之舉，鈕樹玉並不是孤例。以王鳴盛為例，北京本引王氏之說共有三處，[57]「返」字條依用王說，「逑」、「斁」兩條則辨正王氏之非。我們看段玉裁采用王說這條，《說文》辵部「返」字下引「商書曰祖甲返」，但今本《尚書》並沒有「祖甲返」之

56 鈕樹玉《段氏說文注訂》，《續修四庫全書》本，卷二，頁九。

57 段氏《說文解字讀》，頁九十八「返」、頁一〇二「逑」、頁一四七「斁」。

文，段氏原先認為此句「疑許君見孔壁十六篇中《商書》語」，後來改從王鳴盛所校，北京本「返」字條末說：

壬寅歲（乾隆四十七年），見王光祿鳴盛《尚書後案》云：「《說文》引『祖甲返』，疑即〈西伯戡黎〉篇之『祖伊反』也，『伊』誤作『甲』，而『返』與『反』則字通也。」王說為是，予前說非也。[58]

今本《段注》此文改作「祖伊返」，與王鳴盛之說正同，但段氏未提及王說，卻說是依《集韵》校訂的。[59]

再以錢大昕為例。錢氏是當時首屈一指的經史名家，他雖沒有《說文》專著，但《潛研堂答問》和《養新錄》裏都有與《說文》相關的條目。二書刊刻在北京本之後，所以北京本有四處引及錢氏之說，皆出自《漢書考異》，這四條後來《段注》並未采用，今可不論。今本《段注》引用錢大昕之說共十五條，其中「免」、「衹」兩條則是駁正錢氏之非。[60]但除這十五條外，段玉裁未標明錢氏而勦用其說者，仍歷歷可見。

以《潛研堂答問》為例，此書現收入《潛研堂文集》，但嘉慶四年《答問》單行先刻，

58 同上注，頁九十八。
59 段氏《說文解字注》，二篇下，頁六。
60 同上注，十篇上，頁二十六；又十三篇上，頁十五。

見段氏〈與劉端臨第二十書〉，[61]根據此信，段玉裁見過《答問》，當無疑義。《說文》人部說「弔」字「从人弓，古之葬者，厚衣之以薪，故人持弓，會敺禽也。」以古文字證之，知許君此說實望文生義，顧炎武《日知錄》即駁其說「幾於穿鑿而遠於理情」。[62]但錢大昕《答問》很巧妙地引《吳越春秋》「孝子不忍見父母〔遺體〕為禽獸所食，故作彈以守之」之文，為許慎解紛。[63]《說文》解釋「弔」字字形固屬附會，但錢大昕引《吳越春秋》作解，卻是他的巧思和創意。《說文注》「弔」字下說：

> 《吳越春秋》：陳音謂越王曰：「弩生於弓」云云。按孝子敺禽，故人持弓助之，此釋「弔」从人弓之意也。[64]

段氏完全剿用錢大昕之說，一見可知。另如女部「婎」字，大徐本說解作「姿婎姿也」，義不可曉；小徐本作「如婎姿也」，更不知所云。錢大昕始發其覆說：

> 問：「《說文》『婎』字注云：『姿婎，姿也。』此語難解。」曰：「『姿婎』即『姿睢』

---

61 段氏〈與劉端臨第二十書〉言：「竹汀《集》刻者尚有兩種，當徐圖購贈。〈五研樓詩〉速成之，作札寄與又凱（按即袁廷檮），囑其購竹汀《答問》一種、《傳》一種；前者《題跋》一種，亦又凱所賜也。」（劉盼遂輯《經韵樓文集補編》，卷下，頁八）

62 黃汝成《日知錄集釋》，《續修四庫全書》本，卷二十一，頁二十。

63 錢大昕《潛研堂集》，一九八九年，上海古籍出版社呂友仁點校本，頁一七六——一七七。

64 段氏《說文解字注》，八篇上，頁三十八。

之異文，『姿』與『恣』通，釋『姿雄』為『恣』義也。」[65]

檢《說文注》「雄」字下云：

「恣」，各本作「姿」，今正。按心部：「恣者，縱也。」諸書多謂暴厲曰「恣睢」，睢讀「香季切」，亦平聲。睢者，仰目也，未見「縱恣」之意。蓋本作「姿雄」，或用「恣睢」為之也。[66]

此注段氏亦剿襲錢大昕之說，極為明白。

再以江聲為例，北京本引用江聲之說共七見，其中「櫜」、「柀」兩條說的是同一事，即前面談到，《說文補正》將許慎說解出現之字，凡《說文》未列篆文的，段玉裁皆以為今本脫漏，一一為之增補篆文、說解。但江聲認為許書「解說內或用方言俗字，篆文則仍不載」，段氏接受他的意見，此說北京本凡兩見，所以引用江說實際為六條。我們將北京本標明為江聲之說的六條，與《說文注》一一核對，其中采用江聲說者有四條，另兩條段氏別立異說。但《段注》采用江聲之說的四條，只有「櫜」字這條明白標示本自江聲，[67]其餘

65 錢大昕《潛研堂集》，頁一七七。
66 段氏《說文解字注》，十二篇下，頁二十五。
67 同上注，一篇上，頁十二。

「瓘」、「蕮」、「郇」三條江聲的創見，完全被段玉裁所乾沒，[68]這是擺在眼前，實實在在的例證。江沅〈說文解字注後敘〉說：

沅先大父艮庭徵君，生平服膺許氏。著《尚書注疏》既畢，復從事於《說文解字》，及見先生（指段氏）作而輟業焉。沅之有事於校讐也，先徵君之意也。[69]

則江沅襄助段氏《說文注》，實出自江聲的好意。[70]孫星衍《平津館文稿》中有一篇〈江聲傳〉，傳中談到：

〔江聲〕為《說文解字考證》，及見段大令玉裁所著，多自符合，遂輟筆，並舉稿本付之。[71]

《平津館文稿》刻於嘉慶十一年，當時段玉裁健在，孫星衍說江聲曾將《說文考證》稿本送給段氏，應該確有其事。從北京本引用江聲校訂《說文》六條勝義來看，江氏將稿本交付

68 段氏《說文解字讀》，頁十二，又頁五十七，又頁三二九；段氏《說文解字注》，一篇上，頁十九；又一篇下，頁十七；又六篇下，頁四十九—五十。

69 段氏《說文解字注》，卷後〈後序〉，頁二。

70 按《說文注》「祠」字（一篇上，頁十）、「正」字（二篇下，頁一）、「睦」字（四篇上，頁七）、「鼪」字（十二篇下，頁五十二）、「凡」字（十三篇下，頁十六）、「塹」字（十三篇下，頁三十四）並引江沅之說，則江沅不僅為段氏校字而已。

71 孫星衍《平津館文稿》，《續修四庫全書》本，卷下，頁三十七。

段玉裁，疑在北京本寫成之前。而今本《說文注》全書引用江聲之說者，亦僅七見，[72]但段氏襲用江聲之說而不著其名，除北京本所見「瓘」、「蓼」、「郇」三條之外，尚有可考者。我稍閱江聲《尚書集注音疏》，其中校釋、考訂《說文》之處，有不少創解即為段氏所攘襲。以〈禹貢〉為例，段氏《尚書撰異》卷三「滎波既豬」條載：

> 江氏叔澐《尚書集注》「熒波」作「熒潘」，云：「據《說文》水部：『潘，水名，在河南熒陽。从水，番聲。』言在熒陽，則與熒澤同處，故知此經之當作『潘』字。」玉裁始疑其說，今按《水經注・濟水篇》云云。……江氏謂潘、播、波三字同，故非無證。[73]

江聲據《說文》「潘」字說解，斷定〈禹貢〉「滎波」，古本《尚書》作「潘」字。《史記・夏本紀》載錄〈禹貢〉全文，日本所存天養古鈔本《史記・夏本紀》，恰如江聲所說，此文正作「熒潘」。[74]天養古鈔本應屬唐人寫本，其書所引孔《傳》文字，往往與《尚書》敦煌

---

72 除前舉「桑」字一條外，另見「顨」（《說文解字注》，五篇上，頁二十三）、旨部之末（五篇上，頁二十八）、「秝」（七篇上，頁五十五）、「从」（八篇上，頁四十三）、「霸」（十一篇下，頁十五）及〈說文序〉「一曰指事」下（十五篇上，頁四）。

73 段玉裁《古文尚書撰異》，卷三，頁四十八—四十九。

74 水澤利忠《史記會注考證校補》，一九五七—一九七〇年，東京：《史記會注考證校補》刊行會，頁二〇七引。瀧川龜太郎《史記會注考證》「滎播既豬」下云：「古鈔、楓三、南本『播』作『潘』。」

殘卷合，此「滎潘」一條可見江氏考訂之精。今檢《說文注》「潘」字，正剿襲江聲之義，攘為己說。[75] 另如《說文》氏部：「氏，巴蜀名山岸脅之𠂤旁箸欲落墒者曰氏。」許慎解「氏」字，文意頗不易通曉，《段注》云：

> 考「氏」亦作「是」，見《夏書》，〈禹貢〉曰「西傾因桓是來」，鄭《注》云：「桓是，隴阪名，其道般桓旋曲而上，故曰桓是。今其下民謂阪為是，謂曲為桓也。（原注：各本誤，今校訂如此）」據此，則「桓是」即隴阺，亦可作「隴氏」昭昭然矣。古經傳「氏」與「是」多通用，《大戴禮》：「昆吾者衛氏也」以下六「氏」字，皆「是」之假借，而《漢書》、漢碑假「氏」為「是」，不可枚數。[76]

其實引〈禹貢〉「西傾因桓是來」這句以解釋《說文》「氏」字，也是江聲的創見，段玉裁顯然剽襲其說，何以見得？《段注》文中所引鄭《注》「今其下民」兩句，其實是江聲以意校改，江氏《尚書集注音疏》說：

> 鄭康成曰：「桓是，隴阪名，其道般桓旋曲而上，故名曰桓是。今其下民謂阪為是，曲為桓也。」聲謂雝戎之人來此州者，道由桓是而來。古「是」、「氏」同字，巴蜀名山岸脅之崔旁著欲落墒者曰氏。〔疏〕……隴阪本名「是」，以其道般桓旋曲，故

---

75 段氏《說文解字注》，十一篇上二，頁三十二—三十三。

76 同上注，十二篇下，頁三十三。

名之為「桓是」也。云「今其下民謂阪為是，曲為桓也」者，引時俗之偁，以證阪名「是」，曲偁「桓」也。《水經注》引此，作「今其下民謂是阪曲為般也」，似有舛誤，以意改之。……云「巴蜀名山岸脅之崔旁著欲落墒者曰氏」者，《說文》氏部文，「山岸脅之崔」即阪也，此與鄭云「其下民謂阪為是」正合，相證益確矣。[77]

可知「今其下民」兩句，原是江聲有意創通許、鄭兩家之說而「以意改之」，並無其他文獻依據。段玉裁「氏」字注完全襲用江氏之說，卻以一句「各本誤，今校訂如此」，冒為己說。從這些例證看來，《段注》剽襲江聲之說者，想必不少，而段氏卻極詆江聲為「小學魔障」，[78]殊不可解。

而《段注》成書最可注意的，是它和王念孫之間的關係。王氏曾撰《說文考正》一稿，根據朱士端引王敬之之說，王念孫曾將《說文》稿本交付段玉裁：

王寬夫先生言其家大人石臞先生曾注《說文》，因段氏書成，未卒業，並以其稿付之。

77 江聲《尚書集注音疏》，《清經解》，道光間廣東學海堂刊本，卷三九二，頁二十七—二十八。

78 徐承慶《說文解字注匡謬》云：「江徵君學問不逮段若膺之博涉，而篤信謹守、實事求是則過之，志學者所當歸慕也。段氏《尚書撰異》譏其是古非今，又斥其似是而非。繼復云：『名為重小學，而大為小學之妖魔障礙；名為尊《說文》，而非所以尊《說文》。』隱其姓名，亦指江君也。」（《續修四庫全書》本，卷七，頁五）

後先生見《段注》妄改許書，不覺甚悔。79

朱士端曾遊王念孫之門，他轉述王念孫次子王敬之的話，應非平空杜撰。我們前面提到，北京本「芘」字條引及王念孫之說，段、王初見於乾隆五十四年秋，因此王敬之所謂的「段氏書成」，指的應該是北京本前身，故北京本得以引及王氏之說。王念孫《說文》稿本今不可見，但王氏有關《說文》的札記，現存《段氏說文簽記》和《說文解字校勘記》殘稿兩種。前者專糾《段注》之失，應該是王念孫讀《段注》時隨手所下的簽識，王氏弟子將之條錄成冊，現有一九三五年《稷香館叢書》本。從王念孫對《段注》的駁議看來，王敬之說乃父「見《段注》妄改許書，不覺甚悔」，似非誣言。

《說文解字校勘記》則是桂馥所鈔，是個殘本，僅存《說文》第一篇及第二篇之半，共一百十九條，因此，此本書後許瀚〈跋〉推度「全書當有千餘條」。北京本所引「芘」字一條，正在其中，80可以確證此為王念孫校本無疑。我曾將《段注》與王氏《校勘記》殘本一一比對。各位知道，《說文》許君說解，大、小徐本時有參差，其解說字形，特別是諧聲字，二徐時有改易之處。王氏以大徐為底本，《校勘記》中或存小徐之異，或據小徐訂正徐鉉之誤。《段注》於二徐本參差處，很少討論，其書或從徐鉉，或從徐鍇，看似無一定的義

79 朱士端〈石臞先生注說文軼語〉，引自丁福保纂《說文解字詁林》，一九八八年，北京：中華書局，前編下，頁三四八。

80 王念孫《說文解字校勘記》，宣統元年，番禺沈氏《晨風閣叢書》本，頁七。

例可言。但參照王氏校本，我們可以清楚看出，凡王念孫辨證當從小徐各條，其精審無疑義者，《段注》皆依王說逕行改之而無論證。如艸部「莃」字條，王氏說：

「从艸，稀省聲」，《繫傳》作「从艸，希聲」。考《說文》「稀」字注云：「疏也。从禾，希聲。」徐鍇辨之云：「當言从禾、爻、巾，無『聲』字，後人加之。爻者，稀疏之義，與爽同意；巾亦是其稀象。至『莃』與『睎』皆从稀省，何以知之？《說文》巾部、爻部並無『希』字，以是知之。」念孫按：徐鍇以為『莃』、『睎』皆从稀省，故徐鉉於此「莃」字注改為「从艸，稀省聲」也。今考《說文》莃、唏、睎、脪、郗、晞、稀、俙、欷、豨、絺十一字並从希聲；又「昕」字注云「讀若希」，則本書原有「希」字明甚。今本無「希」，乃傳寫脫誤，豈得謂本無此字乎？「稀」字而外，从希聲者尚有十字，又可一一改為「稀省聲」乎？此「莃」字注當從《繫傳》作「从艸，希聲」，後放此。[81]

《段注》「莃」字條直接依小徐本作「从艸，希聲」，[82]好像大徐本之誤不辨自明，一望而可知。段書此例甚多，如禜、珣、瑞、毒、芸、藸、蘸、蒨、葴、草、莫、莽、和、吺、趯、邁、隨諸條，王念孫皆有考校，詳為辨證。段氏此諸字皆依王念孫之說校改，《注》中並無

81 同上注，頁五。

82 段氏《說文解字注》，一篇下，頁十七。

論證。大概段玉裁對他人成說信而可從者，皆直接攘取，依其結論校改，這點鈕樹玉《段氏說文注訂》屢屢言之：

一、「蒐」下「茹藘」改為「茹蘆」，當本余說，然無引證。（卷一，頁三）

二、改「肭」為「朒」，《注》云：「各本篆作『肭』，解作『內聲』，今正。」按余以《玉篇》及李善《文選・月賦注》引，定「朒」當从肉。此既據改，不應全無引證。（卷三，頁一）

三、「侮，傷也」，今改「傷」為「偒」。按余以《一切經音義》引及《廣雅・釋訓》辨「傷」乃「偒」之譌。今既改「偒」，不應無引證。（卷三，頁十七）

而最為可議的是，段氏辨正他人之非往往直指其名，北京本全書引用王念孫之說僅有「茈」字一條，便是駁王氏改「一曰茈茉木」五字為「一曰茈茉」之非；而其剿襲王氏之說者則絕口不提其名。按《段注》全書引用陳鱣之說僅艸部「菑」字一條，《說文》：「菑，不耕田也。」陳鱣說：「『不』當為『才』，『才耕田』謂『始耕田』，才、財、材皆訓『始』。」段氏不以其說為然，謂「『不』當為『反』字之誤也」，[83] 與王念孫之例正同。今本《段注》

83 同上注，一篇下，頁四十一。桂馥《說文義證》「菑」字下引王念孫說，亦以「不」為「才」字之誤（同治九年，崇文書局刊本，卷四，頁四十一），與陳鱣之說同。今按：此當以陳、王之說為是，「才」、「不」形近易訛。才、菑聲同，菑訓「才耕田」，蓋由聲得義。諸書僅有「反草」、「反土」之說，段氏必改為「反耕田」，殊覺不詞，不如陳、王二氏改「才」字者近是。

明白稱引王氏之說者只有八條，其中包含「芘」字批評王念孫說一條，但措辭較北京本隱微罷了。我們從其餘七條引文來看，如「禾」字引王念孫說：

> 莠與禾絕相似，雖老農不辨。及其吐穗，則禾穗必屈而倒垂，莠穗不垂，可以識別。艸部謂莠「揚生」，古者造禾字屈筆下垂以象之。84

又韭部「䪥」字下，《段注》：

> 王氏念孫曰：䪥者，細碎之名，《莊子》言「䪥粉」是也。85

又黑部「黦，黑有文也。从黑，冤聲，讀若飴盌字」，《段注》云：

> 王氏念孫曰：《淮南·時則訓》「天子衣苑黃」，高《注》：「苑，讀『盌飴』之盌。」《春秋繁露》：「民病心腹宛黃。」皆字異而義同。86

從這些引例觀之，王氏稿本似乎不僅校正文字而已。此類釋義之條，倘未標名，則如羚羊挂角，無形跡可求；然由上引「禾」字一條，可以證知《說文注》艸部「莠」字下，段氏

84 段氏《說文解字注》，七篇上，頁三十八。

85 同上注，七篇下，頁三。

86 同上注，十篇上，頁五十七。

分別禾穗下垂、莠不下垂云云之說，[87] 實亦襲王念孫之說。

因時間關係，最後舉個有趣的例子，《小雅・鶴鳴》「鶴鳴于九皋」，從唐石經以下，現存《毛詩》各本皆五字，段氏《毛詩故訓傳定本小箋》刪去「于」字，注云：

> 古書引皆無「于」字，凡十四見，唐石「于九皋」，誤。[88]

陳奐《詩毛氏傳疏》承用其說，亦言：

> 《小箋》云：「古書引皆無『于』字，凡十四見，唐石經有『于』字，誤。」[89]

但所謂「古書引皆無『于』字，凡十四見」，徧檢段氏著作《詩經小學》、《說文注》及《經韵樓文集》均無其說，所以陳奐引段氏之說也未能指明其例。要校改唐以來相傳經書舊文，不明舉文證，只渾稱引用次數，這在乾嘉學術著作中應屬少見。原來，段氏此處係本錢大昕、臧庸之說。《十駕齋養新錄》卷一「鶴鳴九皋」條言：

> 臧在東云：今本「鶴鳴于九皋」五字為句，案《史記・滑稽傳》、《論衡・藝增篇》、《風俗通・聲音篇》、《文選》東方曼倩〈答客難〉、《後漢書注》五十九、《初學記》

---

87 同上注，一篇下，頁四。
88 段玉裁《毛詩故訓傳定本小箋》，《經韵樓叢書》本，卷十八，頁二。
89 陳奐《詩毛氏傳疏》，《續修四庫全書》本，卷十八，頁七。

一、《白帖》一百九十四、《文選注》十三、又廿四、又四十三皆引《詩》「鶴鳴九皋」，無「于」字。賈昌朝《群經音辨》引《詩》亦無「于」字，是北宋人尚見古本也。唐石經有「于」字，今本並因之。（元注：瞿中溶云：「《說文》『鶴』字下云『鳴九皋，聲聞于天』，似亦引《詩》而無『于』字。」東塾云：「《蜀志・秦宓傳》引《詩》亦無『于』字。」）[90]

臧庸舉了十一條文證，以證《詩經》古本無「于」字，錢大昕女婿瞿中溶、其子錢東塾各補了一證，但只有十三例。原來瞿中溶後來從袁廷檮五硯樓所藏元刊本《韓詩外傳》卷七又發現一例，[91] 正段氏所稱的「凡十四見」。錢大昕為段氏多年知交，臧庸早年從段玉裁遊，曾為段氏校勘《釋文》、《尚書撰異》等書，且典衣裘為段氏刻《詩經小學錄》，二人皆段氏故交，尚且吝言其人其書。因此，《段注》全書稱引王念孫之說僅有八處，引江聲之說僅七條，似不足為異。

梁任公《清代學術概論》第十三節曾歸納乾嘉學人習氣，其六為「凡采用舊說，必明引之，剿說認為大不德」。段玉裁似乎自負所學，其著作中襲用他人精義，往往諱言所出，直接攘為己說。蕭穆〈記方植之先生臨盧抱經手校十三經注疏〉一文，曾錄方東樹校語：

---

90 錢大昕《十駕齋養新錄》，光緒十年，龍氏家塾重刊《潛研堂全書》本，卷一，頁十九。

91 王欣夫輯《蕘圃藏書題識續錄》，民國二十二年，王氏學禮齋刊本，卷一，頁三。按錢大昕弟子李賡芸《炳燭編》卷一「鶴鳴于九皋」條，又舉范望《太玄注》引《詩》亦無「于」字一例，此則段氏所不及見者，故未計之。其實群籍所引尚不止此，如《華陽國志・劉後主志》引《詩》亦無「于」字，別詳拙作〈錢大昕《十駕齋養新錄》然疑〉。

段氏每盜惠氏之說，阮氏即載之，何也？蓋阮為此《記》成，就正於段，故段多入己說，以掩前人而取名耳。又所改原文多不順適，真小人哉！[92]

這裏指的是段玉裁為阮元審定《十三經注疏校勘記》一事。據段氏〈與劉端臨第六書〉說：「今年校得《儀禮》、《周禮》、《公羊》、《穀梁》二傳，亦何義門、惠松厓舊本。」段氏曾見惠棟此諸經校本，應無疑義。惠氏校本或傳錄本存世者不少，尚可比勘。

段氏襲用王念孫之說，自然不止《說文注》所引八處而已。大概段書先前所刻諸卷流布之後，當時學者頗多傳言，謂段氏剽襲他人成說，即段玉裁本人亦曾耳聞。嘉慶十年，段氏寄王念孫書，請王氏為《說文注》撰序，所持理由是：

《說文注》近日可成，乞為作一序。近來後進無知，咸以謂弟之學竊取諸執事者，非大序不足以著鄙人所得也，引領望之。[93]

所謂「近來後進無知，咸以謂弟之學竊取諸執事」，段氏剿襲王念孫之說，當時年輕輩學者間似騰乎人口。段氏因此對外詭稱他譔《說文注》之前，先纂有一本五百四十卷的《說文解字讀》長編，並藉陳奐〈跋〉文證成其說，俾免後來攘竊之譏，無奈北京本意外傳世，所謂五百四十卷長編之說僅成幻相。

92 蕭穆《敬孚類稿》，《續修四庫全書》本，卷八，頁十。

93 段氏〈與王懷祖第三書〉，劉盼遂輯《經韵樓文集補編》，卷下，頁十八。

《段注》嘉慶二十年刊成後，同年陳鱣取《說文正義》舊稿重加刪訂，想亦對段書並不滿意。可惜陳鱣嘉慶二十二年二月病逝，年六十五，《正義》改訂稿僅至十一卷。身後其子斥賣遺書，此稿隨之蕩佚。[94]此則不如段氏幸運，及身親見書之刊行。

段玉裁《說文注》自足千古，他的創見與成就不容抹煞，也無可抹煞，但《段注》的光彩，其中部分實為乾嘉江南學者《說文》研究的結晶。我一九八四年曾根據阿辻氏兩文有限的材料，寫了一篇〈段玉裁《說文解字讀》考辨〉長文，[95]論證段氏五百四十卷長編事屬子虛，今天我依然堅信這個說法。

本文由從遊潘妍艷君依據作者二〇一一年五月十二日於復旦大學人文基金學術交流講座所作演講稿整理而成，特此誌謝。二〇一五年三月，陳鴻森識。

本文原載二〇一五年《中國文化》第四十一期

---

94 其事始末，參見拙稿〈清代海寧學術豐碑——陳鱣其人其學述要〉。

95 本文據拙作〈段玉裁《說文解字讀》考辨〉一文大意改寫，該文一九八八年三月曾由《中央研究院歷史語言研究所集刊》編委會審查通過，擬刊於《集刊》第五十八本。惟當時因某長者所抑，余未肯屈從，故此稿最終並未交付發表；然一九八七年此文曾在中央研究院史語所學術講論會上提出討論，故外間頗多傳本，業師龍宇純教授所著《中國文字學》即曾俯引鄙說（一九九六年，臺北：五四書店，頁四二六—四二七）。其後病目，喘疾頻生，余興趣旁移，此稿久置篋底，屢思增訂，碌碌未遑。二〇一一年三月應邀參加臺灣大學文學院主辦「第四屆中國經學國際學術研討會」，適因先母重病，不孝侍側，未遑撰稿，即以〈考辨〉一文應之，載於該會《論文集》頁三十一—七十四，仍留當日稿本舊貌，與本文所論可互為補充。

強項無欲武虛谷

——清代中州樸學第一名宿武億學術述要

一

粹道在面，剛氣在腹。漢碑古人，肖君眉目。時人應為之語，曰：強項無欲武虛谷。[1]

這是武億死後，阮元題他的畫像所作的〈像贊〉。乾隆四十九年，黃易在山東濟寧州金鄉訪得一漢代墓室，石室中畫像，有一人貌似武億，後來黃易特別摹繪其像，送給武億，當時傳為藝林佳話。如阮元〈像贊〉所說的，武億是個「強項吏」，個性伉直，曾杖擊和珅

1 阮元〈石室像贊〉，收於武億《授堂遺書・附錄》，二〇〇七年，北京圖書館出版社影印道光二十三年刊本，卷首上，頁四。

番役，風骨嶙峋，頗為當時士人所欽仰，可惜中年早逝。和珅伏誅後，學者追思武億為人，紛紛為這畫像題詠，共有朱珪、翁方綱、阮元、孫星衍等二十家。

武億，字虛谷，河南偃師人，生於乾隆十年，四十五年進士中式，卒於嘉慶四年（一七四五—一七九九），年僅五十五歲。武億雖然甲科出身，但前後只當了七個月縣令，便因杖擊和珅爪牙而遭罷黜。一生以教書授徒餬口，生命最後幾年，專為人代工編校、修志，以佐家計。今年九月，中國嘉德藝術拍賣公司有件拍品，是武億寄給黃易的一通手札，只有兩頁，以八萬人民幣成交。武億家貧，一生奔走衣食，身後兩紙手札，卻以高價售出，九原有知，應該感慨萬千。

乾嘉時期，經史考證之學勃興，也就是一般所說的「乾嘉漢學」，今人有所謂「吳派」、「皖派」、「揚州學派」、「常州學派」之分，它原來是江南學者在精神根柢上用以抵抗官方程朱理學的民間學術，後來發展成清代學術主流，用陳寅恪先生的話說，北方學者「預流」者極少，除少數山東學者因人際交往，較早接觸這股新興的學術風潮，得以卓然名家，如孔廣森、桂馥等人。華中、河北學者治漢學者稀如晨星，武億生長河南，是理學宗傳之邦，整個清代，中州學者只有武億一人以漢學名家，他的著作比起同時代的江南學者，絕無愧色，可說是個「異數」。《清史列傳》卷六十八、《清史稿·儒林傳》有他的傳。

武億是個極富傳奇性的學者，我大學時讀江藩《國朝漢學師承記》，卷四有一篇他的傳，寫得非常生動，形象鮮明，讀後歷久不忘。傳中說他「狀貌魁梧，有兼人之力，兼人之量」；

陳用光寫的〈武虛谷家傳〉，也說他身長八尺餘，多膂力，是個魁梧大漢，[2]《漢學師承記》記載：

〔武億〕酷嗜翠墨，游歷所至，如嵩山、泰岱，遇有石刻，捫苔剔蘚，盡心摸拓；或不能施氈椎者，必手錄一本。偃師杏園莊去所居四十餘里，民家掘井得晉劉韜墓誌，長二尺有餘，重幾百斤，君肩之以歸。[3]

晉代碑誌傳世者極少，武億聞訊後，從民家購得，喜孜孜地馱負著近百斤的碑石，步行四十餘里回家。這方墓誌，成為武億的主要藏品，黃易訪碑嵩洛時，特往觀看。後來金石學者載錄的〈劉韜墓誌〉，即由武億所流播。江藩〈傳〉中記述武億易感善哭：

館笥河師家，除夕，師謂君曰：「客中度歲，何以破岑寂？」君曰：「但求醉飽而已。」乃遺以二彘肩、一雞一鶩、蒙古酒一斗，及湯餅餺飥諸物。君閉戶恣啖，食盡酒傾。至晚，師曰：「醉飽矣，更有他求乎？」對曰：「哭。」師亦曰：「哭。」乃放聲大慟，比鄰驚問，笥河師大笑而去。

庚子年（乾隆四十五年），陽湖洪亮吉稚存、黃景仁仲則流寓日下，貧不能歸，偕飲於天橋酒樓，遇君，招之入席。盡數盞後，忽左右顧盼，哭聲大作，樓中飲酒者駭而

2 陳用光〈武虛谷家傳〉，《太乙舟文集》，《續修四庫全書》本，卷三，頁二十六。
3 江藩《國朝漢學師承記》，一九八三年，北京：中華書局點校本，頁七十—七十一。

散去。藩嘗叩之曰：「何為如此？」曰：「予幸叨一第，而稚存、仲則寥落不偶，一動念，不覺涕泣隨之矣。」藩戲之曰：「君乃今日之唐衢也。」[4]

江藩與武億同為朱筠門人，二人有親身交往的直觀經驗，故〈傳〉中人物形象刻畫極為生動。由江藩的〈傳〉中，可以看出武億是個性情中人。他身形壯碩，卻有一顆柔軟易感的心。武億心思細密，著有《經讀考異》十卷，這是中國第一本討論經師句讀異同的專著，由句讀的離合，推考、比較歷代經師說解的異同得失，這是極細緻的學問，和他魁偉壯漢的形象，形成極大的反差。

乾嘉學者文集中，記載不少他的遺聞軼事，焦循〈武虛谷先生手札跋〉曾記：

乾隆乙卯（一七九五）春二月，予客臨清校士館中。有客自外至，長八尺餘，破帽羊裘，白鬚蕭蕭然。坐與道名姓，乃知偃師武君虛谷，名億，耳聞之久矣。……吾聞之益都段松苓曰：「虛谷每食，麥一斗，高粱酒十斤。」是日席間問之，虛谷掀鬚笑曰：「天下豈有此人也！半，庶可耳。」[5]

焦循《里堂道聽錄》亦記此事：

---

4 同上注，頁七十一。

5 焦循《雕菰集》，《續修四庫全書》本，卷十八，頁二。

乾隆乙卯春二月，予在山左，得晤虛谷，貌魁梧，白鬚蕭蕭然。故聞其善飲，是夕共食，見其飲高粱酒五六斤不醉。[6]

從焦循的描述，可見他嗜酒善飲，食量兼人。洪亮吉〈又書三友人遺事〉則記載武億殿試時一段軼聞：

翁學士方綱與億有淵源，億顧不喜之。殿試日，對策保和殿。日晡，學士派收卷，亦至殿中，語億曰：「汝為我小門生，汝知之乎？」億忽怒，抵几起曰：「此豈認老師、太老師處乎！」欲拳毆之，監試諸大臣呵禁乃止。[7]

余鵬年撰〈武虛谷哀辭〉，則言：

虛谷簡傲直率，垢衣敝履，岸然公卿士夫間，非其意，掉臂不以屑意。庚子成進士，一顯人欲羅致之，再三達意，不肯往。及殿試日，相遇於太和殿前，其人挾前憾，厲聲呼責，虛谷抗辭復之，卒不可屈，於是虛谷狂直之名滿京師。[8]

這與洪亮吉所述，雖細節有些出入，二者應該同為一事，學者傳聞異辭，故所記不同。由

6 焦循《里堂道聽錄》，一九八八年，《北京圖書館古籍珍本叢刊》影印清稿本，卷六，頁十一。
7 洪亮吉〈又書三友人遺事〉，《洪亮吉集》，二〇〇一年，北京：中華書局點校本，頁一〇四一——一〇四二。
8 余鵬年〈武虛谷哀辭〉，《授堂遺書・附錄》，卷首下，頁二十一。

他殿試異常的舉措，可以想見武億「狂直」之名，當時大概久已流播都人士之口。洪亮吉〈遺事〉另記武億想練「不動心法」，秋決時，常到菜市口旁觀決囚：

> 成進士後，常居京邸。……嘗欲學不動心法，因時詣菜市口觀決囚。冬月大決，亦必早詣焉。觀者數百人，亦有蹙額隕涕者，億獨色不變。[9]

由這些遺聞軼事，可以看出他強禦樸直的形象，朱珪撰武億〈墓誌〉，說他「先世由懷慶軍籍遷偃師」，[10] 可見他本係武人之後。他的事跡最為人傳誦的是，他曾鞭打和珅番役，為此而丟官。武億是乾隆四十五年恩科進士，名列三甲十名，以知縣歸班候補；需次十餘年，乾隆五十六年秋，才補授山東青州府博山知縣。博山正如其名，其地多山，地瘠俗敝。武億這一年十二月到任，他是個強項吏，到官後，即思移風易俗，因此大力革除地方陋習，風檢嚴峻，一時豪猾歛跡。他本是學人出身，故尤重視文教，博山當地並無書院，武億捐貲在城東范文正祠旁，創立范泉書院，親臨講授，民譽日起。當時和珅秉政，兼步軍統領，風聞山東有要犯，於是密遣番役四出偵察，這些番役仗勢橫行州縣，孫星衍〈武億傳〉記載：

> 步軍統領衙門番役頭目曹君錫、杜成德者，倚朝貴勢，出都探事，招從惡少十餘人，

---

9 《洪亮吉集》，頁一〇四一。
10 朱珪《知足齋文集》，《續修四庫全書》本，卷五，頁六—八。

縱飲博，橫於縣中。億擒至堂下，稱奉要人令，不服罪，按法笞辱之。時秉政者勢張甚，外臺多承望風旨。上官某聞之，以為禍至無日矣，乃厚贈番役行，而假名「濫刑平民」劾億罷職，億官博山纔七閱月耳。縣民聞億受代，則扶老攜幼率千餘人赴省乞留。[11]

文中所說的「上官某」，即山東巡撫覺羅吉慶。[12]武億杖擊和珅番役，直聲震天下，大快人心。而在此之前，武億即因鋤奸抑強，綑縛營卒，而與吉慶齟齬不諧。[13]阮元〈武虛谷徵君遺事記〉另記載：

武君治博山，民愛之如父母。……博山縣故產五色琉璃器，省司將徵為土產貢，武

11 孫星衍〈武億傳〉，《五松園文稿》，《續修四庫全書》本，卷一，頁二十一。

12 覺羅吉慶，隸正白旗，由官學生補內閣中書，歷御史。乾隆五十六年，由戶部侍郎出任山東巡撫；五十八年八月，調浙江巡撫。嘉慶元年，擢兩廣總督。七年，粵民陳爛屐四糾眾作亂，擾及數縣，吉慶派師擒斬之。餘黨曾鬼六繼起，吉慶因措置失當解職，後自戕死。《清史稿》卷三四三有傳，一九七七年，北京：中華書局點校本，頁一一一二七—一一一二九。

13 武穆淳〈虛谷府君行述〉記：「府君……抑強鋤奸，則力為振發，不事姑息，因之豪滑斂跡，無敢犯令者。營卒張保性獷悍，值其弁公出，保輒入市飲，酣醉於通衢，侵熳良家婦女，無敢與較者。府君訪得之，立命役逮保，保自稱營卒例不由縣約束，抗不至。府君親至其營，叱役收縛之，立置於法。并訊得保為某弁強奪娼蘇氏為妾，府君以事已往，置不問。而弁歸，以笞其營卒，又顯發其私，大懷慚憤，因膚愬上官。上官屢強府君與之和解，府君終不聽，且曰：『某弁實有罪，不即問，所寬已多。雖有命，不敢聞。』蓋自是遂與上官深相忤矣。」（《授堂遺書・附錄》，卷首下，頁三十三）

君抗之。上官曰：「汝具以來，吾悉償汝值。」武君曰：「予非較值也。此器故不入貢，今上官以值來，後之上官必有不以值索之者，非累民即虧庫。況京朝官見此，悉索之，將何以應？余不敢倡此弊政。」卒亦以此忤上官。[14]

可見武億伉直，原即與吉慶不洽，此次笞打番役事，吉慶深恐獲咎於和珅，因此隱諱事實，假藉「濫刑」的名義，劾奏武億「任性行杖」，將他革職。武億雖然到官僅數月，卻頗得民心，《清史稿》卷四八一本傳記載：

億蒞任僅七月，及去，民攜老弱千餘人走大府，乞「留我好官」；不可得，則日為運致薪米，門如市焉。吉慶亦感動，因入覲，偕億行，為籌捐復。大學士公阿桂謂吉慶曰：「例禁番役出京畿，奈何責縣令按法之非，且隱其實而劾強項吏，何也？」吉慶深自悔，而格於部議，遂歸。[15]

吉慶因輿情詾詾，有意替武億捐復原官，無奈當時吏部為和珅所掌控，因此捐復之議被吏部駁回。吉慶本是個庸儒畏事的昏官，《清史列傳》卷七十二〈伊秉綬傳〉記載：嘉慶七年，伊秉綬任廣東惠州知府，時「博羅陳爛屐四謀倡亂，秉綬知之，屢請於總督（按即吉慶），乘其未發時，以兵掩捕，提督阻其行，亂遂作。秉綬憤恚陳狀，觸總督怒，謫戍軍臺。惠人

14 阮元〈武虛谷徵君遺事記〉，《揅堂遺書·附錄》，卷首下，頁二十四。

15 《清史稿》，頁一三二一七。

號訴乞還者千百，不能得。」後來廣東民變蔓延，吉慶被解職，自裁身亡，[16]也算是罪有應得。但這樣的庸人，仕途卻平步青雲，吉慶將武億革職，深得和珅歡心，隔年即調浙江巡撫。而武億罷官後，則靠教授生徒和為人校書、修志謀生。

武億責打和珅番役而落職，乍看似屬偶發事件，然上海圖書館藏有一通武億的手札：

> 皐云八兄大人足下：歲內握別，感君一淚，比今猶為氣結。億鈍拙無似，吏於山縣，容身倖位，無可告語。頃致朱子庸數札，略道鄙懷，然手字亦不能盡竟，大約因人碌碌，逐隊庭謁，較胥役微有差爾。負氣五十年，今折辱至此，感嘆都中過從之樂，自唯向隅悲哽，無復歡悰。但億失志無聊，不敢望顯貴人垂援，尤竊念莊寶琛所留意之人，胡西庚學士即可向此兒為不肖道意，足以酬此時冤苦矣。如兄能不忘於懷，或杯酒談款略為述之，使億不長沒風塵，皆噓植之惠也。一笑，一笑。悶極出於醜詆，想必見原。皐云八兄大人，億頓首，二月十三日。[17]

受信人皐云，即言朝標，江蘇常熟人，乾隆五十四年進士，時任刑部主事。據信中「億鈍拙無似，吏於山縣，容身倖位，無可告語」諸言，可知此信是武億還任博山知縣時所撰，應撰於五十七年二月。武、言二人相知有素，信中詞意隱晦，武億所託胡西庚道意之事，

16 《清史列傳》，一九八七年，北京：中華書局點校本，頁五九五七。

17 參拙稿〈武億年譜〉乾隆五十七年條，二〇一四年，《中央研究院歷史語言研究所集刊》八十五本第三分，頁五二五。

今未能確考。但武億顯然對需次十餘年，卻被分發博山知縣這事深感不平，故有「負氣五十年，今折辱至此」之歎，他認為這山縣小官難有作為，僅「較胥役微有差爾」。從這信玩味，武億不願「逐隊庭謁」、「長沒風塵」，雖到官未久，隱然已有去志矣。武億同榜進士法式善撰〈武虛谷傳〉說：

余與虛谷為同年友，交相得也。方其之博山時，登車執手訂相見期，君謂：「半載後，當擕樽榼迓我於盧溝橋左。」人以為君胡作戲語，余固有以知君之志矣。君生平以讀書用世為志，遇權勢則強項不為之下，乃卒以是為世所棄。[18]

據法式善〈傳〉文和武億寄言朝標的信，可知他鋤抑強圉、杖擊和珅番役諸事，應非偶然。武億友人孫星衍，乾隆五十三年戊申科榜眼，授翰林院編修，但五十四年四月散館時，卻為和珅所壓抑，未能留館翰林。張紹南編《孫淵如先生年譜》乾隆五十四年條載：

四月，散館。君試〈厲志賦〉，用《史記》「匔匔如畏」，和相國珅不識，疑為別字，問之紀文達公昀，紀不言，乃置君賦二等。引見，奉旨以部員用。故事，一甲進士改部，或奏請留館。時和相國知君名，欲君屈節一見，君卒不往，曰：「吾寧得上所改官，不受要人留館之惠也。」遂就部郎。又編修改官，可得員外，前此吳文煥有

---

18 法式善〈武虛谷傳〉，《授堂遺書·附錄》，卷首下，頁十四。

成案。或謂君一見和相即得之，君曰：「主事終擢員外，何汲汲求人為！」[19]

可見當時吏部分發授職，和珅掌控絕大的權力。武億乾隆三十五年中舉，座師曹錫寶，乾隆五十一年任陝西道御史時，曾劾奏和珅家人劉全衣服、車馬、房屋踰制。這事和珅預先得訊，星夜滅跡，王大臣受命前往勘查時，未得實據，因此，曹錫寶以參奏不實降調，清高宗特旨改為革職留任。這時和珅當政已十多年，舉朝無人敢拂逆其意，曹氏竟敢抗辭劾奏，可見他也是個清流直士，其事始末，詳見《清史列傳》卷七十二及《清史稿》卷三二二曹氏本傳。[20] 曹錫寶、武億師生往來甚密，武億從遊朱筠門下，即由曹錫寶手書介紹。[21] 朱筠盛年早逝，其弟朱珪與曹錫寶相知至契，朱珪之子朱錫經所撰《南厓府君年譜》，嘉慶四年條載：

素與侍御上海曹公錫寶至契。曹公臨終遺言：「誌銘必請朱石君先生為之，以先生知我最深也。」[22]

大約朱珪、曹錫寶等俱不直和珅所為，故和珅當權時，朱珪倍受排擠。武億與朱珪蹤跡亦

19 張紹南編，王德福續編《孫淵如先生年譜》，光緒、宣統間《藕香零拾》本，卷上，頁七—八。

20 《清史列傳》，頁五九三六—五九三七；《清史稿》，頁一〇七九五—一〇七九六。

21 武億〈上朱笥河先生求撰先大夫神道碑銘書〉，《授堂文鈔》，《授堂遺書》本，卷四，頁七。

22 朱錫經《南厓府君年譜》，嘉慶間刊本，卷下，頁三。

密，又是曹錫寶識拔之士，其不得志官場，應在意料之中。他最終不願「心為形役」，以杖擊和珅番役去官，師弟同以伉直嫉惡被劾，後先輝映。嘉慶四年正月，和珅伏法。仁宗下求言之詔，凡有隱抑受屈者，皆以次上聞。這時曹錫寶已經去世，以諍臣直言追贈副都御史。武億友人屢勸他入都陳請開復，他則以安命固窮，笑而辭謝。武穆淳〈行述〉記載嘉慶四年：

> 冬十一月，特下諭旨，命大學士、九卿於京外各員內，有操守端潔、才猷兼濟，及平日居官事蹟可據者，各舉所知，密行保奏。於是大臣有素知府君者專疏保薦，並為申明罷職緣由。[23]

這時朱珪任戶部尚書，我推想密疏保薦武億的，應即朱珪所為。十一月二十九日，仁宗敕吏部：「原任山東博山縣知縣武億，行文豫省巡撫咨部引見，將革職原案查奏」。而武億則前一月，於嘉慶四年十月二十九日病逝，士論惜之。朱珪為武億撰寫〈墓誌銘〉，對他杖擊和珅番役一節累累數百字，亦可透露個中訊息。

二

23　武穆淳〈虛谷府君行述〉，《授堂遺書・附錄》，卷首下，頁三十五—三十六。

武億博通經史，《清史稿・儒林傳》本傳說：

> 億學問醰粹，於七經《注疏》、三史、涑水《通鑑》，皆能闇誦。既罷官，貧不能歸，所至以經史訓詁教授生徒。勇於著錄，有《群經義證》七卷、《經讀考異》九卷、《金石三跋》十卷、《金石文字續跋》十四卷、《偃師金石記》四卷、《安陽金石錄》十三卷；又有《三禮義證》、《授堂劄記》、詩文集等書，皆旁引遠徵，遇微罅，輒剖抉精蘊，比辭達意，以成一例。[24]

《傳》中所列武億著作卷數，未盡核實，《群經義證》應為八卷，《安陽金石錄》十二卷，《三禮義證》十二卷。此外，他還有一些史部著作，今已亡佚，《授堂文鈔》卷九有一通他給朱錫庚（朱筠之子）的信，言及：

> 聞足下閱《史記》，以《左氏》參考，凡司馬氏顯異《傳》文者，皆可劄記，訂正其訛。某於《四史舉正》內用意頗如此，願吾弟治《左傳》餘力，亦時為之，久之，左右逢原，當有貫通之妙矣。[25]

可知他著有《四史舉正》一稿。另外，武億還著《新唐書索隱》，武穆淳〈行述〉言：「復

---

24 《清史稿》，頁一三二一七—一三二一八。

25 武億〈與朱少白書〉，《授堂文鈔》，卷九，頁九。

欲為《新唐書索隱》，已將勒為成書，今不及手訂矣。」[26] 這書當時應已具稿，可惜武億中年早逝，不及勒為定本刊行。《清史稿》本傳說他「三史、《通鑑》皆能闇誦」，他在《金石三跋》、《授堂金石文字續跋》等書，常引諸史與碑刻文字相參證，比覈同異。《四史舉正》、《新唐書索隱》稿本今雖不傳，我們仍可從金石題跋中看到他勘訂諸史的一些特識。

乾嘉時，金石考證之學，以錢大昕聲名為最著。上海圖書館收藏一封武億致錢大昕的手札：

> 億頓首再拜，謹上竹汀先生少詹事大人閣下：去歲謁選，在都中寓朱子庸處，伏聞閣下垂意末學，屢於在位通人坐間曲為獎借，俾億鄉僻汨沒之陋，少得知聞于世。自顧慚惕，莫可狀言，然私衷惓惓，尚欲箋候致於左右；既又牽率就官山東，吏役旁午，益無情悰。昨二月內入青州，遇太守一幕客，述閣下近寄翁學使書，稱道不肖，謂與學使有同氣之感。竊以閣下學為世師，海內傾依，一言增重，足為士類所傳布；而拳注懇惻，不遠二千里為億延譽。此雖素依門墻之士，尚不可得此，況億於閣下未嘗有謀面之雅，乃反幸邀知愛，逾量無涯，為愧為感，足為飲涕。億稟賦滯拙，無他嗜好，又遭際窮阨，不能力學，以致因循三十餘歲，始依朱笥河先生，乃得少就端緒。不幸僨於衣食之累，終年窮逐，素業日以就荒；而結習之癖，懼無所成，因不自揣量，先謀付刻工。已刻就者，有《經讀考異》十卷、《偃師金石

---

26 武穆淳〈虛谷府君行述〉，《授堂遺書・附錄》，卷首下，頁三十八。

遺文記》八卷，聞已得入清覽。近又刻得《金石三跋》十卷、《小石山房文集》一冊，皆以區區譾陋之業，不敢自致於前；然又懷不能隱，欲求正於大賢，藉以因緣，以為循誘之方。……

億近編述《六經碎義》十六卷，苦為吏役所迫，未能率爾勒成。夏間若無事，得節次寫錄，當先為一草本奉上閣下，非惟塵瀆視聽，亦以見下吏走賤所抱其介介之守者，尚未嘗敢忘於故紙。或竊比為處困能立，不致見棄於大君子，良惟大幸爾。……

竹汀先生少詹事大人閣下，億再拜，四月廿二日。[27]

此信未記撰寫之年，但從信中「去歲謁選」和「牽率就官山東，吏役旁午」之語，可知寫此信時，武億還在博山知縣任上，這信應撰於乾隆五十七年四月。信中提到的「翁學使」，即翁方綱。翁氏五十六年授山東學政，十月到任；五十八年七月卸任。[28]錢大昕致翁方綱信中，極稱武億長於金石之學，「與學使有同氣之感」，年月正合。從這信前段可以看出，錢氏對武億才學極為推重，兩人雖不曾謀面，但錢大昕卻「屢於在位通人坐間」為他延譽，可見其相知之雅。

這信末段談到「近編錄《六經碎義》十六卷」，所謂《六經碎義》，應該就是《群經義證》、《三禮義證》初名，因其內容為條考式的札記，故名為「碎義」。武億金石題跋中，亦

27　武億〈與錢竹汀書〉，據上海圖書館藏武億墨跡迻錄。

28　翁方綱《翁氏家事略記》，《蘇齋叢書》本，頁四十九—五十。

稱《五經碎義》。[29] 六藝中樂無經本，故應以「五經」之名為正。乾隆四十八年三月，武億寄朱錫庚信中談到：

> 閭閈中凡某舊相識者，自二十年凋零日盡；四方交游，如方叔才而少者，近亦不幸奄喪，用此日夜悼恨，恐一旦倉卒澌然就滅，則此事遂已。然又苦貧，不能不為生計所累，或于旦暮間人事少謝，便繙故帙，隨事劄記，遇古人漏義脫文，時能補緝一二，幸稍有所得，輒狂喜不已。[30]

此信說的「隨事劄記」，即《碎義》初稿，則此書應創稿於乾隆四十八年前後；其後因窘於刻資，分為《群經義證》、《三禮義證》兩書。《群經義證》八卷，刻於嘉慶二年，距離乾隆四十八年創稿，前後歷時十五年；此書《詩》、《書》、《論語》、《孟子》各一卷，《左傳》三卷，《公羊》、《穀梁》合為一卷，計三百十四條。三禮部分後來單刻，另為《三禮義證》十二卷，包括《儀禮》一卷、《禮記》五卷、《周禮》六卷。兩書合計共二十卷，較寄錢大昕信中說的《碎義》十六卷，增多四卷，大概後來續有增補。武億因缺乏刻資，《三禮義證》生前並未付刻，道光二十一年，楊以增任河陝汝道觀察使，捐金助刻，武億之孫武耒才取遺稿與《授堂詩鈔》同時付梓，合編為《授堂遺書》。《群經義證》中沒有《周易》相關條

---

29 武億〈唐姚文獻公懿碑銘跋〉，文末附注：「父子易名兩世並同者，余有論證，在《五經碎義》。」（武億《金石二跋》，《授堂遺書》本，卷二，頁一）

30 武億《授堂文鈔》，卷五，頁三。

目，大概武億夙性質樸，對抽象哲理的《易》學較少興趣。《群經義證》除嘉慶二年原刊本外，另有道光二十三年《授堂遺書》本、一九二六年蘇州江氏《文學山房叢書》本。道光時，阮元編刻《皇清經解》，此書因刻於中州，流傳不廣，故《經解》只收《經讀考異》，未收《群經義證》；光緒間，王先謙續刻清人經解，始將它收入《經解續編》。江瀚分纂《續修四庫提要》稿，對《群經義證》給予極高的評價。[31]相對的，《三禮義證》因刊刻較晚，只有《授堂遺書》本，《經解續編》及《續修四庫提要》皆失收，知其流播未廣。《群經義證》雖不如王氏《經義述聞》那般精核，然書中亦不乏特識。錢大昕《十駕齋養新錄》卷一「苗民弗用靈」條：

> 〈呂刑〉：「苗民弗用靈」，《墨子》引作「苗民否用練」。古書「弗」與「不」同，「否」即「不」字；「靈」、「練」聲相近。〈緇衣〉引作「匪用命」，「命」當是「令」之譌。「令」與「靈」古文多通用，「令」、「靈」皆有「善」義，鄭康成注《禮》，解為「政令」，似遠。[32]

錢氏認為《禮記・緇衣》引〈呂刑〉此文「靈」字作「命」，應是「令」字之譌，段玉裁《古

31 《續修四庫全書總目提要・經部》，一九九三年，北京：中華書局，頁一三四〇—一三四一。

32 錢大昕《十駕齋養新錄》，光緒十年，龍氏家塾重刊《潛研堂全書》本，卷一，頁十五。

文尚書撰異》說同。[33]此則不如武億推證為確，《群經義證》言：

〈呂刑〉：「苗民弗用靈」，《正義》：「靈，善也。不用善化民，而制以重刑。」案《禮記‧緇衣》鄭《注》引作「苗民弗用命」，[34]「靈」與「命」二字不同。《說文》：「霝，雨零也。」「霝」即作「零」，〈漢吳公碑〉「神零有知」，義亦作「霝」；「零」又古「霝」字，與「令」同用，〈微欒鼎〉「永令霝終」，上「令」字為「命」，下「霝」字為「令」，〈翼敦銘〉「霝終霝始」。據是，「苗民弗用霝」，古《尚書》必作「令」，康成氏引作「命」，是「命」、「令」為一字。[35]

武億引〈微欒鼎銘〉等，以證周代金文「命」、「令」二字混用，而非如錢大昕、段玉裁所說，「命」為「令」字之誤；且由〈緇衣〉引作「命」字，益可推證《尚書》古本有作「苗民弗用令」者。馬王堆漢墓竹簡《合陰陽》：「九曰青令」，同墓竹簡《天下至道談》作「青靈」，[36]「令」、「靈」二字通用，「青靈」即蜻蛉。上博竹簡本〈緇衣〉引〈呂刑〉此文作「⿰貝乇

33 段玉裁《古文尚書撰異》云：「〈緇衣〉作『命』者，古『靈』、『令』通用，皆訓『善』；『令』之為『命』，字之歧誤也。」（《經韵樓叢書》本，卷二十九，頁五）

34 按〈緇衣〉引「〈甫刑〉曰：苗民匪用命」（《禮記注疏》，嘉慶二十年，江西南昌府學刊本，卷五十五，頁二），此非鄭《注》引文，武氏誤記。

35 武億《群經義證‧書》，《授堂遺書》本，頁九。

36 裘錫圭主編《長沙馬王堆漢墓簡帛集成》，二〇一四年，北京：中華書局，冊六，頁一五五，又頁一六八。

民非甬霝」，[37]郭店本〈緇衣〉則作「非甬坙」。[38]先秦經籍傳寫，往往以音近之字為之，文字並不統一，「命」、「令」為一字之分化，今本〈緇衣〉引作「命」者，尚存先秦舊文，其字非誤，此當以武億之說為是。

另如〈禹貢〉荊州「浮于江、沱、潛、漢」，《釋文》云：「本或作『潛于漢』，非。」[39]孔穎達《正義》也說：「本或『潛』下有『于』，誤耳。」[40]後人解《尚書》，皆從陸、孔之說，以「潛」下「于」字為衍文，武億獨以為：

> 《史記・夏本紀》「潛」作「涔」，下有「于」字，陸、孔所指或本，當沿諸此。考太史公從孔安國問故，此似《古文尚書》有此字，若屬讀「浮于江沱潛」為句，「于漢」更為句。《孟子》：「號泣于旻天，于父母」，疊兩「于」字，以「號泣」貫下；此疊兩「于」字，以「浮」貫下，義並相同。舊作「潛于漢」，義不可曉，乃大誤耳。[41]

武億認為《尚書》別本、《史記・夏本紀》「潛」下俱有「于」字，二者正同，似司馬遷所

---

37 馬承源主編《上海博物館藏戰國楚竹書（一）》，二〇〇一年，上海古籍出版社，頁一九〇。

38 武漢大學簡帛研究中心、荊門市博物館編《楚地出土戰國簡冊合集》，二〇一一年，北京：文物出版社，冊一，頁二十八。

39 陸德明《經典釋文》，一九八五年，上海古籍出版社影印北京圖書館藏宋刻宋元遞修本，卷三，頁十。

40 《尚書注疏》，嘉慶二十年，江西南昌府學刊本，卷六，頁十七。

41 武億《群經義證・書》，頁三。

見之本已如此，則下「于」字未必是後世傳寫產生的衍文。先秦經籍授受各有源流，說經者應求其會通，各從其舊，不必專輒刊改舊文，因此他引《孟子》文例，認為〈禹貢〉此文「浮」字貫下「于漢」為義，此「于」字未必即衍文，此則武億治經矜慎，不輕改故書的微意。

《清史稿・儒林傳》稱武億所著書，「旁引遠徵，遇微罅，輒剖抉精蘊，比辭達意，以成一例」，《經讀考異》一書即專從句讀異同等細處，剖抉疑滯。乾隆五十二年，武億致孫星衍信中談到：

> 某比來為《十二經正讀》一書。……〈學記〉：「一年視離經辨志」，康成氏云：「離經，斷句絕也。」又韓昌黎云：「沈潛乎義訓，反覆乎句讀。」用是知經之義起於析句不明，而俗學依文曲附，使上下牽綴，強為屬詞，於是鑿說紛紛，浸致古訓沈沒，類如是者，宜急以訂正其誤，此愚之不揣而妄為有述也。[42]

信中所說的「十二經正讀」，即《經讀考異》最初之名，因《孝經》文意淺白，句讀無甚出入，所以止有十二經。《經讀考異》刻於乾隆五十四年，阮元曾將此書收入《皇清經解》。附帶一提，嘉慶時，錢大昕從子、錢大昭之子錢繹，著《十三經斷句考》十三卷，即依《經

---

42 武億〈致孫伯淵一〉，《授堂文鈔》，卷十，頁一。

讀考異》之例，補其未備。[43] 錢繹《斷句考》書成未刻，今存卷一、卷二、卷十二、卷十三共四卷，稿本現藏於上海嘉定博物館。[44]《經讀考異》對經師句讀異同，辨析極為精細，以開篇第一條為例，《易》乾卦九三：「君子終日乾乾，夕惕若厲無咎」，此文下句今、古讀不同，《經讀考異》云：

> 案近讀皆以「夕惕若」為句，「厲」一讀，「無咎」一讀。考漢、唐舊讀並連「夕惕若厲」為句，《淮南子・人間訓》：「夕惕若厲，以陰息也。」《漢書・王莽傳》引「《易》曰：夕惕若厲」；《說文》「夤」字注引「《易》曰：夕惕若厲」（元注：《說文》又作「夕惕若夤」）。《風俗通義》引「《易》：夕惕若厲」；《後漢・謝夷吾傳》：「夕惕若厲」，《注》：「《易》曰『夕惕若厲』，言君子終日乾乾，至于夕，猶怵惕戒慎若危懼。」荀爽云：「立誠，謂夕惕若厲。」干寶曰：「外為丈夫之從王事，則夕惕若厲。」《書・冏命・正義》引《易》稱「夕惕若厲」；《藝文類聚》引亦作「夕惕若厲」。又《書》「怵惕惟厲」，與《易》句並同，古讀似可依。[45]

43 按《群經義證》間有考辨句讀之條，為《經讀考異》所未論及者，以《尚書》為例，如〈皋陶謨〉「無教逸欲有邦」（頁三）、〈召誥〉「乃復入錫」（頁七）、〈多士〉「弗弔旻天」（頁七）、〈君奭〉「弗弔天」（頁八）四條，即為《經讀考異》所闕載。因《考異》之書刊刻在前，武億後來續有所得，即載入《義證》中。

44 《中國古籍善本書目・經部》，一九八九年，上海古籍出版社，頁三六四。

45 武億《經讀考異》，《授堂遺書》本，卷一，頁一。

此條共引九證，以見漢唐舊讀皆以「夕惕若厲」四字連讀。朱熹《易本義》則讀「夕惕若」三字為句，「厲」字一讀，「無咎」二字另為一句，後世多依朱子句讀。今考張衡〈思玄賦〉：「夕惕若厲以省諐兮，懼余身之未勑。」[46]又《文言》「是故居上位而不驕」，三國時虞翻《注》：「天道三才，一乾而以至三乾成，故為上。『夕惕若厲』，故不驕也。」[47]又《繫辭》「是故其辭危」，虞翻《注》：「危，謂〈乾〉三，『夕惕若厲』，故辭危也。」[48]則虞翻《注》亦以「夕惕若厲」四字連讀。這些例證，並可為武億之說添一佐證。王弼此《注》言：「終日乾乾，至於夕惕猶若厲也。」則王弼亦以此四字連讀。惟孔穎達《正義》依據《文言》釋乾卦之語，懷疑此文「若」字「宜為語辭」，[49]此則朱熹《易本義》改讀之先聲。

另舉《尚書‧禹貢》為例，〈禹貢〉篇末言：「東漸于海，西被于流沙，朔南暨聲教訖于四海」，此文末句過去有兩讀，現存《史記》各本皆讀「朔南暨」三字為一句，「聲教訖于四海」六字為一句；偽孔《傳》則以「朔南暨聲教」五字連讀，「訖于四海」為一句。清

46 蕭統編，李善注《文選》，一九七四年，北京：中華書局影印北京圖書館藏宋淳熙八年尤袤刊本，卷十五，頁十九。

47 李道平《周易集解》，一九九四年，北京：中華書局點校本，頁四十九—五十。

48 同上注，頁六七七。

49 孔穎達《周易正義》：「案此卦九三，所居之處，實有危厲；又《文言》云：『雖危无咎』，是實有『危』也。據其上下文勢，『若』字宜為語辭。但諸儒並以『若』為如，如似有厲，是實无厲也，理恐未盡。今且依『如』解之。」（《周易注疏》，嘉慶二十年，江西南昌府學刊本，卷一，頁四）據此文，亦可見六朝經師亦讀「夕惕若厲」為句。

代學者顧炎武、胡渭、閻若璩、沈彤《尚書小疏》、江聲《尚書集注音疏》、成蓉鏡《禹貢班義述》皆讀「朔南暨」為句；顧頡剛、劉起釪《尚書校釋譯論》亦從此讀。[50]武億則以偽孔為是：

考《後漢書・杜篤傳》：「朔南暨聲，諸夏是和」，《注》引「《尚書》曰：朔南暨聲教」，據此，則漢人已以「暨聲」連句，孔《傳》讀當有所據。《文選・東都賦・注》引作「朔南暨聲教」，《東京賦・注》引又作「聲教訖于四海」，李氏並從兩讀。《元豐類稿・臥禪師淨土堂銘跋》引《書》亦作「朔南暨聲教」；程大昌〈進禹貢論序〉亦作「朔南暨聲教」。近胡朏明謂裴駰《史記集解》其注在「暨」字下，則自劉宋時已不從孔《傳》而以「聲教」屬下句。此殆疑孔《傳》偽託，宜從舊讀為是；然不知孔《傳》已有所襲，非可盡置也。[51]

武億據杜篤〈論都賦〉之文，證明東漢時已讀「朔南暨聲教」五字為句，並非偽孔所創。今查中華書局點校本《史記・夏本紀》、《漢書・地理志》仍讀「朔南暨」為一句，以「聲教」二字屬下讀。[52]我認為武億之說是對的，荀悅《漢紀・元帝紀》：「北盡朔裔，南暨聲

50 顧頡剛、劉起釪《尚書校釋譯論》，二〇〇五年，北京：中華書局，頁八二一—八二二。
51 武億《經讀考異》，卷二，頁十。
52 《史記》，一九五九年，北京：中華書局點校本，頁七十七；《漢書》，一九六二年，中華書局點校本，頁一五三七。

教」，[53]此亦東漢人讀「朔南暨聲教」五字為句的一個明證。另據《文選》卷二十，晉代應吉甫〈晉武帝華林園集詩〉：

澤靡不被，化罔不加。聲教南暨，西漸流沙。[54]

又《晉書·地理志》云：

夏后氏東漸于海，西被于流沙，南浮于江，而朔南暨聲教。[55]

顯然二者也是以「朔南暨聲教」為一句，則漢晉舊讀皆如此。即唐人亦然，李善《文選注》於班固〈東都賦〉、應吉甫〈晉武帝華林園集詩〉、江淹〈雜體詩〉、曹植〈七啟〉，以及劉琨〈勸進表〉注中，共五處引到《尚書》「朔南暨聲教」，[56]知李善以「聲教」二字屬上讀。武億所指的《東京賦·注》引作「聲教訖于四海」，其實是薛綜舊注，並非李善《注》，[57]武億說李善「並從兩讀」，此失於細覈，其說未確。「暨」字訓「及」，今細審《漢書·地理志》

53 荀悅《漢紀》，《四部叢刊》本，卷二十一，頁八。
54 李善注《文選》，卷二十，頁二十。
55 《晉書》，一九七四年，中華書局點校本，頁四〇九。
56 李善注《文選》，卷一，頁二十三；又卷二十，頁二十；又卷三十一，頁二十八；又卷三十四，頁二十四；又卷三十七，頁二十七。
57 李善注《文選》，卷三，頁二十三。

顏師古《注》:「北方、南方皆及聲教」,[58] 張守節《史記正義》言:「朔,北方;南,南方也。言南北及於聲教,皆從之。」[59]《後漢書》李賢《注》亦兩引《尚書》「朔南暨聲教」,[60] 由此諸例考之,知唐人《史》、《漢》舊讀亦以「朔南暨聲教」五字為句,此俱可為武億之說有力的佐證。其實,玩味〈禹貢〉書例,「暨聲教」除朔南外,應兼包上文東海、流沙言之,所以下文承之說「訖于四海」,即日月照臨之地,無論東西南北,無不廣被王化聲教。

再以《論語》為例,〈述而篇〉「不復夢見周公」章,朱熹讀「甚矣吾衰也」作一句,「久矣吾不復夢見周公」九字為一句,今人多從此讀。武億則認為《論語》此章應分作三句讀:

> 考此「甚矣」作一讀,「吾衰也久矣」作一讀,「吾不復夢見周公」作一讀。《呂氏春秋・傳志篇・注》[61] 引《論語》曰:「吾衰久矣,吾不復夢見周公」,「吾衰」下較今文少「也」字,實以「吾衰」作句首,不連「甚矣」為讀。黃山谷〈答王周彥書〉引孔子曰:「吾不復夢見周公」,不以「久矣」連此句作讀,亦可為證。[62]

58 《漢書》,頁一五三八。按中華書局點校本此《注》作「北方南方皆及,聲教盡於四海也」,誤。

59 瀧川龜太郎《史記會注考證》,一九八三年,臺北:漢京文化事業公司影印本,卷二,頁三十三。

60 《後漢書》,一九六五年,北京:中華書局點校本,頁一三六四;又頁二六〇五。

61 按「傳」字今本作「博」,王念孫云:「博,當為『摶』,『摶』與『專』同,謂專一其志也。」(王念孫《讀書雜志・餘編上》,《續修四庫全書》本,頁五十四)

62 武億《經讀考異》,卷七,頁五—六。

武億依《呂氏春秋》高誘《注》，推斷《論語》此章古讀分為三句。翟灝《論語考異》論及此章句讀，與武億持說正同：

按劉越石〈重贈盧諶詩〉：「吾衰久矣夫，何其不夢周」；《呂覽·不苟論》高《注》引《論語》「吾衰久矣」；張子《正蒙》亦引《語》「吾衰也久矣」；楊龜山作〈資聖院記〉，亦云「甚矣夫，吾衰久矣」。至李絳〈論朋黨〉、李善注〈西征賦〉、陳襄〈與孫運使書〉引「吾不復夢見周公」，則皆無「久矣」二字。「久矣」字連上為句，舊人讀多如是。朱子以二字改屬下，其讀蓋本于致堂胡氏。[63]

翟灝所引各例，可與武億之說互為補充，證明古讀與近讀之異。檢皇侃《論語義疏》述此章章旨言：

孔子不敢期於天位，亦猶願放乎周公，故年少之日恆存慕發夢。及至年齒衰朽，非唯道教不行，抑亦不復夢見，所以知己德衰，而發「衰久矣」，即歎不夢之徵也。[64]

從文中「衰久矣」之語，知梁代皇侃亦讀「吾衰也久矣」為句，可為武億、翟灝兩家之說增一例證。另如〈子罕篇〉末：

63 翟灝《論語考異》，《清經解》，道光九年，廣東學海堂刊本，卷四五七，頁一—二。
64 皇侃《論語義疏》，鮑氏《知不足齋叢書》本，卷四，頁三。

「唐棣之華，偏其反而。豈不爾思？室是遠而。」子曰：「未之思也，夫何遠之有？」子曰二句，《釋文》說：「一讀以『夫』字屬上句」，[65] 即讀「未之思也夫」五字為一句。武億博稽先秦引詩之例，認為「『夫』字屬上句者為勝」：

古人釋詩之詞，多以「夫」字屬句末，《左傳》僖二十四年：「《詩》曰：『彼己之子，不稱其服。』子臧之服，不稱也夫。」宣十二年：「《詩》曰：『亂離瘼矣，爰其適歸。』歸于怙亂者也夫。」成八年：「《詩》曰：『愷悌君子，遐不作人。』求善也夫。」襄二十四年：「《詩》云：『樂只君子，邦家之基。』有（森按：「有」下脫「令」字）德也夫。『上帝臨女，無貳爾心。』有令名也夫。」《中庸》：「《詩》曰：『神之格思，不可度思，矧可射思，夫微之顯。』誠之不可揜如此夫。」《法言》：「昔在周公，征于東方，四國是王。召伯述職，蔽芾甘棠，其思矣夫。」[66]

《論語》此章「夫」字屬上讀，或屬下為句，似乎無關宏旨。但武億細審詞氣，依據《左傳》引《詩》後評論之語，多以「夫」字屬句末，因此，他認為《論語》此文應讀「未之思也夫」五字為句。這種討論，辨析精微，足見其心思細密，讀書一絲不苟，《清史稿》本傳說他「遇微罅，輒剖抉精蘊，比辭達意，以成一例」，此條歸納先秦引詩之例，即其一證。

65 陸德明《經典釋文》，卷二十四，頁十。
66 武億《經讀考異》，卷七，頁八。

三

武億的學術成就，除經學研究留下《經讀考異》、《群經義證》、《三禮義證》三種著作外，其貢獻亦體現在石刻研究及訪碑工作上。河南本多石刻舊跡，武億家鄉偃師，位於黃河南岸，與北岸孟縣隔河相望，南與登封、伊川接壤，西與洛陽、孟津相連，遺碑斷碣，時時或見。武億少年時即好此道，〈偃師金石記題辭〉云：

偃師與洛壤接，由漢魏以迄隋唐，皆為京輔都會之區。其間宮觀、寺宇，與夫陵墓所在，多侈于他縣；而銘誌刻記附以流傳至今者，亦頹廢敗沒于榛莽無人之墟。予方童幼時，間過其下，輒知摩拭存之，歸即條記某所某刻石，略能道其歲月、事迹始末。自是三十餘年，癖好益甚。[67]

他給王昶的信中，也曾追憶這些少年經驗：

生平無他嗜好，性尤鄙鈍，不習通曉。自十餘歲好獨游，從廢寺荒墟窅然懷想，偶檢得古人一二石碣遺跡，撫摩終日，或至廢食不歸。同儕日笑其騃，然結習益不可移，惟默默自以適意，亦不知其關于學也。[68]

67 武億〈偃師金石記題辭〉，《授堂文鈔》，卷七，頁二十一。
68 武億〈答王蘭泉先生書〉，《授堂文鈔》，卷七，頁十七。

此即前人所謂「性而好之者」。金石之學，宋代歐陽修著《集古錄》十卷、趙明誠著《金石錄》三十卷，實導其源；南宋以後，此學漸興，著錄者日富，鄭樵編纂《通志》時，特立〈金石略〉一門。清初，顧炎武著《金石文字記》、朱彝尊著《曝書亭金石文字跋尾》，專以石刻史料佐經證史，因而引領一代風氣，金石好尚蔚然成風，學者從事此者日多，訂墜拾遺，因成專門之學。

武億生長於石刻之鄉，這種地理條件，使他較旁人更早接觸碑碣舊刻。乾隆朝前期，惠棟著《九經古義》，常引漢碑，以證群經異文或經說別義。這種研究範式，促使吳門後學王鳴盛、錢大昕、王昶等人極早投入收集碑拓，從事金石研究的行列。王鳴盛早年文集《西莊始存稿》，卷三十三便是碑刻題跋。他另著《翠墨小箋》，書稿已亡佚；[69]王氏晚年著《蛾術編》，原書卷八十一至卷九十為〈說刻〉，是他碑刻研究心得所萃。道光間，沈楙悳刻《蛾術編》，將這部分全行刪去，中國國家圖書館藏海寧楊文蓀迻鄭齋鈔本，〈說刻〉十卷尚存，可謂一線僅存；近年有編印《王鳴盛全集》者，惜編者無識，未能取此足本排印。[70]錢大昕《潛研堂金石文跋尾》初集刻於乾隆三十六年，是武億金石研究的先行者。《跋尾》元、亨、利、貞四集，共收金石跋文八百餘篇，歷來治金石兼考史者為多，錢大昕則以史家而

69 參拙著〈王鳴盛年譜〉（下），二〇一二年，《中央研究院歷史語言研究所集刊》第八十三本第一分，頁一七一。

70 同上注，頁一六六—一六七。

兼治金石，故能擿微抉奥，邁越前修，王鳴盛序其書，稱為「古今金石學之冠」，[71]諒非過譽。王昶《金石萃編》一百六十卷，則為乾嘉金石研究集成之作。這三人中，錢大昕、王昶與武億皆有交往。王昶纂輯《金石萃編》時，聽聞武億研精此學，乾隆五十三年，特地派人專程帶信到偃師，請武億將他所撰金石跋文覓人另寫一份，以便參考引用。武億將歷年所撰金石跋尾二百餘篇錄一副本，與剛結撰的《偃師金石錄》二卷一併附上，信中鄭重說明，《金石錄》中所載偃師碑刻八十餘種，多前人未經著錄者，希望王昶載入《金石萃編》時，不應泯沒他長年搜訪的勞績：

> 閱歐、趙諸錄，乃頗尋見隙微。因檢出舊所得者若干，又比歲所收緝者若干，恐散亂不可收拾，輒少為存識，而於四方摹拓諸本，共跋成二百餘篇。中有前人著錄，推證或不及詳，亦為附記。至偃師金石刻八十餘種，皆窮搜而得，不惟前人著錄不能收，近如府、縣圖經亦不悉載，故愈復矜惜。竊倣葉氏《嵩陽石刻》之例，今採入《縣志》，已備《金石錄》二卷，并附呈覽。計其中與群史傳記互為推稽者，皆由狹見臆決，繆戾紛錯，誠知不能有逃于洞識；然終不忍飾醜以自覆匿，蓋感十年企慕之私，今幸得附知于閣下，是以輒獻其陋而不慚。[72]

---

71 錢大昕《潛研堂金石文跋尾》，《潛研堂全書》本，卷首，頁二。

72 武億〈答王蘭泉先生書〉，《授堂文鈔》，卷七，頁十七。

《偃師金石錄》二卷，是武億刊行的第一本金石學專著，他自己非常珍視，此書前後曾以幾種不同形式出現，它本來是《偃師縣志》一個組成部分，上卷自周漢至五代，下卷由宋至元，收於《偃師縣志》卷廿七、廿八，此其一。乾隆五十三年八月，他將《偃師金石錄》案語考證部分抽出，採跋尾形式，改分四卷，名為《偃師金石記》，此其二。同年十月，武億又取《縣志・金石錄》書版刷印單行，大概此《錄》一編入《縣志》，即成官書，求取不便，因此，他將書板抽出單行，改名《偃師金石遺文記》，以取別於官書，此其三。《遺文記》除武億的考證案語外，凡縣境內元以前石刻可考者，無不著錄，各記其年代、撰書人姓名及碑石所在；其文字可辨識者，悉加載錄；其碑亡佚無考者，則存其目，與《偃師金石記》純為題跋體者不同。《遺文記》後來不斷增益，擴充為八卷，見上引武億與錢大昕手札，此其四。嘉慶初，此書增編為《偃師金石遺文補錄》十六卷，下面將另述及。武億此書前後以五種不同形態出現，書名、卷數不一，民國初年修《清史稿》時，繆荃孫分纂〈藝文志〉，著錄為《偃師金石遺文補錄》二卷，將《遺文記》二卷與《補錄》十六卷誤混為一書。

除《偃師金石錄》外，武億另有幾種地方金石志，他晚年受聘為人修志，先後纂有《魯山縣志》二十六卷、《寶豐縣志》二十四卷；另有《郟縣志》，稿成未刻。武億生命最後階段，則與安陽知縣趙希璜同纂《安陽縣志》十四卷。他因熟諳河南地方史事及文獻，因此修志甚有效率，《魯山縣志》和《寶豐縣志》兩書，一年之間即告成書。他修志有一特點，特別著力於地理和金石兩部分，《魯山縣志・金石志》有四卷，《寶豐縣志・金石志》六卷；

《安陽縣志》金石部分獨立成書，為《安陽金石錄》十二卷，附刻於《縣志》之後。乾隆中，畢沅任陝西巡撫，曾通令關中各府州縣，凡志乘年久失修者，務詳考境內金石、陵墓古跡，次第修纂。由府縣派員訪查境內碑碣舊跡，比起私人深山穹谷、荒祠破塚蒐拓、摹錄者，自然更為詳備。乾隆時文網嚴密，修志者為避免觸犯忌諱，這些方志專詳於考古，當代史事則多闕略。武億修志亦專詳於地理沿革、山川古跡和〈金石志〉。其他圖、表、傳、志部分，大多依循舊志，斟酌體例，予以離合取捨。碑刻記載的史事、職官、年月，往往可以參訂史志、傳記的闕譌；而一地墟聚的興廢、改隸改併等，志乘所未能言，或言而不詳的，常可在石刻中得到佐證。嘉慶二年，武億託名錢坫撰的〈偃師金石遺文補錄序〉，曾詳揭此義：

金石之文，取以證地理，其係於方志者尤為著明。酈中尉注《水經》，實能詳識碑刻所在，以表故城舊界，俾人尋覽易徵其跡。後之得是意者，蓋鮮有聞焉。……偃師自漢迄宋，與緱氏迭相廢置，其治所徙建無常，人遂臆度顧縣為古縣，以宋緱氏城當之。予發是編所收宋〈重修仙鶴觀記〉：「慶曆中，卜得縣署之西南，而裁可百步」，則故城之跡可案也。又載〈陽村造經幢記〉，益知是地于宋為芝田鄉；及裁偃師東南之境入永安，而後鄉名始專歸焉，則割隸之界域可考也。縣治北馮邙山之原，于唐為龍池鄉；又西迤北淮廟，于後梁為亳邑鄉。緱氏之南，在宋為太尉鄉；又南蔣村，在元為嘉禾鄉；又東南管茅，在後周為興唐鄉。其他如覆舟、百岯、撫殳諸山，及靈跡勝區之存，皆灼然定其方位，以目驗得之，非取徵于是，殆莫由規其仿佛。……若其碑銘墓記，推顯古人之功緒，上與史傳相糾正，次與此方利病相考見。[73]

〈序〉中所舉之例，可謂夫子自道，即利用碑誌史料，考證偃師一地建置沿革、界域割隸等問題。因此，武億凡修志，必先蒐訪其地金石，以為考訂之資；而他所修的方志最得力處亦在於此，舉凡城垣墟聚、學校興修，以及良吏興革、人文繁彙、寺院宮觀、遊會題名等，常藉碑誌留存其跡；而舊志罣漏處，亦可藉石刻史料以補其缺。後來紀昀為《安陽縣志》撰序，即稱許此志編纂體例，可作為「地志之通例」：

癸亥之春，偶見趙君渭川新修《安陽縣志》，試閱其目，井井有條，多合古法。觀其書，則大抵以康氏《武功縣志》、韓氏《朝邑縣志》為椎輪，而稍稍通變。先以圖，次以表，挈其綱矣；次以志、次以傳、次以記，析其目矣。殿以〈藝文〉，乃仿古人之目錄，不似近人之附載詩文，其體例不亦善乎！而每條必有考證，不徒雜襲乎舊文，其敘述不亦確乎！最擅場者，在附《安陽金石錄》十二卷，……是《志》之精確，其本在是矣，豈區區夸飾附會者所可比乎！此弊一除，而攀附之弊不祛自退矣，雖以趙君此《志》為地志之通例可也。[74]

73 武億〈偃師金石遺文補錄序〉，《授堂文鈔》，卷三，頁十八—十九。

74 紀昀〈安陽縣志序〉，《紀文達公遺集》，《續修四庫全書》本，卷八，頁二十六。按「《安陽金石錄》十二卷」，紀《集》作十三卷，未確，今從《縣志》本書。

紀昀所以推重《安陽志》，不僅因其體例嚴謹，考證詳確；而尤重要的，則是此《志》與《金石錄》互為表裡，史事舊聞皆由載籍、石刻互相推證，以徵實為原則，無一般方志虛飾、攀附之弊，實為典型的學人之《志》。此《志》雖由趙希璜主修，其實多出武億之手，[75]故〈地理〉、〈古跡〉兩門多考訂之語，往往一事累累數百字，長者甚至多達一二千字；而〈渠田〉一門，尤致詳於歷代水利的利病得失。武億累積豐富的修志經驗，安陽為中州名區，他修纂此《志》，蓋以撰述一地之史自期，不僅為令長施政的點綴而已。

近年海內外學界特別看重黃易的訪碑活動，有不少專文研究。黃易嘉慶元年九月，攜帶兩名搨工，訪碑嵩洛，即由武億為之嚮導。當時武億在汝州修《魯山縣志》，他與黃易本係石墨之交，乾隆六十年春，黃易喪母，丁憂返里。葬事完畢後，即與武億商議那年冬間到河南訪碑（詳下），但直到隔年秋始成行。武億聞知黃易將到，特地趕回偃師，黃易《嵩洛訪碑日記》記載：

〔九月〕十九日，至偃師。虛谷已還，飯齋中。縱觀金石搨本，及古玉圭、晉〈劉韜碣石〉，贈余搨本數十種。同至學宮明倫堂，觀所收魏齊至宋元諸石刻，是虛谷數十

---

75 嘉慶二十四年，貴泰重修《安陽縣志》，其〈序〉明言：「趙君本知名士，復延偃師徵君武虛谷先生代為捉刀，聞山川古蹟、地理形勝，以至金石之搜剔、稗野之舊聞，皆徵君手輯之。」（一九六八年，臺北：成文出版社《中國方志叢書》影印民國二十二年排印本，卷首〈序〉，頁一）此〈序〉又見於武穆淳《讀畫山房文鈔》（《授堂遺書》本，卷一，頁十六—十七），知為武穆淳代撰，此述其父事當不誣也。

年所致也，補搨數種。秋塍（森按：王復，時任偃師知縣）先至洛陽，書來，約余同虛谷往洛。

二十日，虛谷攜子愚溪約余赴洛。飯義井鋪；稍北，平等寺舊址，齊碑四通並立，半為土掩，地名四里碑，安邑宋芝山誤聞此是〈劉寬碑〉，今乃釋然，煩秋塍遣人剔出搨之。過白馬寺，大門內至順鉅碑，書甚工；宋〈蘇易簡碑〉已碎。大殿前魏造像幢，後殿唐德麟年蘇寶才造像，壁間晉開運造像、宋〈摩騰入漢靈異記〉、元至正詩刻；後殿元貞鐵鐘一，揩上寧遠將軍造像殘石。余與虛谷喬梓尋金時方塔，前列金碑一，塔間舊多碎碑，今盡失之。望雙碑凹，一是魏〈王基碑〉，一是唐〈狄府君碑〉，府君梁公父也。……過二十里鋪，廟中見五代〈羅周敬碑〉，道旁神龜二年造像刻石。晚抵洛陽，與秋塍、虛谷翦燭快談。……

二十一日，同秋塍及虛谷喬梓出南郭，渡洛河，謁關忠義陵，極崇麗。遊龍門賓暘諸洞，觀諸佛像，莊嚴博大，旁多刻字。齊洛州老人佛碑、唐岑文本〈三龕記〉俱刻洞外石壁。僧言〈三龕記〉舊有褚遂良款，石片碎落，昔藏寺中，旋失去，老衲謝草猶見之。飯臨河小閣，望香山如圖畫。飯畢，循山而南，石壁鑿洞，不能數計。登老君洞，觀魏齊諸刻。……

二十二日，……偕虛谷步縣學東，看魏〈大覺寺碑〉，惜文已磨盡，刻明人〈修廟記〉，止存篆額。欲訪董湘涵友漢草堂，聞其孫析居，不果。從其族人購得董氏所藏〈孔和碑〉、〈陳德碑〉及太和十二年宕昌公〈造三級浮圖碑〉、唐〈張嘉祐墓誌〉、盧杞書其父碑十數種，磚塔銘半幅、石鼓文九紙，皆精本也。[76]

二十三日，武億、王復先回偃師，黃易則留龍門拓碑。武億自少即好訪碑之遊，洛陽近地，舊跡林立，他所到當不止一次，由武億充當嚮導，正如識途老馬；而黃易購得董湘涵所藏各種精拓，更由武億作介，物歸於所好。黃易於九月二十七日晚間回到偃師縣署，《訪碑日記》記載：

二十八日，秋膳又招友賞菊。虛谷見贈〈岳麓寺碑〉碑額、碑陰，并唐李吉甫等永興石室題名，超化寺元遺山、王黃華等題名搨本十數種。[77]

從黃易日記所載，可見兩人交誼之雅，武億前後兩次（九月十九日、二十八日）以所藏數十種碑拓慨然相贈。隔日黃易賦歸，回山東濟寧，此行嵩洛訪碑，共拓碑四百餘種，另得舊拓本四十餘種，收穫極為豐碩。

武億本人亦常深陵窮谷，四處尋訪舊碑殘石，《授堂文鈔》卷二〈遊鞏縣石窟寺記〉，實際上就是一次訪碑活動。[78]武億好遊歷，常風塵僕僕，遊蹤所到，訪碑考古以為常。乾隆四十九年九月，他一時興起，到長沙訪友，水陸三千餘里，費四十天工夫始抵達長沙；

---

76 黃易《嵩洛訪碑日記》，《粵雅堂叢書》本，頁八——十。

77 同上注，頁十二。

78 武億《授堂文鈔》，卷二，頁十四——十五。

入城，才知道友人已移署郴州永興。[79]他在長沙鐵佛寺發現一鐵柱，長八尺餘，為宋淳化年間舊物，僧人將《唵羅尼大身真言》鐫勒在鐵柱上，與一般習見刻於石幢者不同，他特將此著錄於《金石三跋》卷一，並稱讚釋氏之徒能寶重師說，將經文鐫刻於鐵柱，以傳諸久遠。[80]武億授徒各地，常就近尋碑訪古，如：

予館清化日，為訪碑之遊，於今月山寺得金元石刻凡數種。[81]

〔大明禪院〕鐵鐘，今在東昌府署西舊鐘樓廢臺下，予主書院日，詢諸生以訪古刻所在，後乃得此。[82]

予向與康君少山睹是碑（森按：元中統二年〈修釋迦院記〉，在河內縣），下截陷淤土中。歸，遣人爬剔，拓數紙，為錄於此，以見吾儕所好與世異趣也。[83]

《金石三跋》及《授堂金石文字續跋》中，有不少碑刻係由武億發現後，才著錄傳世的，今略舉數例：

〔漢太室石闕〕　闕正面銘字，今尚可識，然自歐、趙以迄近代諸家，如葉封《嵩陽

79　武億〈與李東川書〉，《授堂文鈔》，卷六，頁十四。
80　武億〈宋唵羅尼大身真言鐵柱跋〉，《金石三跋》，《授堂遺書》本，卷一，頁六。
81　武億〈大明禪院記〉，《授堂金石文字續跋》，《授堂遺書》本，卷十二，頁十。
82　武億〈大明禪院鐘識〉，《授堂金石文字續跋》，卷十二，頁十四。
83　武億〈修釋迦院記〉，《授堂金石文字續跋》，卷十三，頁三。

石刻記》、顧亭林《金石文字記》皆未收入，余特為著之。[84]

〔唐造石碑像記〕 碑上截鐫佛像，下截勒此〈記〉，文字完好。……碑以自予訪得之，故為詳其所自。[85]

〔唐造彌勒像記〕 〈記〉文橫勤（森按：當作「勒」）一佛座下，書字特完具。……書勢最近虞、褚，得之自余始，尤為可喜也。[86]

〔唐靈運禪師功德塔碑銘〕 碑側下有辛秘題名，……正書凡五行，俱完好。竊怪葉封《嵩陽石刻記》可謂博采矣，然亦遺而不收，獨予乃始得之，故益自矜惜，為可寶也。[87]

〔唐僧思察造像記〕 〈記〉石當乾隆四十三年六月河南溢，經睢州，水溜既過，淤土中獲此石。……睢州古石刻絕少，得此足為搜奇之娛。[88]

洪亮吉《中州金石記‧後序》亦言：「武進士億行罣洛之野，于董家邨得姜纂〈造像記〉，求之昔人，皆未著錄。」[89]另，武億卒前一年，寄孫星衍書云：

84 武億〈漢太室石闕正銘〉，《金石一跋》，《授堂遺書》本，卷一，頁四。
85 武億〈唐造石碑像記〉，《金石二跋》，卷一，頁五。
86 武億〈唐造彌勒像記〉，《金石二跋》，卷一，頁九。
87 武億〈唐靈運禪師功德塔碑銘〉，《金石二跋》，卷二，頁十一。
88 武億《授堂金石文字續跋》，卷三，頁五—六。
89 畢沅《中州金石記》，《續修四庫全書》本，卷末，頁二。

某於《安陽志》事諸緒填委，未就緒次。惟得齊、唐、宋、元舊刻已二十餘種，似金石成錄，不無可觀。輒力為搜剔，自適其適，甚忘徒步之瘁。古物沈埋，至此為之吐氣，亦可喜而不寐矣。[90]

這些殘碑斷碣，幸遇其人，則寶如球圖，否則不免混於瓦礫，長期掩埋於塵莽間。武億曾自述他所藏金石文字，其中居半係親自訪碑尋搨所得，《金石三跋・序》言：

億往在京師，嘗因童時所好金石遺文，益為收募，其間出貲力售而置之者，十不二三焉。時歷荒崖廢墟，人跡之所不至，數往返，以手為尋搨者，反十之四五。又從而間關致於四方，復有通博探奇之士，不憚千里見遺以成其好者，亦有一二。故以其致之為甚勞，而得之又艱且遠，則愈益珍秘。自十餘年來，窮逐四出，授徒於遠僻孤寂無人之鄉，汗漫獨遊，冒犯江湖湍激洶湧不測之危，無不攜置行篋。或庋藏失所，檢覓不能猝及於目，輒廢寢食皇皇以索之，蓋其積習之癖如此。[91]

武億乾隆五十五年夏間，將歷年所撰金石跋尾，依年代先後，編為《金石三跋》十卷付刻。其中《一跋》四卷，所收自周秦至陳隋；《二跋》四卷，皆唐石刻；《三跋》二卷，自後唐

---

90 武億〈致孫伯淵十五〉，《授堂文鈔》，卷十，頁十。

91 參拙稿〈武億年譜〉乾隆五十五年條。按此序見《金石三跋》原刻本卷首，王昶《湖海文傳》亦載之（《續修四庫全書》本，卷二十九，頁七）。《授堂遺書》本《金石三跋》、《授堂文鈔》並闕。

至宋金元，共題跋二百二十篇。周中孚《鄭堂讀書記》卷三十四「《金石三跋》」條稱：武億此書「所跋尚不及錢竹汀四跋之多，而考證精審，實堪亞於錢氏，故王述菴師撰《金石萃編》，采入者尤夥」。[92]錢大昕《潛研堂金石文跋尾》四集，計收跋文八百六十首；但武億除《金石三跋》外，另著《授堂金石文字續跋》十四卷，收跋文三百七十七首，兩書合計，所跋已近六百首；加上《偃師金石記》四卷、《魯山金石志》四卷、《寶豐金石志》六卷、《安陽金石錄》十二卷，及未刊稿《郟縣金石志》一卷，[93]他所撰的金石文跋尾，就數量而言，想不在錢大昕之下。

翁方綱曾言：金石文字可資「證經者，二十之一耳；證史則處處有之」。[94]武億博通諸史，於唐史用力尤深，《金石三跋》、《授堂金石文字續跋》勘訂兩《唐書》譌誤者不少，今略舉數事為例。如跋〈唐梁公房玄齡碑〉，即據碑本訂補《新唐書・宰相世系表》的譌缺：

〈表〉所載尤不合者：玄齡「子遺直，禮部尚書；次遺則；次遺愛，太府卿」。蓋以遺則為玄齡第二子。今以碑推校，明云「第三子遺則，為朝散大夫」，字獨完好無損，而〈表〉書作第二，誤也；又不顯書遺則歷官，亦疏略失檢。[95]

---

92 周中孚《鄭堂讀書記》，《續修四庫全書》本，卷三十四，頁十九。

93 王國維《傳書堂藏書志》，二〇一四年，上海古籍出版社，頁四六四。按此《志》為桂馥舊藏，蓋從武億稿本傳錄者。

94 翁方綱〈洪筠軒讀碑記序〉，《復初齋文集》，《續修四庫全書》本，卷二，頁十四。

95 武億《金石二跋》，卷一，頁六。

而跋〈唐獨孤仁政墓碑銘〉，列敘仁政世系，並據碑本訂正《北史・獨孤永業傳》敘其易姓緣由之誤，且補錄仁政高祖永業仕北齊、北周歷官，及增補《新唐書・宰相世系表》缺載獨孤仁政父祖官爵等。[96]

《舊唐書・良吏傳》記載袁滋出任華州刺史在貞元十九年以後；[97]而〈德宗本紀〉則言：貞元十六年三月「壬子，以尚書右丞袁滋為華州刺史、潼關防禦、鎮國軍使」，[98]二者紀年不一。武億據貞元十七年〈軒轅黃帝鑄鼎原碑〉，碑陰撰、書人名云：「□州刺史太原王顏撰，華州刺史陳郡袁滋書」，因據此推斷：

以此碑證之，當依〈紀〉十六年為是，此碑十七年題銜華州刺史為得其實；〈傳〉作十九年，誤也。[99]

此類訂正史籍譌闕之說，皆確然可據。另如〈唐張府君墓誌銘〉，誌中述其歷官云「累遷馬邑郡尚德府折衝都尉」，武億〈跋〉中連類而及，列舉唐人碑誌所見唐折衝府名：

《新唐書・兵制》：「太宗貞觀十年，號統軍為折衝都尉，別將為果毅都尉，諸府總曰

96 同上注，卷一，頁十二—十四。
97 《舊唐書》，一九七五年，中華書局點校本，頁四八三〇—四八三一。
98 同上注，頁三九二。
99 武億《授堂金石文字續跋》，卷五，頁七。

折衝府。凡天下十道，置府六百三十四，皆有名號。」今此誌尚德府，亦當時名號可見者。其他如〈姚懿碑〉「貶授晉州高陽府折衝都尉」，〈臧懷恪神道碑〉七子內有「游擊將軍、崇仁府折衝希崇」，〈漁陽郡君李龕銘〉有轘轅府折衝都尉；〈郭敬之廟碑〉有雍北府、金谷府，碑陰有成皐府、興德府、魯陽府；〈李輔光墓誌〉有涿州仁賢府，〈張詵墓誌銘〉：「祖元植，皇朝盧龍府折衝」，〈田琬德政碑〉：「以功授合黎府別將，歷果毅，轉折衝」，皆不可僕數，宜類舉以與史志相證也。[100]

此皆有關實學，足裨考史，與賞鑑家僅能辨析字畫、矜其詞翰者截然異趣。乾隆六十年，阮元任山東學政，擬纂《山左金石志》，即延武億擔任分纂，助其考訂。武億卒後，阮元撰〈武虛谷徵君遺事記〉，文中談到：

武君以金石文字補經史遺誤甚多，余在山左，集碑本於小滄浪亭，延武君校之。武君鉤考精博，繫以跋語，余所修《山左金石志》，中考證出君手者三之一。[101]

《山左金石志》參與分纂的，有朱文藻、何元錫、武億和段松苓等人。前面提到，今年九月，中國嘉德藝術拍賣公司有件拍品，係武億給黃易的信：

100 武億《金石二跋》，卷二，頁十二—十三。
101 阮元〈武虛谷徵君遺事記〉，《授堂遺書·附錄》，卷首下，頁二十四。

小松九兄大人閣下：比日南旋，營護大事已就緒否？今冬嵩洛之遊決成行否？億在濟南迅忽數月，叢冗無狀。承纂《山東金石志》，僅編唐、宋二代。會阮督學移節，億決不能遠從，因謝歸臨清，歲暮歸家。兄如惠然此來，一成良晤，雞黍之約，尚能倉卒作主人也。……小松九兄大人，億頓首。九月十六日歷下小滄浪寄。[102]

阮元乾隆六十年八月，奉旨由山東學政調任浙江，[103] 此信提到「阮督學移節，億決不能遠從」，知為六十年九月所撰。《山左金石志》所收石刻，以元代為下限，而存世元以前碑刻，以唐宋兩代居多。《山左金石志》全書二十四卷，其中卷十一至卷十三為唐石，卷十四五代，卷十五至卷十八為宋石。據武億此信所述，知《山左金石志》中唐宋石刻部分，即出自其手，約占全書三分之一，故阮元說「《山左金石志》中考證出君手者三之一」。武億赴濟南修書，在乾隆六十年三、四月間；[104] 八月末，阮元奉命調浙江學政，十月三日交印，離開山東，分纂諸人各散去，在濟南修書前後時間僅半年多。據參與修書的另一成員段松苓《山左碑目·自序》所述，具體分工情形為：

余編次山左吉金，而二先生（按指朱文藻、武億）分錄列代碑版，宮詹（阮元）總其成而裁定之，已有成緒。八月終，宮詹膺簡命擢閣學，調任兩浙。此時余所著錄者僅云

102 參拙稿〈武億佚札考證〉，待刊。

103 張鑑等纂《阮元年譜》，一九九五年，北京：中華書局黃愛平點校本，頁十四。

104 參拙稿〈武億年譜〉乾隆六十年條。

蒇事，而二先生所輯，未能告竣。[105]

據段松苓之言，他本人負責編次吉金部分，武億與朱文藻則「分錄列代碑版」；而所謂阮元「總其成而裁定之」，這是虛飾性的門面話，實際上是由何元錫「總其成」，負責全書統整工作。據武億給孫星衍的信上說：

> 某今歲代阮學使編錄此方金石，未及終局，遂各散去。中間為謬人更張，冗舛龐雜，慮為他日笑柄。閣下有少便，須以字致學使；書成，亦勿遽刻也。[106]

信中所說的「謬人」，即指何元錫。何元錫長期在阮元幕中，深得阮氏信任。阮元在浙江修《十三經校勘記》、《兩浙金石志》，亦由何氏統籌其事。阮元所校《經典釋文》，即由何元錫代纂，顧廣圻後來校《釋文》，頗詆訶其踳駁舛誤，斥為「不識一字之某人」。[107] 武億與何

---

105 段松苓輯《山左碑目》，光緒三十四年，李氏《聖譯樓叢書》本，卷首〈自序〉，頁一——二。按此文從遊潘妍艷君檢示，書此誌謝。

106 武億〈致孫伯淵五〉，《授堂文鈔》，卷十，頁四。

107 顧廣圻〈跋經典釋文〉云：「余嘗言近日此書有三厄，盧抱經重刻本所改多誤，一厄也。段茂堂據葉鈔更校，屬其役於庸妄人（森按：指臧庸），舛駁脫落，均所不免，二厄也。阮芸臺辨一書曰《考證》（按即《校勘記》之初名），以不識一字之某人（按指何元錫）臨段本為據，踳駁錯誤，不計其數，三厄也。彼三種書行於天壤間一日，則陸氏之真面目晦盲否塞一日。」（王欣夫輯《思適齋書跋》，民國二十四年，王氏學禮齋刊本，卷一，頁七）

元錫似亦不諧，他不肯隨從阮元赴浙以終其事，這應是一大因素。此書纂輯時日匆促，武億分纂唐宋石刻，雖「未能告竣」，但主體部分應大體就緒，後來由朱文藻賡續完稿，於嘉慶二年編訂成書。[108]

畢沅著《關中金石記》、《中州金石記》兩書，各八卷。此二書雖皆署畢沅撰，其實皆出幕客之手，但兩書精粗不同。周中孚《鄭堂讀書記》卷三十四「《中州金石記》」條曾指出：

> 《記》中考正史傳，辨析點畫，與《關中金石記》相同。但《關中記》僅載定碑年月，撰、書人名氏，及碑之所在者居多。此則幾於無碑不有考釋，故自漢迄元，金止六件，碑止三百二十九件，而卷帙相亞，有以也。[109]

《關中金石記》刻於乾隆四十七年，書中著錄關中各縣及河西、隴右金石共七百九十七種，上自周秦，下迄金元，當時嚴長明、張塤、錢坫、洪亮吉、孫星衍皆在畢氏幕中，助其纂輯；但諸人當日金石考證俱非專詣，所以其書以著錄見長，考經證史之處無多。而《中州金石記》「幾於無碑不有考釋」者，據武穆淳〈行述〉記載：

108 詳拙稿〈朱文藻年譜〉嘉慶元年、二年條。

109 周中孚《鄭堂讀書記》，卷三十四，頁十八。

凡修魯山、郟、寶豐三縣志，及山左、河南金石諸志，多出府君手。[110]

據此可知，《中州金石記》考證之文應有不少出自武億之手。武億〈致孫伯淵二〉言：「劉府君、葛太尉石搨外，又得東魏〈造須彌塔記〉，石在偃師北十八里古聖寺，係某甲申歲（乾隆二十九年）尋出，託寺僧龕置壁間。又〈辛秘題名〉一，在登封少林寺〈靈運禪師碑〉側，埋滯土中，去歲某往遊，曾摹得一紙，並歸之左右。歐陽著《集古錄》，凡為他人收存者，例著其名，用為將來勸。某亦望制府書時，幸不歿賤名也。又新得〈孟府君墓志〉，已託人用數千錢購之，尚未到手。……俟此石運出，某即搨出奉呈。」[111] 可見《中州金石記》著錄的石刻，有不少是由武億訪得者。武億博通經史，河南更為鄉邦之地，省內碑刻舊跡，他原即尋討有素，他佐修《中州金石記》，自然多所補益。過去研究清代金石學者，均未留意此《志》與武億的關係，今特為表出。

最後，我想談談王復的《偃師金石遺文補錄》這本書。前面談到，武億《偃師金石錄》後來擴充為《偃師金石遺文記》八卷。王復《補錄》共十六卷，顧名思義，其書即增補武億《偃師金石遺文記》之作。《補錄》將武億原書全行收入，但由八卷增為十六卷，可見增補份量不少，王書每卷首題「邑人武億虛谷原纂／秀水王復秋塍續補」，其書體例與武億《遺文記》完全相同，石刻文字可考者，悉錄原文，後加按語。武億原書考證各條署「億按」，

110 武穆淳〈虛谷府君行述〉，《授堂遺書·附錄》，卷首下，頁三十八。
111 武億《授堂文鈔》，卷十，頁二—三。

但文字間有改易，這應該是武億的最後定本。而王復增補各件，按語則署「復案」，文字風格與武億按語無甚區別。王復工詩，著《晚晴軒集》八卷，畢沅曾選刻其詩，編入《吳會英才集》。金石考證，並非王氏所長，我編〈武億年譜〉時，曾懷疑王復《補錄》應該是由武億代撰。[112]今年六月，我在上海圖書館發現一通武億寄王復的手札：

遞中接手命，倍承存注，感荷感荷。補校《金石遺文》尚未就緒，容回家後再拓得數種，委悉點勘，就正明府，決不敢負雅意也。拙刻《金石文字續跋尾》附呈清覽，惟摘冗補漏，以為進益之助。近纂《郟縣志》亦可脫稿，然尚有未了之處，明歲需再修整。此月必當謝歸，但雅集消寒恐無緣消受爾，奈何奈何！汝州王封翁蓄古貨布，快所未睹，屬億為訂釋，今匆匆未暇也。冗次，不謹。秋塍先生明府閣下，億頓首。

《晚晴軒詩》賜一部。[113]

這信未記撰寫年月。札中所說「拙刻《金石文字續跋尾》附呈清覽」，即指《授堂金石文字續編》，此書刻於嘉慶元年，而王復卒於嘉慶二年九月，則這信應撰於嘉慶一、二年間。據札中言「此月必當謝歸，但雅集消寒恐無緣消受爾」，則此信應是嘉慶元年冬末所撰。這一

112 參拙稿〈武億年譜〉嘉慶二年條。
113 武億〈與王秋塍書〉，相關事實考證，參拙稿〈武億佚札考證〉，待刊。

年，武億在汝州修纂《魯山縣志》和《寶豐縣志》，兩書成稿後，又應郟縣令毛師沆之聘，續纂《郟縣志》「亦可脫稿」，但歲末他將回偃師度歲，故此志「明歲需再修整」，始可定稿。這信值得注意的是：「補校《金石遺文》尚未就緒，容回家後再拓得數種，委悉點勘，就正明府，決不敢負雅意」諸語。所謂「補校《金石遺文》」，應該是指《偃師金石遺文補錄》一書，玩味文意，《補錄》一書係由武億代撰，此信可為一證。武穆淳〈行述〉記載武億著述，有「《偃師金石遺文補錄》二十四卷」，[114] 應是《遺文記》原書八卷，與《補錄》十六卷兩書合計，此亦可作為旁證。附帶一提，王復另輯《鄭氏遺書五種》，署「王復輯／武億校」，此書流傳甚廣，有多種刊本。其實這書同樣出自武億之手，原輯本為孫星衍在中秘校書時所鈔出，孫氏本擬付梓，請武億代為校勘，後來這書由王復出資，於偃師縣署刊刻，所以署王復之名。[115]

從武億這信，參照我編的〈武億年譜〉，可以推知：嘉慶元年冬，王復在偃師縣署刊刻所著《晚晴軒集》，隔年春，擬續刻《鄭氏遺書五種》，蒇事後即刻《偃師金石遺文補錄》，故王氏寄書武億，詢問《補錄》書稿是否告竣？當時孫星衍多次來信邀約武億赴兗州，協助校勘十三經。武億家貧，因修志報酬較豐厚，故雖允諾孫氏到山東協助校經，卻遲遲未往。嘉慶二年春，武億將《金石遺文補錄》纂定，即行付刻；六月，續刻武億的《群經義

114 武穆淳〈虛谷府君行述〉，《授堂遺書・附錄》，卷首下，頁三十八。

115 參拙稿〈武億年譜〉乾隆六十年、嘉慶元年、二年條。

證》，大概即由王復負擔刻資，作為武億代工撰述的報酬，不料王復卻於這年九月病逝。《偃師金石遺文補錄》雖已付刻，但印本無多，現有《續修四庫全書》影印本。而《鄭氏遺書五種》書版刻成後，由孫星衍作介，為孫馮翼購得，編入孫氏《問經堂叢書》，現存王復、武億輯校本皆從此本出。而武億《群經義證》，因王復驟逝，缺乏後續刻資，因此只刻八卷，《三禮》部分則未及續刻。

四

乾、嘉之際，音聲小學研究風氣勃興，學者治經，逐漸悟得「因聲求義」之理，王念孫揭櫫的「就古音以求古義，引申觸類，不拘形體」的訓詁要領，一些群經子史長期存在的疑文滯義，明其假借，往往渙然而釋。武億《群經義證》、《三禮義證》兩書，考訂群經古義，多由比勘文意、群籍互證入手，間亦援引金石文字作為參證，雖亦多創獲，但武億不治古音，未能由音聲通其假借，故不能如段玉裁、王念孫之精詣；然其書較之《清經解》所收江南名家，如惠棟《九經古義》、李惇《群經識小》、朱彬《經傳考證》等，絕無愧色。河南為濂洛理學宗傳之地，武億生長其間，以一己之力，研精漢學，「邑無藏書以供參稽，地無學侶相互切劘」，獨學寡儔，更覺難能。

武億訪碑考古，留下大量金石題跋，為乾隆時金石學一大家。可惜中年早逝，一生奔走衣食，以課徒及為人修書、編志為生，不能盡其所學。所著《四史舉正》、《新唐書索隱》、

《授堂劄記》等，生前未及寫定，身後遺稿散佚，頗為可惜。孫星衍撰〈武億傳〉，曾概括他的學術貢獻：

億通貫經籍，講學依據漢儒師授，不蹈宋明人空虛臆說之習。所著經義，原本三代古書，疏通賈、孔疑滯，凡數百事。所得列代金石，為古人未見者數十通，因之考正史傳者又數十事。今中州人知讀古書，崇經學，搜訪碑刻，備一方掌故，多自億為倡始云。[116]

武億死後，河南治漢學者即後繼無人。[117]武億學行事蹟，表彰乏人，以致今人治清代學術者，多不知其名姓。我讀其書，常想見其為人，前數年曾纂〈武億年譜〉一稿，刊於《史語所集刊》第八十五本。從遊潘妍艷君告知，道光時中州學者宋繼郊亦編有《武虛谷年譜》一稿，其書未刻。我最近查得該書稿本尚存，現藏開封市圖書館。因此，此行特地到開封，借錄一冊。宋《譜》取材稍隘，武億行實缺略者甚多，考證年月亦不無譌誤。但其

116 孫星衍〈武億傳〉，《五松園文稿》，卷一，頁二十二。

117 按中州學者另有張宗泰其人，字魯巖，河南魯山人，嘉慶十二年舉人，出陳壽祺之門。官修武縣學教諭，後陞任河南府學教授。他雖亦從事實學考據，然經學所造未深，著《魯巖所學集》十六卷，張舜徽《清人文集別錄》論其書，謂：張氏「經學為尤疏，是集文字，亦不涉及群經，自諸史、說部外，惟題識清代文集之作，較多而較精」，「大氏宗泰校書雖勤，但能讐對文字之異同，勘比故實之舛誤，慎微識小，固已賢乎博弈」。（一九八〇年，北京：中華書局，頁三八四—三八五）

譜先我兩百年而為之，闡幽表微，用心實同，可惜此稿長期在若存若亡之間。稍後得暇，擬將此譜校錄刊布，盼宋氏當日表彰鄉賢一番苦心，不致泯沒無聞。我更希望河南本地學者繼起，更深入的闡發武億的學術精蘊，發揚光大，開啟新猷。

此文從遊郭妍伶君依據本人二〇一五年十月二十九日於河南大學「黃河文明大講堂」所作演講錄音檔整理完稿，由本人增訂成文。開封圖書館借讀期間，多荷河南大學社科處楊國安處長、文學院楊亮教授兩君惠助，書此謹誌弗諼。乙未歲除前二日，陳鴻森識。

本文原載二〇一五年《中國經學》第十七輯

被遮蔽的學者
——朱文藻其人其學述要

一

長期以來，清代學術史研究，大多集中在顧炎武、黃宗羲、王夫之、錢大昕、戴震、段玉裁、高郵二王、章學誠等少數著名學者。也許由於自己出身底層，所以一九八九年我編次〈陳鱣年譜〉之後，[1]我的研究，即致力於發掘一些重要而長期被學界所忽略的學者，我蒐羅他們的遺聞軼事，排纂他們的學行事蹟，先後發表了〈臧庸年譜〉（二〇〇七）、〈丁杰行實輯考〉（二〇〇九）、〈洪頤煊年譜〉（二〇〇九）、〈錢坫年譜〉（二〇一二）、〈余蕭客編年事輯〉

1 陳鴻森〈陳鱣年譜〉，一九九三年，《中央研究院歷史語言研究所集刊》六十二本第一分，頁一四九—二二四。

（二〇一二）、〈武億年譜〉（二〇一四），以及最近剛完成的〈朱文藻年譜〉。[2]

這些學者因長期乏人研究，相關傳記資料久已湮薶，多數學者並無文集流傳，如丁杰、錢坫、余蕭客、朱文藻等皆是，丁杰甚至無完整的著作存世。要為這些學者編纂年譜，首先必須搜訪他們的遺文佚詩、稿鈔本，及由同時代學者的著作，和從筆記、方志、族譜中，一鱗半爪的記載，以及散藏各地的書札，經年累月的鉤稽爬梳，然後他們的身影像在顯影劑中慢慢呈現，藉由這些學者生涯史的發掘，一些學術史湮失的斷面逐漸復現；經由若干學者生涯史的重建，他們生活年代的「學術生態」也慢慢鮮明、鮮活起來，雖然歷經兩百年之久，這些學者似乎「死而不亡」。

我所從事的，儘是一些「見樹不見林」的工作。但，在我看來，許多學術名家大敘述的清代思想史、學術史著作，往往過於簡化，就像多數的登山客，其實只在山的一隅，沿著已被走成的山徑走了一段，也就算「入山」了，憑藉著一些閱讀經驗和個人想像，他也可以大談山中風景。其實，他所看到的「林」，只是「視而可見」的林相外在的一層。而登

2 陳鴻森〈臧庸年譜〉，二〇〇七年，北京清華大學《中國經學》第二輯，頁二四七—三一五；〈丁杰行實輯考〉，二〇〇九年，上海社會科學院《傳統中國研究集刊》第六輯，頁二七四—三〇七；〈洪頤煊年譜〉，二〇〇九年，《中央研究院歷史語言研究所集刊》八十本第四分，頁六九一—七七一；〈錢坫年譜〉，二〇一二年，《中國經學》第九輯，頁一〇九—一六六；〈余蕭客編年事輯〉，二〇一二年，《中國經學》第十輯，頁六十五—九十五；〈武億年譜〉，二〇一四年，《中央研究院歷史語言研究所集刊》八十五本第三分，頁四七七—五七四；〈朱文藻年譜〉，二〇一七年，南京大學古典文獻研究所《古典文獻研究》第十九輯下卷，頁一五七—二四三。

山家攀巖、闢鑿、探勘，篳路藍縷，所看見的應該是不同的山的形態和意象。我不敢自詡為登山家，但半生在清代學術這座大山裡討生活，樵夫知見的山，相信和一般登山客觀覽所及的山，應該大異其趣。

去年秋間，我編〈朱文藻年譜〉，可說是一趟不同經驗的發現之旅，在年譜編纂的過程中，我逐漸意識到，清代學術史其實存在著「明」和「暗」兩個世界。過去學界很少關注「學術生態」底層——生員（秀才）的社會角色和生存處境，朱文藻應該是一個極好的樣本。朱文藻（一七三五—一八〇六），字映漘，號朗齋，出身寒微家庭，父親是個鐵工，為了謀生，從福建建寧遷居杭州。朱文藻十六歲喪父，刻苦自勵，乾隆二十三年，二十四歲時補了仁和縣學生員。中國國家圖書館藏有他的詩集《朗齋先生遺集》，只有兩卷，卷二〈孫丈羨門自碭山書來，勸應秋試，并惠卷資感賦〉，詩末自注：

予應鄉闈者已十一舉，今秋無意於此，適丈書來敦勸，不可負也，因努力再應之。[3]

我曾考證，這首詩應撰於乾隆五十三年。依詩注所言，他半生蹭蹬場屋，共十二次鄉試，無所遇合。此詩頸聯：「貧病儒生虛拔萃，蹉跎年數惜知非」，原注：

時方應選拔試，學使問年齒，以五旬對，惋惜久之，遂不錄。

3 朱文藻撰，胡敬輯《朗齋先生遺集》，道光二十五年，崇雅堂刻本，卷二，頁二十四。

拔貢十二年選拔一次，每逢酉年鄉試前舉行，在五貢中最為社會所重視。乾隆五十三年預行正科鄉試，所以，己酉拔貢提前於五十三年舉行。乾隆五十二年歲考時，學政朱珪試古學，朱文藻名列第一，補廩膳生。試拔貢時，朱珪曾考慮錄取他，但這年朱文藻實際年齡已五十四歲，朱珪只好作罷。朱文藻一生中唯一一次仕進機會，就此擦肩而過，這年鄉試，他還是下第，只能以「名諸生」終其一生，是個典型的下層知識人。

朱文藻生活的年代，和錢大昕（一七二八—一八〇四）同時，錢氏長朱文藻七歲。錢大昕主要的生活圈在蘇州，朱文藻則在杭州，皆屬江南名區。由於鄉試有錄取限額，主要依據各省文風高下、人口多寡和丁賦輕重而定，江、浙人文薈萃，才人輩出，舉人鄉試競爭尤其激烈。錢大昕科舉之路極為平順，十五歲補諸生；乾隆十六年，高宗南巡，錢大昕獻賦一篇，召試一等二名，賜舉人，授內閣中書學習行走，得以免去鄉試的煎熬。錢大昕乾隆十九年，二十七歲時進士登第。乾隆二十四年、二十七年，先後擔任山東鄉試、湖南鄉試正考官；乾隆三十年，他以翰林院學士充派浙江鄉試副考官，這年朱文藻第三度應試。雖然兩人只相差七歲，但一個是主考官，一個是應試舉子，科舉的成敗，形成巨大的階級差異，於此可見。錢大昕乾隆三十九年以四品少詹事出任廣東學政，翌年丁憂；服闋，年方五十，即不再補官。歸田後，長期在蘇州紫陽書院講學，安定的生活，使他能專意學術，最終成為一代史學巨擘。朱文藻同樣研精史學，但科舉不遇，決定了知識人不同的人生道路和學術趨向。他只能終生挾筆硯為人校書、編書，代人撰述為生。

古代學者不事生產，要長期從事智能活動，著書立說，極為不易，特別是像朱文藻這樣，僅具秀才身份，絕大多數只能從事舌耕，擔任塾師，依靠菲薄的館穀收入糊口，一面繼續準備科舉應試。一些長於文才的生員，則被官僚、富商延聘為清客，代行筆硯之事。若有貴人引薦，這些生員也選擇入幕，但除非具有刑名、錢穀長才，待遇稍豐，否則一般書記類的幕賓，收入仍然不多。這些諸生最終還是期望能通過科舉而出仕，改變他的社會地位和經濟收入。朱文藻久困場屋，為了生計，他長期館於杭州著名藏書家汪氏振綺堂，前後長達二、三十年。振綺堂第一代主人汪憲（一七二一—一七七一），乾隆十年進士，以刑部員外郎乞養歸里。《清史列傳》卷七十二〈汪憲傳〉記載：

> 性好蓄書，丹鉛多善本，求售者雖浮其值，不與較。家有靜寄東軒，具花木水石之勝。朱文藻嘗介嚴可均見憲，憲即館之東軒，偕同志數人，日夕討論經史疑義，又悉發所藏秘籍，相與校讎；稍暇則投壺賦詩為娛樂。[4]

傳中所言「朱文藻嘗介嚴可均見憲」，此處有誤，「嚴可均」應為「嚴誠」之誤，因嚴誠、嚴可均兩人皆字「鐵橋」，史臣混淆，誤以為嚴可均。[5] 當時朱文藻謀食常州靖江，其友嚴誠是杭州地區著名的才子，工詩善畫，他以朱文藻所撰詩文出示汪憲，汪氏極賞識其才學，

---

4 《清史列傳》，一九八七年，北京：中華書局點校本，頁五八九〇—五八九一。

5 〔補注〕參拙作《《清史列傳》汪憲、朱文藻傳訂誤》，刊於《中國古籍文化研究——稻畑耕一郎教授退休記念論集》，二〇一八年，東京：東方書店，上卷，頁八十七—九十九。

延攬他到振綺堂從事編校工作。[6] 汪憲本係甲科出身，有志撰述，當時振綺堂另有一位門客周鍇，也是生員，周氏主經部，朱文藻則負責史部。[7] 乾隆三十六年，汪憲過世，振綺堂賓客星散；第二代主人汪汝瑮接掌家業，朱文藻繼續館於其家，這時主要工作是教課汪氏子弟。振綺堂藏書連緜數代，直到咸豐年間洪楊之亂，藏書始散。[8]

汪氏藏書多精刊秘笈，朱文藻在汪憲生前，曾為編《振綺堂書錄》十冊。他長期在振綺堂從事編校工作，見聞益廣，所學日進，厲鶚、杭世駿一些未刊稿、鈔本，即經由朱文藻之手得以傳諸後世。丁申《武林藏書錄》郁氏「東嘯軒」條記載一則軼事：

所居駱駝橋，與厲徵君樊榭山房近不一里，傳錄其祕冊尤多。徵君沒後，其家出《遼史拾遺》手稿，潛亭（按郁禮，東嘯軒主人）購之，中缺五十葉，百求不得。一日，至青雲街，見拾字僧肩廢紙兩巨簏，檢視之，皆厲氏所棄，徵君平日掌錄《遼史拾遺》在焉。亟市以歸，棼如亂絲，一一為之整理，閉戶兩月，綴輯成編，適符所缺。振

---

6 錢大昕〈內閣侍讀嚴道甫（長明）傳〉載：「……及補縣學生，學使夢侍郎以國士目之。侍郎知其貧，問所需，長明曰：『貧乃士之常，聞廣陵馬氏多藏書，願得一席為讀書計耳。』因薦之盧運使見曾，立延致之。是時東南名士多假館馬氏齋，長明虛心質難，相與上下其議論，遂博極群書。」（《潛研堂集》，一九八九年，上海古籍出版社呂友仁點校本，頁六六五）可見假館知名藏書家，是當時寒士獲取文化資源的重要途徑。

7 汪璐輯《藏書題識》，二〇〇九年，上海古籍出版社，頁十四。

8 丁申《武林藏書錄》，丁氏《武林掌故叢編》本，卷下，頁十五—十六。

> 綺堂汪氏後為雕行，洵潛亭之功也。[9]

其實，厲鶚《遼史拾遺》手稿不止一本，振綺堂第三代汪璐所輯《藏書題識》卷一「《遼史拾遺》」條，曾引朱文藻《振綺堂書錄》之說：

> 此書文藻乙酉歲（乾隆三十年）初館振綺堂，首抄是書。先是，書賈以抄本求售，檢校闕卷四之一。後又得手稿，主人屬余彙錄成完書，釐為二十卷。越歲戊子，吳西林同館，復取郁陛宣（禮）本校過，遂成善本。[10]

朱文藻乾隆三十年初到振綺堂時，首先鈔錄校訂的，就是《遼史拾遺》，他根據厲鶚手稿和另一個鈔本殘卷，將它「彙錄成完書」，編為二十卷。乾隆三十三年，吳穎芳（西林）同館於振綺堂，又從郁禮處借得東嘯軒本參校，始勒為定本。此書振綺堂後人汪遠孫曾刊刻行世，依據的就是朱文藻校錄本。

厲鶚所著《東城雜記》，也是由朱文藻編錄成書，汪璐《藏書題識》卷一引朱文藻《振綺堂書錄》：

> 此文藻手鈔。樊榭先生，吾鄉名宿。……初居南湖，其後移家東園。暇日採錄諸書，

9 同上注，卷下，頁二十七。
10 汪璐《藏書題識》，頁十九。

遂成是編，不加銓次，名曰《雜記》。振綺主人得其初稿有年，乾隆丁亥（三十二年），又得其手書續稿，因合前後錄為二卷。[11]

可見《東城雜記》亦由朱文藻校錄成書。古代學者一本書著作週期極長，學者孜孜矻矻，勤苦撰述，書稿完成後，往往限於財力，未能付刻。身後遺稿散出，幸而得遇有心人，為它繕錄清本，編次成書，或有可傳之日；如不得其人，任其散落，作者結撰時的一番心血，轉眼化為雲煙。杭世駿所著《三國志補注》六卷，也是經由朱文藻之手校錄成書，汪璐《藏書題識》引朱文藻之說：

此書文藻手鈔。往歲丁亥（乾隆三十二年），有書賈以《三國志》求售，見其上方多墨筆細注，不書姓名，觀其筆跡，是前輩杭世駿手書。……余既合數人力，錄稿于史書之上；又別為莊書一通，釐為六卷，題曰《三國志補注》，蓋其中引用諸條，皆裴《注》所未備也。[12]

《補注》並非杭世駿專意之作，而是他讀《三國志》時，書頁徧加批校和增注的夾籤，以補裴松之《注》的遺缺。杭氏身後，此書流入書鋪，書賈攜至振綺堂求售，朱文藻認出是杭世駿的筆跡，將它校錄成書。杭世駿勤於撰述，晚年所著書多未付梓，朱文藻〈榕城詩話

11 同上注，頁四十三—四十四。

12 同上注，頁十八；另參同書頁十七「《三國志》」條。

跋〉曾言：

〔杭氏〕罷歸後，尤勤於著書，年七十餘，讀書日以寸計。余生雖晚，猶幸得親老成，備聞緒論。著述之富，撮其大者，若《史、漢疏證》、《三國志補注》、《金史補缺》、《歷代藝文志》……。每讀一書，必有考證，零星墨瀋，散見簡編，若悉加裒輯，皆為後學津梁。諸書間為藏弆家傳鈔，惟詩文集近已梓行。吾友鮑君以文，留意鄉先輩論著，亟取余所錄，刻入《叢書》。詩話自《榕城》而外，尚有《桂堂詩話》，家居所作，當更為校錄，以成以文之美舉也。[13]

可見杭氏《榕城詩話》也是朱文藻所錄，鮑廷博取之刻入《知不足齋叢書》，其書始傳於世。朱文藻說杭氏晚年家居時，另著《桂堂詩話》，「當更為校錄」，但這書朱文藻後來未及「校錄」，書稿也就亡佚了。杭世駿晚年心血專注於《金史補》一書，這書和厲鶚《遼史拾遺》齊名，但遭遇則不如厲書幸運。《金史補》稿本今已散佚，現在僅存〈藝文志〉、〈風土志〉，及列傳六十三、六十四，稿本藏在中國國家圖書館；南京圖書館另藏鈔本五冊，為〈世紀〉、〈太祖本紀〉、〈太宗本紀〉，其餘各卷則不知所歸。[14] 杭世駿另著《史記疏證》、《漢書疏證》，稿本藏於中國國家圖書館，未署作者名氏，近年始由學者證實為杭氏著作。[15] 杭世駿另有

13　杭世駿《榕城詩話》，鮑氏《知不足齋叢書》本，卷末朱文藻〈跋〉。

14　徐旭晟〈杭世駿《金史補》稿鈔本及其史學價值〉，《史林》二〇一四年第六期，頁五十二—五十九。

15　董恩林〈佚名《史記疏證》、《漢書疏證》作者考〉，《歷史研究》二〇一〇年第三期，頁一八三—一八八。

《後漢書疏證》、《北齊書疏證》兩書，遺稿則不知流落何處？古人常說：「書之傳否，殆有數存焉」，主要便是不得其人而傳之。

厲鶚、杭世駿這樣的文史名家，遺稿流傳尚且如此不易，更遑論一般詩人、文士。中國國家圖書館藏張世犖詩集《頻迦偶吟》鈔本，目錄鈐有「汪魚亭藏閱書」印，正文首葉有「文藻手抄」朱文方印，可知此冊即朱文藻手鈔本，卷首有朱氏〈敘錄〉：

先生卒年七十五，子若孫力不能葬。汪漁亭，先生同年友也，為醵資營兆。……著《頻迦偶吟》，皆手稿未定，予為手鈔二百餘篇。[16]

張世犖是乾隆九年浙江解元，[17]深於佛典，乾隆《杭州府志・文苑》有傳。[18]張氏卒後，朱文藻為他編錄遺詩，手鈔兩百餘篇，藏之振綺堂，張氏詩稿因此得以一線僅存。

前面提到的朱文藻摯友嚴誠，乾隆三十二年，客遊福建時染瘧病逝，朱文藻為他編錄《鐵橋全集》，並另寫一帙寄嚴誠朝鮮友人洪大容（一七三一—一七八三）。《鐵橋全集》未付刻，中國並無傳本，朱文藻原鈔本現藏韓國檀國大學退溪紀念館，已缺第三、第五兩冊；首爾大學中央圖書館藏有一傳鈔本，五冊俱全。洪大容是朝鮮北學派先驅，朱文藻這一鈔本，不僅為嚴誠「續命」，也為清代中、朝文化交流史留下具體的見證。

16 張世犖《頻迦偶吟》，中國國家圖書館藏乾隆三十六年朱文藻鈔本，卷首，頁一。

17 邵晉涵纂《杭州府志》，乾隆四十九年刊本，卷七十一〈選舉〉，頁五十三。

18 同上注，卷九十四，頁三十三—三十四。

朱文藻長期館於振綺堂，因此，與杭州地區大多數藏書家皆有來往，他所撰拜經樓藏〈宋槧漢書跋〉說：

> 余館武林汪氏者垂三十年，汪氏有振綺堂，為藏書之所。與同郡諸藏書家，若小山堂趙氏、飛鴻堂汪氏、知不足齋鮑氏、瓶花齋吴氏、壽松堂孫氏、欣託山房汪氏，皆相往來，彼此互易，借鈔借校，因得見宋槧、元鈔不下數百十種。[19]

由於富饒的社會經濟條件，加上深厚的人文底蘊，江、浙出現不少著名藏書家，浙江藏書風氣尤盛。乾隆三十七、八年，清廷采訪天下遺籍，編纂《四庫全書》，清高宗特別諭令浙江巡撫加意訪購。從乾隆三十七年秋到三十九年夏，浙江省分十二次進呈，所徵集到的善本秘籍，多達四千五百二十三種。《高宗實錄》卷九五八記載三十九年五月十四日內閣奉諭：

> 江、浙兩省藏書家呈獻者種數尤多，……今閱進到各家書目，其最多者，如浙江之鮑士恭、范懋柱、汪啟淑，兩淮之馬裕四家，為數至五六七百種，……著賞《古今圖書集成》各一部，以為好古之勸。又進書一百種以上之江蘇周厚堉、蔣曾瑩，浙江吴玉墀、孫仰曾、汪汝瑮，及朝紳中黃登賢、紀昀、勵守謙、汪如藻等，亦俱藏書之家，並著每人賞給內府初印之《佩文韻府》各一部，俾亦珍為世寶，以示嘉獎。[20]

---

19 吴壽暘纂《拜經樓藏書題跋記》，《續修四庫全書》本，卷二，頁二—三。

20 《高宗實錄》，一九八六年，北京：中華書局，卷九五八，頁二十二—二十三。

浙江負責經進事宜的學官張羲年等人，事後將十二次採進書目編為《浙江採集遺書總錄》一書。當時進呈之書，每書撰有簡明提要，以供四庫館臣甄選采錄，這項分校工作共十人，主要由省內績學的教諭、訓導和舉人擔任，而朱文藻因熟諳四部源流、書林故實，特別以生員身份參與分校工作。徵書後期，浙江巡撫極力催索，幾乎竭澤而漁，而藏弆家則窮於應付。以振綺堂為例，朱文藻〈重校說文繫傳考異跋〉述及：

> 歲壬辰（乾隆三十七年），值朝廷開四庫館，採訪遺書，於是武林諸藏書家各踴躍進書。而比部（汪憲）之子名汝瑮字坤伯者，先以儲藏善本，經大吏遺官精選得二百餘種，彙進於朝；最後中丞以振綺藏書選賸者尚堪增採，命重選百種，以畢購訪之局。蓋其時浙省進書已約五千餘種，此百種者當在五千餘種之外，蒐羅極難。[21]

振綺堂前後進書三百餘種。可以想見，朱文藻因熟習四部群籍及杭郡藏書社群網絡，浙江遺書采訪工作，他應扮演著重要的角色；尤其到了徵書後期，珍本日少，他應較同時分校諸人，更能調劑其事。後來朱文藻應四庫館副總裁王杰之邀，入京佐校《四庫全書》（詳下），大概即因他參與采集遺書時特出的表現，深為當時學政王杰所賞識。[22]

朱文藻博聞多識，除參與浙江遺書采訪工作外，鮑廷博彙刻《知不足齋叢書》，其中不

21 朱文藻《說文繫傳考異》，光緒八年，徐氏八杉齋校本，卷末，頁三。

22 王杰於乾隆三十六年秋至三十九年秋任浙江學政（錢實甫編《清代職官年表》，一九八〇年，北京：中華書局，頁二六七一—二六七二），正浙江大力採集遺書之時。

少罕見之書，即由朱文藻佐其參訂、校勘。乾隆四十一年春，朱文藻撰〈知不足齋叢書序〉，其中說到：

> 余館於振綺堂十餘年，君（鮑廷博）借鈔諸書，皆余檢集；君所刻書，余嘗預點勘。余與君同嗜好，共甘苦，君以為知之深者莫余若也。[23]

其他為《知不足齋叢書》撰序者，有盧文弨、王鳴盛等經史名家。朱文藻雖只是個生員，但與鮑廷博相知相得，因此鮑氏特地請他撰序，俾與《叢書》一同留名後世。

當時浙西學者撰述，頗多獲益於朱文藻之助者，如周廣業、崔應榴著《關帝事蹟徵信編》，書後〈附記〉即言：

> 自惟謭陋，兼少藏書，編纂方興，其難戞戞。幸綠飲鮑君插架甚富，時從披閱，即進呈遺書中所稱知不足齋本也。匏盧（按盧文韶）、嘉樹（倪一擎）、誠齋（朱鴻鈞）、朗齋……諸君又各發笥篋，參酌是正。[24]

其後，萬之蘅、吳寶彝繼纂《漢關侯事蹟彙編》，朱文藻亦列名參訂。另如吳顥輯《國朝杭郡詩輯》，〈序〉中說：

23　鮑廷博編《知不足齋叢書》第一集，卷首，頁三。

24　周廣業、崔應榴著《關帝事蹟徵信編》，乾隆三十八年，參和堂刊本，卷末〈附記〉。

搜集所本，除名家專集，及《詩觀》、《別裁》所選外，有孫可堂以榮《湖墅詩鈔》、趙笠亭時敏《郭西詩鈔》、柴臨川杰《浙人詩存》。又于朱朗齋文藻處得二百餘家，以增補所無。[25]

朱文藻嫻熟鄉邦文獻，吳顥編《杭郡詩輯》，因得朱文藻之助，為他增補遺闕計二百餘家，可見朱文藻平素蒐訪之勤和周覽之博。乾隆四十九年，邵晉涵受聘重訂《杭州府志》，亦延請朱文藻協助校訂，乾隆《杭州府志》卷前〈修輯姓氏〉雖不列朱文藻之名，但阮元《兩浙輶軒錄》卷十五「吳允嘉」條引朱文藻《碧谿詩話》：

石倉先生……嘗手輯《錢塘縣志補》，皆魏《志》所未備。予預修《府志》，取以補入。[26]

《拜經樓藏書題跋記》卷五「海昌閨秀詩」條載錄吳騫《蕉雨樓吟·跋》，亦言：

余從花溪倪硯翁借得全稿讀之，惜其才之饒而志之苦也。……會當事有重修郡乘之舉，纂修為姚江邵太史晉涵，分掌藝文者仁和朱茂才文藻，皆於余有故，因即錄集名貽之，以存海昌名媛之一種。[27]

---

25 吳顥輯《國朝杭郡詩輯》，嘉慶五年，守惇堂刊本，卷首，頁一。

26 阮元《兩浙輶軒錄》，《續修四庫全書》本，卷十五，頁又三十九。

27 吳壽暘纂《拜經樓藏書題跋記》，卷五，頁四十六。

吳騫跋文證實了朱文藻確曾參預《杭州府志》的修訂工作。朱文藻一向留意鄉邦文獻，王昶纂《西湖志》，他曾參與分纂，瞿世瑛《清吟閣書目》卷一著錄朱文藻《西湖志略》稿本，[28]或即修《西湖志》時所撰。《清吟閣書目》另著錄朱氏《武林舊聞》稿本二冊，[29]孫峻也說朱文藻曾著《武林坊巷志》；[30]而《兩浙輶軒錄》卷四十「周志蕙」條引朱文藻《碧谿詩話》：

> 予輯《武林耆舊詩》，訪求殿撰詩不得；而《浴碧軒詩》則為石泉所手錄、裒入陳氏家集者，因得盡讀之。[31]

可知朱文藻另編有《武林耆舊詩》。綜上所述，他協助邵晉涵重訂《杭州府志》，應當不只吳騫所言「分掌藝文」而已。但因朱文藻夙負文獻盛名，為免喧賓奪主，故乾隆《杭州府志・修輯姓氏》不列其名，他只能以「影子」的形式存在。

二

28 瞿世瑛《清吟閣書目》，民國七年，仁和吳氏雙照樓刊本，卷一，頁二十五。

29 同上注，卷一，頁十八。

30 孫峻《武林坊巷志・序》，丁丙《武林坊巷志》，一九八七年，杭州：浙江人民出版社點校本，卷首，頁五。

31 阮元《兩浙輶軒錄》，卷四十，頁又三十五。

科舉，對於廣大寒窗苦讀的舉子而言，是改變社會階梯唯一的選擇，但它卻是一條漫漫長路，不知閒白多少少年頭，多數士子人生三分之一以上的歲月皆消耗於此。不少士子中舉時年過四十，四、五十歲進士登第，已缺乏活力，才開始初仕，因而整個中國文官體系年紀偏大，這是科舉時代社會發展遲滯一個主要原因。

朱文藻乾隆二十三年，二十四歲時補諸生，次年第一次參加鄉試，到乾隆五十三年第十二次鄉試，時間長達三十年。五十三年以後，他是否繼續應舉，未見明文記載，但乾隆五十八年他給邵晉涵的信說：

> 文藻塾課汪氏，歷十二年之久，平居人事轇轕，流覽泛應，竟無一事成就，可以質之高明。學業日荒，蹭蹬場屋，頹然一老諸生。明年周甲，黃髮蒼蒼，青雲之志從此隳矣。[32]

玩味文意，似乎朱文藻六十歲以前，乾隆五十四年己酉科、五十七年壬子科鄉試，他還應考。最後，已屆花甲，「青雲之志」只好斷念，以一衿終老。這漫長的科舉歲月，他除「塾課汪氏」之外，還代人編書、撰述，博取微資，以貼補家用。清高宗采訪天下遺書時，振

---

32 朱文藻〈與邵二雲書〉，轉引自朱蘭編《南江先生年譜初稿》，收於朱炯編《朱蘭文集》，二〇一五年，杭州：浙江大學出版社，頁三四八。按此譜朱炯從餘姚市文物保護管理所所藏朱蘭稿本錄出，惟錄文魯魚亥豕，拙稿〈朱文藻碧谿草堂遺文輯存〉有校錄文（二〇一六年，南昌大學國學院《正學》第四輯，南昌：江西人民出版社，頁三九五—三九六）。

綺堂主人汪憲已卒，由長子汪汝瑮接掌家業。振綺堂進書三百餘種，其中有兩種署名汪憲著，即《說文繫傳考異》六卷和《苔譜》五卷。[33] 這兩書其實是朱文藻所撰，朱氏〈說文繫傳考異跋〉明言：

> 南唐徐鍇《說文解字繫傳》四十卷，今世流傳蓋尠，吾杭惟城東郁君陛宣購藏鈔本。昨歲因吳江潘君瑩中，獲訪吳下朱丈文游，從其插架借得此書，歸而影寫一過。復取郁本對勘，譌闕之處，二本多同；其不同者十數而已，正譌補闕；無可疑者，不復致說。其有與今《說文》互異，及傳中引用諸書，隨案頭所見，有與今本異者，並為錄出，作《考異》二十八篇。又采諸書中論列《繫傳》及徐氏事蹟，別為《附錄》，分上下二篇，隨見隨錄，故先後無次，並附於後。[34]

現在存世的《說文》完本，可分大徐本和小徐本兩個系統。南唐時，徐鍇校訂本名《說文繫傳》，其書卷一至卷三十為〈通釋〉，是全書主體部分，間亦推闡、證釋許慎的說解，卷三十一以下，依次為〈部敘〉、〈通論〉、〈祛妄〉、〈類聚〉、〈錯綜〉、〈疑義〉，卷四十為〈系述〉，即此書之序，說明各篇著述旨趣，世稱「小徐本」，陳振孫《直齋書錄解題》極稱「此書援引精博，小學家未有能及之者」。宋太宗雍熙三年（九八六），徐鍇之兄徐鉉奉詔校定《說

33 參拙作〈《清史列傳》汪憲、朱文藻傳訂誤〉；按汪憲另著《易說存悔》二卷，紀昀等撰《四庫全書總目》列於存目（乾隆間武英殿刊本，卷十，頁二十六—二十七），其書乃「編修邵晉涵家藏本」，非由振綺堂進呈。

34 朱文藻《說文繫傳考異》，卷末，頁一。

文》，這個官定本稱「大徐本」。大、小徐本皆以刊定唐代李陽冰改定本為名，但二者文字時有出入。清代通行的《說文》，主要是毛氏汲古閣本，屬大徐系統。而小徐本傳行甚微，元明以來僅有少數鈔本流傳，但即便是鈔本亦極罕見。乾隆三十四年冬，汪憲聽說蘇州藏書家朱奐（文游）滋蘭堂藏有《繫傳》鈔本，因以振綺堂之名，由朱文藻親赴蘇州商借。朱文藻借到《繫傳》後，即影鈔一部，由振綺堂收藏。滋蘭堂本是個鈔本，文字傳寫頗多譌誤，因此，朱文藻又借杭州郁氏東嘯軒所藏另一個鈔本對勘，並取汲古閣本《說文》參校。《繫傳》的〈通釋〉部分，主要是疏證古義和詮釋名物，故徐鍇多引群籍以證釋古義。他所引諸書，文字有與今本異者，朱文藻也一併校錄。朱氏將這些校語錄為《說文繫傳考異》二十八篇，後來併合為四卷。所謂「考異」，亦即「校勘記」的別稱。朱文藻將《繫傳考異》附於振綺堂本之後；他另采輯《繫傳》序跋、評論文字和二徐事跡，編為《附錄》二卷。附帶一提，朱文藻為知不足齋所校各書，亦多輯有類似的《附錄》，以便讀者參閱，這是他博洽多聞的一種體現。

朱文藻將《說文繫傳》歸還蘇州滋蘭堂時，特地將自己所撰的《考異》、《附錄》另寫一帙，附於滋蘭堂本之後，作為答謝。因《繫傳》鈔本外間本極為罕見，又經朱文藻詳加校勘，更為難得。因此，滋蘭堂本《繫傳考異》便不脛而走，不少學者展轉傳鈔，後來竟流傳到北京的學術社群。而振綺堂鈔本，則署汪憲之名，由浙江采進送到四庫館。不久，四庫館本《繫傳考異》也被傳錄，流布於外。陸心源《皕宋樓藏書志》卷十三著錄汪憲《說文繫傳考異》，有乾隆四十三年九月丁杰手跋：

去歲冬，錦鴻（森按：丁杰原名）借靈石何庶常（按思鈞）抄本影抄；同時海寧沈匏尊（按心醇）亦影抄一本，乃大興翁學士（按方綱）本也。翁本無篆文，惟何本有之，誤謬實多。今年春，朱君映辰至京師，囑其手自校正，并益《附錄》數條。邇與歙縣程易田（瑤田）閒談，始知何庶常借易田本影抄，易田本又出於長洲汪竹香（按元亮）。易田云：「竹香絕秘惜此書，不肯語人。」前年秋，將往豐閏整頓書籍，偶為易田所見，強借得之。[35]

這一傳鈔本作者署名汪憲，顯然是從四庫本傳錄。丁杰同年六月另有一跋說：

輦下諸公傳鈔者並署朱君名，不復知有嫁名汪主政事，乃據吳門副本耳。[36]

所謂「據吳門副本」，知由蘇州滋蘭堂本傳寫，這個系統的鈔本則題朱文藻原名。從丁杰跋文所述，當時京中知名學者競相傳鈔《繫傳考異》，可見此書見重於學林之一斑。朱文藻這書以現在學術眼光來看，自然尚有許多不足之處。乾隆四十七年，汪啟淑從四庫書錄出《說文繫傳》，校刻於京師，小徐本因此復行於世，校勘其書者紛紛而起，陳鱣、鈕樹玉等對大小徐本《說文》所校尤稱專詣；嘉慶、道光以後，王筠著《說文繫傳校錄》、承培元等撰《說文繫傳校勘記》，皆後出轉精，較朱文藻《考異》所校尤邃密。但學術發展本來即由粗而精，

35 陸心源《皕宋樓藏書志》，《續修四庫全書》本，卷十三，頁十二。

36 同上注。

先河後海，不能以後來不同的研究條件來苛責前人之疏。四庫館臣對《繫傳考異》給予極高的評價：

> 南唐徐鍇作《說文繫傳》四十卷，歲久散佚。……據王應麟《玉海》，則宋時已無完帙矣。……好事者秘相傳寫，魚魯滋多，或至於不可句讀。憲所見者仍屬影宋鈔本，然已訛不勝乙。因參以今本《說文》，及旁徵所引諸書，證其同異，以成是編，訛者正之，其不可解者則並存，以俟核正。……韻書、字書節目繁碎，從未有縷析舊文，徹首徹末訂舛互而彙為一編者。憲作是書，亦可云留心小學者矣。末有《附錄》二卷，乃朱文藻所編，上卷為諸家評論《繫傳》之詞；下卷載鍇詩五首及其兄弟軼事，亦頗費蒐羅。[37]

這代表主流社群對《考異》學術價值的一種認定。《四庫全書》不收錄見存者著作，《繫傳考異》因署汪憲之名，故得以編入。四庫著錄之書別擇極嚴，古今著作見存者不下數萬種，而被四庫著錄者僅三千四百六十餘種。對一個屢試不第的秀才而言，著作能被四庫著錄，自然是一種莫大的殊榮。

朱文藻雖屢試不遇，但其博學之名久著於外，因此，他多次被當時名公鉅卿延請協助編校事宜，《清史列傳》卷七十二〈朱文藻傳〉記載：

37 紀昀等撰《四庫全書總目》，卷四十一，頁十－十一。

王杰督學浙江，延訪之至京師，佐校《四庫全書》；復奉敕在南書房考校。嘗游山左，阮元、孫星衍與之商訂金石，成《山左金石志》。後復為王昶修《西湖志》，纂輯《金石萃編》、《大藏聖教解題》等書。[38]

傳中提到的王杰、阮元兩人，後來官至大學士，位極人臣；王昶則以刑部侍郎致仕，三位都是乾、嘉時期名宦重臣，這意味朱氏才學當時已受到一定程度的肯定。

王杰特地延請一個科舉失意者入都佐校四庫書，從某種意義而言，此舉不啻對科舉選士功能的一種否定。王杰本人是乾隆二十六年恩科狀元，是少數西北出身的一甲進士，素孚清望，極為清高宗所賞識。他於乾隆三十六年九月至三十九年八月、四十一年正月至四十二年八月、四十五年三月至四十七年四月，三度出任浙江學政。[39]周春《耄餘詩話》記載，乾隆三十七年歲考時，王杰試古學，朱文藻名列第一，[40]大概因此受知於王杰，這年他即以生員身分參與浙省遺書采進工作，後來更受邀入京佐校四庫書。史傳未記載朱文藻入都之年，據梁同書〈文學朗齋朱君傳〉言：

戊戌入都，應王文端公（杰）之聘。文端適視學浙中，君偕之歸。[41]

---

38 《清史列傳》，頁五八九一。

39 錢實甫編《清代職官年表》，頁二六七一——二六七七。

40 周春《耄餘詩話》，《續修四庫全書》本，卷四，頁三。

41 朱文藻撰，胡敬輯《朗齋先生遺集》，卷首，頁二。

則朱文藻入都佐校在乾隆四十三年。另據《朗齋先生遺集》卷二〈戊戌元夕發北關〉、〈哭黃春帆〉兩詩，[42]可知朱文藻這年元宵，與毛熙臺、王賓、戴根香、許聿、黃春帆五位入京會試的浙江舉人同船北上；二月，抵北京。這時王杰任四庫全書館暨三通館副總裁，因朱文藻長於史部及簿錄之學，特地邀他入都襄佐校訂事宜。

四庫館修書，是盛世王權文化力的一種展現，因係皇家官書，所以特別慎重，每一書繕寫就正後，需經分校校訂、總校覆勘，然後由總裁抽閱，往復幾次發出、收回，校訂無誤後，才勒為定本。當時不少落第舉人淹留京師，以待下科會試，謀生之道，就是為四庫館校書，主要是協助分校校訂。[43]朱文藻迢迢千里北上，他所從事的，應和這些舉人有別。科舉時代治經者多，博通史學者少，朱文藻由浙入京，我推想主要是協助王杰覆勘史部群籍及修訂提要。另外，南京圖書館藏朱文藻未刊稿《校訂存疑》鈔本三冊，第二冊為《續三通校語》，卷首有朱氏識語：

> 乾隆戊戌（四十三年），應韓城王少宰惺園先生之招入都，館于虎坊橋，校閱三通館續

---

42 同上注，卷二，頁一—二。

43 如許宗彥〈丁教授（杰）傳〉言：「舉鄉薦入都，時方開四庫館，任事者多延之佐校，小學一門往往出其手。」（許宗彥《鑑止水齋集》，《續修四庫全書》本，卷十七，頁十二）又，周春《蓬廬文鈔·序》言：「計偕北上，時纂四庫書，館閣亟需校勘，爭相延致。君肆應精詳，各饜所請以去，凡卷帙經君寓目者，悉成善本。」（周廣業《蓬廬文鈔》，《續修四庫全書》本，卷首，頁一）

纂《三通》。凡所引正史，有原文可疑者皆簽出，加按以志疑。[44]

《續三通校語》卷一至卷四為《續通典》，計五十一葉；卷五至卷七為《續通志》，計五十四葉；《續文獻通考》未見校語。據此可知，朱文藻除佐校四庫書外，還協助校訂三通館所纂的《續三通》。

但上引《清史列傳》所言：朱文藻曾「奉敕在南書房考校」，此事梁同書〈朗齋朱君傳〉不載，我覺得頗有疑義：一、梁同書〈朗齋傳〉說他「食餼以終其身」，如朱文藻曾「奉敕在南書房考校」，此為寒士莫大的殊榮，梁同書撰〈傳〉所宜大書特書者，今卻無一語記及此事，未免可疑。二、南書房乃內府重地，非一介諸生所能親近，倘朱文藻曾「奉敕在南書房考校」，則不應「食餼以終其身」。三、他如「奉敕在南書房考校」，不應王杰「視學浙中」，朱文藻即偕之南歸。四、朱文藻晚年撰〈金石萃編跋〉，曾追述平生經眼金石之富：

> 竊幸文藻畢生能窺金石之美富，殆有天焉。先是，客京師，寓大學士韓城王文端公邸第，值文端充《續西清古鑑》館總裁，得見內府儲藏尊彝古器摹本三百餘種。後客任城小松司馬署，得見濟寧一州古今碑拓數百種。……繼客濟南，赴阮中丞芸臺先生之招，……得見全省拓本千數百種，贊成《山左金石志》，刻以行世。今又得見先生（按王昶）所藏寰宇碑摹，幾一千餘種，刻成《金石萃編》一百六十卷。夫拘墟

---

44 朱文藻《校訂存疑》，南京圖書館藏朱氏未刊稿鈔本，冊二，卷首。

寒士，雖有金石之好，欲購藏則無貲，欲遠訪則無事。茲文藻前後所見，多至四千餘種，自幸以為海內嗜古之士，企及此者亦難矣。[45]

〈跋〉中無一語談到「奉敕在南書房考校」事，則《清史列傳》所言應非史實。史傳所說的「在南書房考校」，與此〈跋〉所言「文端充《續西清古鑑》館總裁」，應該同為一事，則「奉敕在南書房考校」者乃王杰，而非朱文藻。

根據我的考證，《西清古鑑》乾隆十六年修成後，乾隆四十五年春，王杰奉命續纂，朱文藻因此得「見內府儲藏尊彝古器摹本三百餘種」。但這年三月十四日，王杰再度奉命提督浙江學政，[46]《西清續鑑》修纂之事因而中輟；十三年後，乾隆五十八年，王杰再度奉命續纂，始告成書。[47]朱文藻雖無緣參與編修《西清續鑑》，但一介寒士能見到內府秘藏的尊彝古器摹本數百種，也是一種奇緣。梁同書〈朗齋朱君傳〉說：「文端適視學浙中，君偕之歸」，《朗齋先生遺集》有一首〈庚子四月十五日出都，良鄉道中作〉，[48]可知他於乾隆四十五年四月出京。朱文藻前後在北京兩年餘，校書之暇，他還為王杰京邸藏書編了一本《葆醇堂藏書錄》，這書未刻，中國國家圖書館藏有道光九年劉喜海味經書屋鈔本兩冊，書分八類，

45 王昶《金石萃編》，《續修四庫全書》本，卷首，頁二。
46 《高宗實錄》，卷一一〇二，頁二十二。
47 參拙稿〈《清史列傳》汪憲、朱文藻傳訂誤〉。
48 朱文藻撰，胡敬輯《朗齋先生遺集》，卷二，頁十一。

與一般藏書志分類、排次不同。過去學者誤以此書為朱文藻的「自藏書目」，[49]但我考證，「葆醇堂」應該是王杰齋名。朱文藻這次北上校書，省儉節餘，積攢了一些錢，回杭州後，在艮山門外庀材蓋屋，命名「碧谿草堂」。但三年後，乾隆四十八年十一月，鄰居失火，碧谿草堂不幸波及，同遭回祿，真所謂「造化弄人」。

朱文藻應王杰之聘入京佐校《四庫全書》，此行想必為他在杭州學術圈增加不少名望。他南歸後，先後應邀為汪氏欣託山房校勘《十六國春秋》一百卷；南京圖書館所藏朱文藻未刊稿《校定存疑》鈔本冊三，是乾隆四十六年夏、秋間，他為欣託山房所刻的《隸釋》、《隸續》兩書所撰的校勘記。四十七年夏，又為欣託山房校《韻補》，並協助王昶重修《西

49 鄭偉章《文獻家通考》以《葆醇堂藏書錄》為朱文藻「自藏書目」（一九九九年，北京：中華書局，頁四二〇）；最近中國國家圖書館所編《國家圖書館藏稀見書目叢刊》收錄此書，該書提要亦稱葆醇堂為朱文藻藏書處，此為朱氏自藏書目。此說非是。按王杰著《葆淳閣集》二十四卷，「淳」、「醇」音同義近，葆淳（醇）堂蓋王杰齋名，檢《藏書錄》著錄胡奕勳編《十三經類纂》十二卷、《續集》十九卷，朱文藻按語云：「此書鈔本，得於浙中胡氏所呈之手稿也」（中國國家圖書館藏道光九年劉氏味經書屋鈔本，上冊，頁二十七）；又徐咸清《資治同文》三十冊，朱氏按語：「此書從越中傳鈔，校對、繕錄皆越郡諸生，卷首及面頁各題識姓名。第二冊有〈校對凡例〉十四條，乃會稽諸生王霖所定」云云（上冊，頁三十——三十一），知此二書皆王杰乾隆三十六年至三十九年任浙江學政時，由浙中傳鈔所得。另據《說文解字繫傳》條，朱文藻按語云：「此書……末附《考異》二十八篇，《附錄》二卷，則刑部員外郎錢塘汪憲與文藻同校是書而作。……此本借鈔於汪氏振綺堂，即憲家藏校本。」按朱文藻〈重校說文繫傳考異跋〉，自言《說文繫傳考異》原稿藏於己家，如葆醇堂果為朱文藻藏書之所，他何須更從振綺堂「借鈔」？由此一條，即可斷言《葆醇堂藏書錄》斷非朱氏「自藏書目」矣。

湖志》；四十九年，協助邵晉涵重訂《杭州府志》。乾隆五十年，為孫氏壽松堂校勘《資治通鑑》，以壽松堂所藏宋刻本，與明人路進刻本、天啟五年陳仁錫刻本對校，有校記六卷，這些皆其犖犖大者。其後，又受託為陶元藻增補《全浙詩話》。乾隆五十八年冬，他給邵晉涵的信中談及：

> 數年來受蕭山陶篁村先生之托，以所輯《全浙詩話》屬為補遺，因此博考諸家文集，外及山經地志、說部雜家、名人書畫真迹，無不採錄，積稿可得百十卷，而津涯浩瀚，迄未成書。今歲應兗州運河司馬黃小松之聘，就館濟寧，課讀其子。司馬富於金石，屬纂《濟寧金石錄》，嚮拓其文，摹繪其畫，備采諸家題跋，附以管見考證，創稿於夏，已成十之七八，開春可以脫稿。[50]

這信談到兩件事，皆歷來學者所忽略的，一是他為陶元藻增訂《全浙詩話》，另則為黃易代撰《濟寧金石志》。此信未明言他為陶元藻增訂《詩話》始於何年，但朱文藻《碧谿詩話》有一條言：「庚戌春，鳧亭丈以《全浙詩話》屬余增訂」，[51]則經始於乾隆五十五年春，至五十八年冬，積稿已逾百卷。這書後來重加刪併，編為五十四卷，於嘉慶元年冬付刻。《全浙詩話》載錄的浙籍詩人，自越王句踐起，至乾隆間詩家，共一千八百八十五人，所采之

50 朱文藻〈與邵二雲書〉，見拙稿〈朱文藻碧谿草堂遺文輯存〉。

51 阮元《兩浙輶軒錄》，卷三十一，頁十八。

書多達六百餘種。陶元藻本是個詩人，著有《泊鷗山房集》，及《鳧亭詩話》一卷、《越彥遺編考》五卷、《越畫見聞》三卷，篇幅皆不大。《全浙詩話》則多達五十四卷，是清代少有的大型詩話。一般詩話內容，不外紀本事、寓品評、賞名篇、標雋句，藉由名家說法，度人以金針，內容不拘長短，隨興為之。而《全浙詩話》則屬集錄體詩話，與前述賞鑒品評型的個人詩話不同。既屬集錄體，首要條件便是取材要豐富、采摭力求完備，因此，除詩文別集外，舉凡「山經地志、說部雜家，以至名人書畫真跡，無不采錄」。這書時間跨度上下兩千年，所涉既廣，要蒐羅完備本即不易，兼綜條貫尤非易事。《全浙詩話》最大的特色則在辨正故實，對詩人事跡、詩篇掌故，尋源溯流，訂譌正俗，這自然不是一般詩家文士所能為功。書中一些考證，間加「文藻按」，但他為陶元藻加工增訂補遺者，當然不止「文藻按」這幾十條，朱文藻不過藉此留下自己「代工」的痕跡和線索，俾後人藉此得以尋蹤考實；我們下面將談及的，他為阮元編《兩浙輶軒錄》，也留下不少「文藻按」的線索。過去研究者並不知道朱文藻曾費數年之功，為此書作了大量加工、增補工作，[52] 現由他給邵晉涵的這封信，我們才知道此書和黃易《濟寧金石錄》背後，還有這麼一段被湮薶的故實。

黃易（一七四四—一八〇二）是乾嘉時期著名的金石學者，字小松，號秋盦，精究河防事宜，長期在山東河道任官。黃易好收藏金石拓本，宦轍所到，山巖僻野，無不蒐訪椎拓，

52 如蔣寅撰〈陶元藻與《全浙詩話》〉（二〇一五年，杭州：浙江古籍出版社蔣氏點校本，卷首，頁一—九），全文但論陶氏費十七年之功編纂此書，並未提及朱文藻曾費數年之力，為此書作了大量加工增訂、補遺之勞。

最為學界稱道的是，在山東嘉祥發現武梁石室畫像，《清史列傳》卷八十三〈黃易傳〉說：

〔易〕尤嗜金石，寢食依之。在濟寧升起鄭季宣全碑，於曲阜得熹平二年殘碑；於嘉祥之紫雲山，得武斑碑、武梁祠堂石室畫像，即其地築室砌石，榜曰「武氏祠堂」，立石以記之。……四方嗜古之士所得奇文古刻，無不就正於易者，以是所蓄金石甲於一時。……翁方綱嘗曰：「黃伯思、米芾而後，世久無此人矣。」[53]

阮元《小滄浪筆談》卷二云：

〔黃易〕收金石刻至三千餘種，多宋拓舊本，鐘鼎、彝器、錢鏡之屬不下數百。予每過任城，必留連竟日，不忍去。[54]

黃易多數著作並未付梓，今天傳世的僅有《小蓬萊閣金石文字》、《小蓬萊閣金石目》、《嵩洛訪碑日記》、《岱巖訪古日記》以及一些印譜。錢大昕為《小蓬萊閣金石文字》撰序時說：

海內研精金石文字，與予先後定交者，蓋二十餘家，而嗜之篤而鑒之精，則首推錢唐黃君秋盦。秋盦博極群書，元元本本，于吉金樂石尤寢食依之。[55]

---

53 《清史列傳》，頁五九八六。

54 阮元《小滄浪筆談》，嘉慶七年，《文選樓叢書》本，卷二，頁二十九—三十。

55 黃易《小蓬萊閣金石文字》，嘉慶間刊本，卷首，頁一。

黃易長期在山東濟寧任官，濟寧、兗州一帶見存的碑碣石刻，他搜訪略偏，因此擬編《濟寧金石錄》一書。乾隆五十八年，他特地邀請朱文藻到濟寧，名義上是「課讀其子」，實際上是為黃易代撰《金石錄》，這書於五十九年春告成。書中載錄濟寧一州古今碑刻數百種，皆由朱文藻一手摹寫，朱氏曾親自到嘉祥訪碑，並登洪山絕頂，發現前人未經著錄的石刻題字多種。[56]《濟寧金石錄》編成後，並未出版，其書著錄的碑刻和考證之語，後來被阮元《山左金石志》完全吸收。

乾隆末，阮元任山東學政，擬編《山左金石志》一書，即邀朱文藻到濟南協助纂輯。中國國家圖書館藏《黃小松友朋書札》，第二冊有封余集給黃易的信，信中談到：

> 朗齋三兄參訂山左金石，真快事也，不知其已復來否？書成後，以先睹為快耳。

這信未記撰年，信末記「十二月十七日」。余集信中談到至四川任鄉試副考官之事，[57]知為

---

56 按畢沅、阮元纂《山左金石志》元祐七年「姜三校洪山頂題字」條，末云：「朱朗齋親至洪山絕頂拓得之」（《續修四庫全書》本，卷十七，頁二十）；又卷二十「洪山石佛題名」條云：「在嘉祥縣洪山頂，……朱朗齋客濟寧時訪得。」（頁十九）同卷明昌七年「段在等登高會題字」（頁十九）、卷二十三元統元年「洪山題字」，又無年月「洪山題字五種」（頁三十六）、卷二十四至正四年「洪山詩刻殘石」（頁十八）等，俱此行訪碑所得。另據卷二十三「萌山閏九日詩刻」條言：「在嘉祥縣萌山石壁，……朱朗齋至其處得之。」（頁二十七）則朗齋訪碑嘉祥，所至固非一處。

57 余集〈與黃小松書〉云：「弟於盛夏出使，今年淫雨徧天下，日在炎歊蒸鬱之際，以致途次染患後，重下血之症，醫藥不便，遷延至撤棘之日，尚未平復。……蜀中小住六七日，往還諸公無一留心金石之人，

乾隆五十九年十二月所撰。[58] 另外，鮑昌熙《金石屑》載錄一封阮元給黃易的信，信中問及：

> 朱朗齋先生未知曾有回音否？秋帆前輩過境時，亦曾言及延彼否？[59]

由此信所言，可知阮元即透過黃易邀請朱文藻協助編纂《金石志》事。此信未記年月，但信末附記「曲阜約于初八日試畢，初九日起程回省」。據《阮元年譜》乾隆五十九年條載：「十月初一日，出試沂州，登嶧山。……遂至曹州、兗州、曲阜、濟寧州。十二月十二日，回省。始修《山左金石志》。」[60] 可知此信五十九年十一、二月之交所撰。朱文藻應允後，阮元即開局修書，分遣拓工四出椎拓，阮氏《山左金石志·序》言：

> 元在山左，卷牘之暇，即事考覽，引仁和朱朗齋（文藻）、錢塘何夢華（元錫）、偃師武虛谷（億）、益都段赤亭（松苓）為助。兗、濟之間，黃小松司馬搜輯先已賅備；肥城展生員（文脈）家有聶劍光（鈫）《泰山金石志》稿本；赤亭亦有《益都金石志》稿，並錄之，得副墨。其未見著錄者，分遣拓工四出，跋涉千里。岱麓、沂鎮、靈巖、

---

58 僅有汪君穀亭贈我東坡像及〈馬券帖〉而已，然此二種皆不足著錄也。」法式善《清秘述聞》卷八記載乾隆五十九年甲寅恩科鄉試，四川省主考官刑部郎中范鏊，副考官中允余集。（一九八二年，北京：中華書局點校本，頁二九九）

59 鮑昌熙《金石屑》，光緒二年摹印本，冊二，頁八十—八十一。

60 張鑑等纂《阮元年譜》，一九九五年，北京：中華書局黃愛平點校本，頁十三。

> 五峰諸山，赤亭或春糧而行，架巖涸水，出之椎脫，梱載以歸。[61]

則當時參與修書的，另有武億、何元錫、段松苓三人。山東本金石之邦，金石研究風氣極盛。黃易的《濟寧金石錄》、聶鈫的《泰山金石志》和段松苓《益都金石志》等，均有成書，但這些著作未及出版，即為阮元《山左金石志》所吸收消化，在此，我們可以看到一種「掠食」性的學術生態鏈，阮元後來編《兩浙輶軒錄》、《兩浙金石志》莫不如此。《山左金石志》乾隆六十年夏開始編纂，同年九月，阮元調任浙江學政，分纂諸人各自散去，武億到臨清州，擔任清源書院主講；段松苓則回益都；朱文藻與何元錫隨阮元到浙江。[62] 阮元《山左金石志・序》說：

> 六十年冬，草稿斯定，元復奉命視學兩浙。舟車校試餘閒，重為釐訂。更屬仁和趙晉齋（魏）校勘，凡二十四卷。[63]

實際上，《山左金石志》在濟南編纂時間前後不及半年，並未蕆事。[64] 阮元〈序〉中所說的

---

61 畢沅、阮元纂《山左金石志》，卷首，頁一—二。

62 參拙作〈武億年譜〉乾隆六十年條（《中央研究院歷史語言研究所集刊》八十五本第三分，頁五三六—五三七）；又〈朱文藻年譜〉乾隆六十年條（南京大學《古典文獻研究》第十九輯下卷，頁二二一—二二二）。

63 畢沅、阮元纂《山左金石志》，卷首，頁二。

64 段松苓《山左碑目・序》述及《山左金石志》分工情形，言：「余編次山左吉金，而二先生（按指朱文藻、武億）分錄列代碑版，宮詹（阮元）總其成而裁定之，已有成緒。八月終，宮詹膺簡命擢閣學，調任兩

「舟車校試餘閒，重為釐訂」，是一種虛飾性的門面話，並非實情。《山左金石志》全書之編訂，其實是由朱文藻代工。梁同書〈文學朗齋朱君傳〉言：

> 芸臺先生得拓本數千種，將謀纂輯，適調任浙江，延君歸杭州；明年，以各碑拓本錄為《山左金石志》。時揚州江文叔重君名，延館於其家。君遂偕張椿年攜各搨本應之，寓康山草堂。……一年，《金石志》成。[65]

嘉慶元年，朱文藻名義上是應聘館於江振鴻康山草堂，其實是由江氏提供生活、筆墨之資，以便朱文藻專意編訂《山左金石志》。[66] 朱氏因攜張椿年同往，以佐校錄，在揚州一年，始編訂成書。南京圖書館藏張椿年詩集《荊華仙館初稿》，嘉慶元年編年詩目錄言：「歲丙辰，余與朱丈朗齋為阮芸臺閣學纂輯《山左金石志》于維揚江氏康山草堂，積詩五十餘首，目之為《邗上吟》。」[67] 又王昶《春融堂集》卷二十二嘉慶二年春〈訪主雲上人於淨慈，宿聽

浙。此時余所著錄者僅云蕆事，而二先生所輯，未能告竣。」（光緒三十四年，李氏《聖譯樓叢書》本，卷首，頁一—二）可知此書在濟南時並未完稿。參潘妍艷〈阮元《山左金石志》纂修考〉，稿本待刊。

65 朱文藻撰，胡敬輯《朗齋先生遺集》，卷首，頁二。

66 按張椿年《荊華仙館初稿》有〈季廉夫（爾慶）徵詩來邗，同宿康山寓齋，詩以紀事〉一首，云：「乍晤不相識，相看是故人。幾年成別況，一夕話酸辛。祖宅衣冠舊（元注：先生話里門事甚詳），編詩歲月新（時阮芸臺閣學修纂《淮海英靈集》，先生為之採訪）。願交來恐後，聯榻話頻頻。」（南京圖書館藏嘉慶間刊本，卷一，頁四）知其時季爾慶為阮元《淮海英靈集》徵訪揚人詩稿，亦同寓康山草堂。

67 張椿年《荊華仙館初稿》，卷首，頁一。

松軒，與朱映湄及僧慧照夜話〉詩，元注：「時伯元延映湄纂《山左金石志》。」68朱休度〈辛酉春家朗齋自杭來禾，招同曹種梅花下小飲，朗齋有詩見貽次答〉：「胸握珍珠能記事，手編鐵網竟成書」，元注：「朗齋撰《山左金石錄》，稿成八十巨冊。」69這些史料皆可佐證《山左金石志》係由朱文藻加工、編錄成書。

今閱《山左金石志》，其書引用朱文藻之說共三十餘見。另外，書中多處提到「此碑朱朗齋從他處錄得」、「朱朗齋自友人處借錄」，或言其碑「據朱朗齋所錄載之」，此共五十餘見，這類碑目應該是朱文藻在揚州編錄時所增補的。阮元〈序〉言：「舟車校試餘閒，重為釐訂，更屬仁和趙晉齋（魏）校勘」，知《山左金石志》由朱文藻編成後，阮元另請趙魏覆校。朱文藻為人代工著作，常會以「文藻按」的形式附加一些考證按語，《山左金石志》經趙魏覆校，這類個人按語已被刊落，或被改寫入《志》，但整部《山左金石志》以兖州、濟寧金石蒐羅、考證最富，則是不爭的事實。這書於嘉慶二年付刻，十月刊成。

朱文藻為人代工，未署其名的著作，尚有幾種可考。《山左金石志》編訂竣事，朱文藻即由西湖淨慈寺住持際祥（主雲上人）聘修《寺志》。淨慈寺創建於吳越時，號慧日永明院，宋紹興時改今名，與大昭慶律寺南北對峙，為西湖叢林之冠。《淨慈寺志》共二十四卷，每卷首署「住持際祥主雲纂輯」，書中前後序跋全未提及朱文藻之名。但《寺志》卷二十載錄

68 王昶《春融堂集》，《續修四庫全書》本，卷二十二，頁二十五—二十六。

69 朱休度《倈寧居偶詠》，《續修四庫全書》本，卷上，頁十七。

一首寺僧法喜的詩：

釋法喜〈丁巳新春喜朗齋居士入山修志率成一律〉：「二月春風利，侵膚似剪刀。著書來訪舊，挈伴已登高。逸事重煩輯，深心勿憚勞。禪文俱不泯，憑仗一枝毫。」[70]

又卷二〈興建〉載錄無量壽佛懺堂刻石，有朱文藻等題名：

丁巳二月，朱文藻修《志》寺中，楊秉初、邵志純同來。[71]

據此，可知《淨慈寺志》實出於朱文藻之手。朱氏本熟諳鄉邦文獻，曾分纂《西湖志》，又擅編錄實務，《寺志》分〈興建〉、〈支院〉、〈寺產〉、〈住持〉、〈法嗣〉、〈塔院〉、〈山水〉、〈園亭〉、〈古蹟〉、〈藝文〉、〈雜記〉、〈外紀〉等十二門，凡淨慈寺興修沿革、支院寺產、法嗣傳承等相關史實，以及南屏歷代題詠、刻石等，有可考者，皆採摭無遺，編綴條理井然，俞樾〈重刻淨慈寺志序〉即稱此《志》「蒐羅宏富，體例謹嚴，洵為志書善本」。此《志》最特別的是〈雜記門〉錄有「詩話」一卷。朱文藻前此曾為陶元藻增輯《全浙詩話》，因此《寺志》特別採輯宋明以來，有關淨慈寺的詩事掌故，編為「詩話」一卷，這對朱文藻而言，自然是老馬識途。此卷載錄了四則朱文藻自著的《碧谿詩話》，[72] 最後一則為：

70 釋際祥纂《淨慈寺志》，光緒十四年，嘉惠堂丁氏重刊本，卷二十，頁二十三—二十四。

71 同上注，卷二，頁二十一。

72 同上注，卷二十一，頁六，又頁七，又頁九，又頁十三。

《碧谿詩話》：「嘉慶丁巳春正，寓淨慈修《寺志》。一日，遊行高麗寺。……庭中石佛四尊，四面鐫刻，制如石幢，不知何代所刻，無題名。歸途經太子灣田孝子守廬先生家，一婦人出見，乃其孫媳也。問先生手書遺蹟，出所藏集唐詩一軸，[73]不知何題，詩云：『今日天氣佳，摘此園中蔬。提壺接賓侶，好風與之俱。揮翰□平素，緩帶盡歡娛。我願不知老，君懷定如何。』……」[74]

朱文藻刻意載錄這則詩話，想必有意藉此留下他代纂《淨慈寺志》的一些線索。嘉慶二年秋，《寺志》告成後，他隨即應阮元之邀，為阮氏編選《兩浙輶軒錄》。

浙江人文薈萃，阮元乾隆六十年十一月就任學政後，即充分驅使當地豐沛的人力，大舉修書。嘉慶元年，阮氏除委派陳焯、趙蕙棻、陳文杰、端木國瑚等采輯清代揚州詩家之作，編纂《淮海英靈集》；另則擬輯清代浙江十一郡之詩，編為《兩浙輶軒錄》，因此委派仁和邵志純、海寧俞寶華、蕭山顧一麒、孫度、平湖錢仁榮、鄞縣袁鈞、東陽樓上層等人「分任採訪」；諸人採輯「薈萃成帙」後，另由戴殿海、朱文藻、湯禮祥、吳文溥、李富孫、郭麐、陳鴻壽、陳文述、朱壬、蔣炯、陳傳經、張鑑、方廷瑚、顧廷綸、朱為弼等人「參

73 按此實集陶淵明詩句，朱氏以為「集唐詩」者，誤也。「今日天氣佳」句，見陶詩〈諸人共遊周家墓柏下〉；「摘我園中蔬」、「好風與之俱」二句，見〈讀山海經〉十三首之一；「提壺接賓侶」句，見〈游斜川〉；「緩帶盡歡娛」、「我願不知老」二句，見〈雜詩〉之四。此「揮翰□平素」句，蓋〈詠二疏〉「揮觴道平素」也；末句「君懷定如何」，失韻，蓋〈擬古〉九首之三「君情定何如」也。

74 釋際祥纂《淨慈寺志》，卷二十一，頁十三。

校補採」，[75]據此書〈凡例〉所記，朱文藻僅是十五位「參校、補採」人員之一。〈凡例〉第五則言：

> 是編採錄，隨所得為先後，有初編、續編、補遺之分。茲併各編，通以時代為次。[76]

阮元書中並未透露採訪（初編）、參補（續編）等工序之後，由何人擔任總纂，將這些由各地采輯分散的材料，「併合各編，通以時代為次」，編錄成書，並作最後增訂補遺。歷來研究者對此並未細考，多以為由阮元親自編選，[77]其實不然。阮元《定香亭筆談》卷二有一條言及：

> 仁和朱朗齋能詩，留心文獻，好金石。老而貧，居艮山門外清溪前。丁巳、戊午間，助余編錄兩浙詩數千家。雨久穿屋流，余贈詩云：「雨後清溪繞屋流，藤牀著膝看魚游。先生竟似陶貞白，萬卷圖書不下樓。」[78]

阮元《山左金石志》、《兩浙輶軒錄》兩書〈序〉中，雖提及朱文藻之名，但含混其詞，諱

75 阮元《兩浙輶軒錄》，卷首〈凡例〉，頁二—三。
76 同上注，卷首〈凡例〉，頁一。
77 如近年出版的《兩浙輶軒錄》夏勇等點校本，二〇一二年，杭州：浙江古籍出版社，卷首夏勇〈整理弁言〉長文，全未提及朱文藻的編訂之功。
78 阮元《定香亭筆談》，《續修四庫全書》本，卷二，頁十。

言朱氏編訂之勞。《定香亭筆談》此則紀事，乃一時興到之筆，原意本在錄存阮元之詩，以寫朱文藻的安貧劬學，今由「丁巳、戊午間，助余編錄兩浙詩數千家」之語，我們可據以尋蹤索隱，考知《兩浙輶軒錄》實由朱文藻編訂成書。南京圖書館藏張椿年《荊華仙館初稿》，嘉慶丁巳編年詩目錄言：「是年，與朱丈朗齋為阮閣學纂輯《兩浙輶軒錄》，因得憩息家園。……得詩五十首，目之《邨居集》。」[79]可為旁證。又周春《耄餘詩話》卷四言：

〔朗齋〕客儀徵阮公學使幕中，助撰《山左金石志》。公調任浙江，助選定《兩浙輶軒錄》。余以詩寄懷云：「三年不見朱遵度，腹笥包羅萬卷書。杭屬一燈還未墜，西泠十子果相如。著述等身盡足傳，篁村《詩話》賴增編。武林此日徵文獻，能不思君一悵然。」[80]

這則《詩話》述及朱文藻曾為陶元藻增編《全浙詩話》；又佐阮元纂訂《山左金石志》及選定《兩浙輶軒錄》。周春為周廣業《蓬廬文鈔》撰序時，也提到：

嘉慶丁巳冬，因營先世窀穸，積勞暴病，卒于戊午元旦。……仁和朱朗齋為阮中丞選《輶軒錄》，亟徵詩入選。[81]

79 張椿年《荊華仙館初稿》，卷首，頁一。

80 周春《耄餘詩話》，卷四，頁一。

81 周廣業《蓬廬文鈔》，卷首，頁一。

周廣業著《蓬廬詩鈔》二十二卷，未刊，稿本現藏上海圖書館。《輶軒錄》卷三十三錄周廣業之詩，僅〈和潛山豆腐詩用松靄先生韻〉一首，松靄即周春字號，顯然這首詩即由周春提供。這些史料足可佐證《兩浙輶軒錄》其實是由朱文藻編選成書。

朱文藻能詩，傳衍杭世駿、厲鶚一緒流風遺韻，故周春贈詩有「杭厲一燈還未墜，西泠十子果相如」之句。他費時數年，為陶元藻增輯《全浙詩話》，「博考諸家文集，外及山經地志、說部雜家、名人書畫真跡，無不采錄」，故而對兩浙詩家文獻（著述、名篇、詩話、詩人傳記、遺聞佚事等），原即尋討有素。其次，朱氏勤於編錄，長年蒐羅遺佚，採訪、選錄詩家名篇佳什，故吳顥編《杭郡詩輯》，即「于朱朗齋文藻處得二百餘家，以增補所無」。更重要的是，朱文藻擅於編務，他編有《武林耆舊詩》，並為阮元編訂《山左金石志》，為淨慈寺編纂《寺志》等，因此，由朱文藻擔任《兩浙輶軒錄》總纂工作，正是不二人選。阮元〈兩浙輶軒錄序〉說：

> 余督學浙江時，……爰訪遺編、求總集，徧于十一郡，自國初至今，得三千餘家，甄而序之，名曰《兩浙輶軒錄》。嘉慶三年書成，存之學官，未及刊板。六年，巡撫浙江，仁和朱朗齋、錢塘陳曼生請出其稿，願共刊之，乃畀之重加編定，序而行之。[82]

阮元嘉慶三年八月學政任滿，調補禮部侍郎，回北京任職。阮〈序〉說此書成後，「存之學

82 阮元《兩浙輶軒錄》，卷首。

官」，並非事實。嘉慶三年秋，《輶軒錄》僅成初稿，尚未編定成書。法式善《陶廬雜錄》卷三說：

阮芸臺中丞督學兩浙時，有《兩浙輶軒錄》。己未年（嘉慶四年）夏，芸臺官侍郎，退直邀余至琅嬛仙館，讀畫品詩。遂以此書委勘，尚未分卷數，束為十六捆。余約十日閱兩捆，歷三月始畢，間有為增入者。83

可見嘉慶三年秋阮元北返時，《輶軒錄》尚未分卷，阮元攜其稿副本回京，請戴璐、法式善審閱；在南方則由朱文藻續加校訂、分卷，並增補遺缺。今由《輶軒錄》中引錄朱文藻《碧谿詩話》一百餘則，《錄》中引用朱文藻按語及傳、序之文，亦不下數十處，此即《兩浙輶軒錄》由朱文藻總纂成書的具體內證。阮元嘉慶四年十一月署理浙江巡撫，次年正月實授。《輶軒錄》則於嘉慶五年編定成書，共著錄兩浙詩家三千一百三十三人，選詩九千二百四十一首。阮〈序〉說：「六年，巡撫浙江，仁和朱朗齋、錢塘陳曼生請出其稿，願共刊之，乃畀之重加編定，序而行之。」則此書於嘉慶六年付刻。原刊本扉頁署「仁和朱氏碧溪草堂／錢唐陳氏種榆僊館／同刊」，朱文藻一介寒士，自然無力出資為阮元刻書，此書應該是由陳鴻壽（曼生）出貲，並負責校刻工作，因為這一年《輶軒錄》編定後，朱文藻即應王昶之聘，為他編訂《金石萃編》。

83 法式善《陶廬雜錄》，《續修四庫全書》本，卷三，頁三十二。

王昶乾隆四十八年任陝西按察使，「關中為三代、秦、漢、隋、唐都會之地，碑刻之富，甲於海內」，[84]王昶因而有意編纂《金石萃編》，曾寄信託朱文藻協助採輯金石題跋。[85]其後，王氏歷官各地，宦轍所到，即勤力蒐訪當地碑碣遺文，前後所積多達一千五百餘種。王昶〈金石萃編序〉言：

余弱冠即有志於古學，及壯，遊京師，始嗜金石，朋好所贏，無不丐也。蠻陬海澨，度可致，無不索也。兩仕江西，一仕秦，三年在滇，五年在蜀，六出興桓而北，以至往來青、徐、兗、豫、吳、楚、燕、趙之境，無不訪求也。[86]

王昶揚歷中外，轉徙各地，直到乾隆五十九年致仕後，才有空料理所儲金石摹文，但這年王氏已七十一歲，恐怕「有志而力未逮」。這書實際上是由朱文藻代工編訂成書，朱氏〈金石萃編跋〉說：

〔王昶〕甲寅（五十九年）春，蒙恩予告歸里。……嗣是林泉清暇，發篋陳編，取所錄金石摹文，詳加考訂，閱數年而次第成編。嘉慶辛酉歲（六年），主講武林敷文書院，

84 錢大昕〈關中金石志序〉，《潛研堂集》，頁四一五。

85 南京圖書館藏朱文藻《碑錄二種・自序》，參拙稿〈朱文藻碧谿草堂遺文輯存〉，《正學》第四輯，頁三六四。

86 王昶《金石萃編・自序》，卷首，頁一。

文藻候問，出示所定初稿百餘鉅冊，尚須刪汰訂定，招文藻襄其役。是夏，即攜具山齋，與嘉定錢君同人（侗）共晨夕。明年春，先生辭講席歸漁莊，仍令文藻與錢君供其事，旋付梓人校寫校刊，迄于今始竣。[87]

錢侗（一七七八—一八一五）是錢大昕姪兒，錢大昭第三子。嘉慶六年，朱文藻協助編訂《金石萃編》時，這年錢侗才二十四歲，應該是協助朱文藻查核、考訂工作，這年王昶七十八歲，朱文藻六十七歲。《金石萃編》共載錄周、秦至宋、遼、金歷代金石銘刻一千五百餘種；另元碑八十種，後來刪去未刻，羅振玉得其稿，曾以《金石萃編未刻稿》之名影印行世。《金石萃編》主要以石刻為主，兼及少量銅器、瓦當和泉范。著錄一依時代為序，每一碑目下注明石刻形制，計其尺寸、行數、字數、書體及石之所在，具錄全文，並博采諸家題跋附於後，最後加按語，考其事跡，折衷是非。朱文藻本長於金石之學，又擅編錄，此前曾為黃易代纂《濟寧金石錄》，為阮元編訂《山左金石志》，可以想見《金石萃編》各碑跋尾，其考證按語應多出自朱文藻手筆。羅振玉《金石萃編未刻稿》目錄後識語曾言：

至順二年〈加封啟聖王等敕旨〉後，附錄錢竹汀先生跋尾，其後有朱書「文藻校」三字，與跋尾字跡相同，知跋尾亦出朱先生手。[88]

---

87 朱文藻《金石萃編·跋》，卷首，頁一。

88 王昶《金石萃編未刻稿》，《續修四庫全書》本，卷首〈目錄〉後羅振玉識語。

這是羅振玉由原稿目驗，可以證實《金石萃編》各碑跋尾的確出於朱文藻之手。《金石萃編》集碑目、碑文、題跋、考證於一書，全書多達一百六十卷，是清代金石學集大成之作。當時王昶年事已高，急欲有生之年親見此書告成，因此，每一卷稿成，「旋付梓人校寫校刊」。朱文藻前後費時五年為之編訂，全書於嘉慶十年十一月刻成；次年六月，王昶去世，享年八十三；朱文藻亦於同年八月去世，年七十二，結束勞瘁的一生。梁同書〈文學朗齋朱君傳〉說：

> 壬戌（嘉慶七年）春，青浦王述庵少司寇招君於三泖漁莊，纂輯《金石萃編》、《大藏聖教解題》若干卷，以少寇下世，不及竟。[89]

《金石萃編》稿成後，朱文藻接著又為王昶纂輯《大藏聖教解題》。王昶與王鳴盛、錢大昕自少同學，又同榜進士，王、錢二人中年早退，俱已等身著作，足以傳世。王昶則歷官中外，官事旁午，撰述雖不少，但並無代表性著作可傳，因此晚年急欲假手門客，以編錄傳世。王氏本深於佛典，〈再書楞嚴經後〉言：

> 今天下士大夫能深入佛乘者，桐城姚南青範、錢塘張無夜世犖、濟南周永年書昌及余四人。其餘率獵取一二桑門語以為詞助，于宗教之流別、性相之權實，蓋茫如也。[90]

---

89 朱文藻撰，胡敬輯《朗齋先生遺集》，卷首，頁二。

90 王昶《春融堂集》，卷四十五，頁二十。

可見王昶本人也以「深入佛乘」自負。朱文藻從吳穎芳遊二十餘年，後又締結姻親，一生受吳氏影響極大。吳穎芳精研佛典，尤深於因明學、唯識論等，著有多種佛學著作，朱文藻深受濡染，也潛研佛典。他本擅於簿錄之學，因此，雖晚年衰病，但纂輯《大藏聖教解題》，他固優為之。瞿世瑛《清吟閣書目》卷一著錄：「《大藏聖教解題》，朱文藻，十六本。」[91] 南京圖書館藏此書鈔本卷一、卷九、卷二十至二十三，共六卷，署名「青浦王昶德甫譔集」。此殘本卷一為經藏大乘經般若部，卷九為經藏小乘經阿含部之單譯經，卷二十至二十三為經藏此土著述一至四。這是一部輯錄體的釋藏目錄解題，每書各記書名、卷數、大藏某字號某卷、函數，著譯者名號，並節錄序跋要語，以明一書著作要旨。書中間加按語，註明《明藏》在某字號，作者事跡、傳記所在，及與今《藏》題名、卷數、文字異同等。可惜此書已殘缺，又因王昶、朱文藻相繼去世，全書未能完成，但由此殘帙足可想見其書之大略。

三

朱文藻困於科舉，侘傺以終。他雖一生窮困，卻有不少義舉。梁同書〈文學朗齋朱君傳〉記載：

91 瞿世瑛《清吟閣書目》，卷一，頁七。

賃東街一廛，與業師沈翁耕寸共居。翁夫婦年老衰疾，困頓牀蓐，一子謀食四方，君躬湯藥、視寒煖者十有餘年；及卒，為營喪葬。方之漢代尊師儒，弟子有為師執廝養役者，君之高誼殆不多讓。……君外舅沈某，父子相繼沒，無嗣，積棺三世，君為營喪葬，更屬子孫世祀之。張椿年者，君次子之妻弟也。少孤，君飲食教誨，相依二十餘年，俾昆弟各成立，里中人稱君為長者。[92]

這類義行一般人已難為，更何況朱文藻終身窮餓困乏，尤覺難能。乾隆五十年，江浙久旱成災，米價騰涌，朱文藻一家七口，加上張椿年兄弟，一共九人，飢腸轆轆，只能依賴寺院賑米，並以所藏書畫易米而食。我常覺得阮元似乎欠朱文藻一個公道，《雷塘庵主弟子記》嘉慶元年條載：

詔舉孝廉方正，浙江舉者十二人：仁和邵志純古庵、翁名濂蓮叔，錢塘陳振鷺禮門，海寧陳鱣仲魚、楊秉初純一，嘉興莊鳳苞韶九、李轂中玉，海鹽張燕昌芑堂，鄞縣袁鈞陶軒，慈谿鄭勳簡香，定海李巽占申三，義烏樓錫裘萃千。辭不就者四人：錢塘何淇春渚、奚岡鐵生、朱彭青湖、鄞蔣學鏞。[93]

---

92 朱文藻撰，胡敬輯《朗齋先生遺集》，卷首，頁一—二。

93 張鑒等編《雷塘庵主弟子記》，咸豐間琅嬛僊館刊本，卷一，頁十七。

朱文藻並未獲薦，這十六人中，邵志純、陳鱣、楊秉初、張燕昌、何淇、奚岡、朱彭等，皆朱文藻友人。以才學而論，朱文藻應不在這些人之下。孝廉方正因不授職任官，並無嚴格年齡限制。嘉慶元年，朱文藻年六十二，但江蘇所舉的江聲（一七二一—一七九九），這年七十六歲；安徽舉荐的程瑤田（一七二五—一八一四），這年七十二，皆較朱文藻年長；即浙江舉荐辭而不就的朱彭（一七三一—一八〇三），這年六十六，也較朱文藻年長。大概朱氏為人沖澹不爭，胡敬〈碧谿草堂詩集序〉言：「省闈屢蹋，終老牖下，他人處此，當若何憤懣。而先生詩和平恬適，不以境遇擾其心，斯學養裕也。」[94] 阮元《山左金石志》、《兩浙輶軒錄》兩書，頗賴朱文藻之力以成，但他給的筆資似乎不豐，因此，朱文藻不得不同時另外接案，以貼補家用。現將乾隆四十五年朱文藻從北京南歸後，他為人代工校書、編書可考者簡列如次：

乾隆四十六年　為汪氏欣託山房校勘所刻《隸釋》、《隸續》。

乾隆四十七年　為欣託山房校吳棫《韻補》。夏，應王昶之聘，分纂《西湖志》。

乾隆四十八年　春，分纂《西湖志》。是年秋，為王昶搜采金石題跋。

乾隆四十九年　協助邵晉涵重訂《杭州府志》。

乾隆五十年　為孫氏壽松堂校《資治通鑑》。

94　胡敬《崇雅堂文鈔》，《續修四庫全書》本，卷一，頁十五。

乾隆五十三年　鹽運使盧崧屬修《吳山城隍廟志》，與諸念齋、胡乾學同事分纂。
乾隆五十四年　六月，《吳山城隍廟志》八卷刻成。
乾隆五十五年至五十七年　為陶元藻增補、編訂《全浙詩話》。
乾隆五十八年　夏，為黃易代撰《濟寧金石錄》；訪碑嘉祥，登洪山絕頂。
乾隆五十九年　春，《濟寧金石錄》告成。
乾隆六十年　五月，應阮元之聘，分纂《山左金石志》。
嘉慶元年　為阮元編訂《山左金石志》；並為揚州江振鴻撰《康山草堂小志》。
嘉慶二年　為西湖淨慈寺編《寺志》二十四卷。秋，為阮元增補《兩浙輶軒錄》。
嘉慶三年　增補《兩浙輶軒錄》；並輯《洞霄圖志續》五卷、《洞霄詩集續》六卷。
嘉慶四年　為阮元編訂《兩浙輶軒錄》。
嘉慶五年　為阮元編訂《兩浙輶軒錄》。七月，應嘉興知府伊湯安之聘，分任《嘉興府志》校刊工作。
嘉慶六年　本年夏起，為王昶編訂《金石萃編》。冬，纂《崇福寺志》四卷。
嘉慶七年　為王昶編訂《金石萃編》。
嘉慶八年　為王昶編訂《金石萃編》；冬，餘杭知縣張吉安聘纂《餘杭縣志》。
嘉慶九年　校刻《金石萃編》；又為王昶纂輯《大藏聖教解題》。冬，鶴林道院住山張復純聘修《金鼓洞志》。
嘉慶十年　三月，《金鼓洞志》八卷告成；夏，《餘杭縣志》四十卷初稿成；復為王昶纂《大藏聖教解題》。

從上表所列，可以看出朱文藻幾乎以撰述為生活，日無暇晷。他並無文集行世，詩集也僅兩卷，至乾隆五十八年止，上列撰述情況僅是我個人知見所及，尚非全貌。他的著述可考者，不下四、五十種，梁同書〈朗齋朱君傳〉，說他「一生績學篤行，著書日以寸許，至老不倦」；胡敬《先友記》也說他「博覽群書，勤於手錄，竟晨夕筆不停綴，無倦容」。[95]嘉慶十年三月，朱文藻撰〈碑錄二種序〉，自言：「予之勤筆寫書，數十年如一日。」[96]這一方面固由於他績學博聞，期望能以著述傳世；另方面則是筆耕易米，用以彌補家計的匱乏。朱文藻嘉慶十一年八月去世，卒前兩個月，他還重訂早年舊著《說文繫傳考異》，當時他已重病，《考異》增訂告成後，他寫了一篇長跋，文末說：

> 余年逾七十，結習未忘，深以重錄四十年前苦心校勘之舊稿，留貽敝簏，以示後人，實為暮年幸事。然恐衰疾不起，轉瞬即化雲煙，則有此書之數存焉，非吾意料之所能及矣。[97]

此書重定稿後來展轉為瞿世瑛清吟閣所得，道光十七年，瞿氏曾付刻行世，他死前重訂舊

95 胡敬《葑唐府君年譜》，南京圖書館藏道光間胡氏家刻本，頁十。
96 朱文藻纂《碑錄二種》，南京圖書館藏道光九年瞿氏清吟閣鈔本，卷首，頁二。
97 朱文藻《說文繫傳考異》，卷末，頁四。

著的一番苦心幸未白費。朱文藻孜孜矻矻，窮年撰述，但並沒能改善生活窘狀。朱文藻死後，家貧不能葬，道光九年，即死後二十餘年，振綺堂後人汪遠孫和朱文藻弟子胡敬出資埋葬朱文藻和子、媳、孫一共六柩。他雖「著書滿屋」，卻無力刊刻，這些遺稿一部分道光時歸清吟閣所有，咸豐庚辛之亂，清吟閣藏書「散失無遺」，[98] 朱文藻多數遺稿已亡佚，僅有少數稿鈔本藏於中國國家圖書館、南京圖書館和上海、浙江圖書館。

我曾慨嘆朱文藻「力能傳人，卻不足以自傳」。王昶《蒲褐山房詩話》「朱文藻」條曾綜論其學：

> 朗齋漁獵百家，取材宏富。精六書，自《說文繫傳》、《佩觽》、《汗簡》及《鐘鼎款識》、《博古圖》諸書，無不貫串源流，會其旨要。……又通史學，凡合紀傳、編年、紀事、《通典》諸書，輒能考其缺略，審其是非。[99]

朱文藻小學著作刊行者只有《說文繫傳考異》一書。他曾為欣託山房校勘所刻《隸釋》、《隸續》、《韻補》三書，南京圖書館所藏《校訂存疑》鈔本第三冊收有這三書的校記。此外，乾隆四十八年，他曾校訂葛嗚陽所刻張有《復古編》；五十八年，校趙氏小山樓所刻《九經

98 丁丙《善本書室藏書志》卷二十九「《藏海居士集》」條云：瞿氏「清吟閣所藏金石書畫極富，辛酉（咸豐十一年）兵燹後，散失無遺」；丁申《武林藏書錄》「清吟閣」條，亦言所儲秘笈異本皆「失於庚辛之亂」。（卷下，頁三十九）

99 王昶輯《湖海詩傳》，《續修四庫全書》本，卷三十八，頁三十三。

字樣》，兩書校語亦見於《校訂存疑》冊三。大抵朱文藻所擅長的，主要是由六書校訂刊本文字傳譌，無可諱言的，這與段玉裁、王念孫輩由音聲以通假借，發明古義，進而探索語源發展規律的研究高度相較，朱文藻所為，僅屬「前近代」研究。他小學方面最主要的貢獻，是讓徐鍇《說文繫傳》重新回到學者的研究視野。周祖謨先生曾指出：徐鍇考索字義時，常運用「因聲求義」的方法，「這種因聲求義的方法，對清代的訓詁學家影響極大，段玉裁《說文注》和王念孫《廣雅疏證》也常應用這種方法申明字義。由此可見徐鍇的《說文繫傳》是清代文字訓詁之學的前驅，清人受徐鍇《繫傳》的啟示很多」。[100] 朱文藻促進了《繫傳》的流播，自然也有一份貢獻。

王昶極稱朱文藻博通史學，這應該是他助纂《金石萃編》時，王昶的切身感受。朱文藻應王杰之邀入都校書，即曾協助校訂《續三通》；又為孫仰曾壽松堂校勘《通鑑》，有校記六卷。這兩種校記收於《校訂存疑》冊一、冊二。此外，他曾為鮑廷博校訂明人錢士升所纂的《南宋書》，此書似無刻本，朱文藻〈跋〉說：

> 錢氏此書蓋取《宋史》原文刪去繁衍，更采他書補所未備，得百（森按：疑「十」字之誤）分之四五焉。細審刪處有未盡善者，……補傳亦不皆合例。史筆文字，知非長才；且原史間有訛字，引用仍而不改。惟人與類比，事以時屬，敘次井井，兼無此見彼複之病，為可取耳。乾隆己丑（三十四年），借鈔一過。復取《宋史》細校，諸未善者，

---

100 周祖謨〈徐鍇的說文學〉，收於氏著《問學集》，一九六六年，北京：中華書局，頁八四三—八五一。

據史略加增潤；遇有訛誤可議，標出上方，俱用朱筆，凡校兩月而畢。[101]

乾隆時採訪天下遺書，鮑廷博曾將朱文藻《南宋書》校本進呈，原書現藏上海圖書館。朱氏亦曾校吳城瓶花齋所藏《三朝北盟會編》，這個校本亦被進呈，成為四庫館臣刪削的底本。光緒末，許涵度在四川校刻《三朝北盟會編》，即依此本校訂，故近世推為佳刻。[102]《清吟閣書目》著錄所藏朱文藻稿鈔本，有《五代史紀事》一本、《宋史藝文志》十四本、《歷代經籍志》稿本四冊，及《郎官石柱題名考》稿本、《胡忠簡公年譜》六卷並《附錄》二卷。胡忠簡即南宋胡銓，建炎二年進士，曾上疏主斬秦檜，謫徙廣東，乾道時以資政殿學士致仕。這些書現皆不傳，但由上列書名，可以推知朱文藻尤熟諳宋史，長於校訂史文譌誤及經籍簿錄之學。可惜他一生困於科舉，奔走衣食，無法像錢大昕、王鳴盛輩一樣潛心研究，成一家之言，以著述名世。他為糊口，只能依人以編訂為生，這是下層知識人的現實困境。

朱文藻另有一值得稱述的是熟習兩浙文獻，前面談過，他曾分纂《西湖志》，協助邵晉涵重訂《杭州府志》，參與《嘉興府志》校刊工作。晚年還應餘杭知縣張吉安之聘，主纂《餘杭縣志》。一般而言，方志的主修、監定和主纂三者鼎列並稱，主修由該地行政長官擔任，主纂大多延請舉人以上知名人士擔任，以免地方士紳掣肘。朱文藻因長於編訂，兼具史裁

101 上海圖書館藏知不足齋原藏舊鈔本朱文藻〈跋〉。

102 傅增湘《藏園群書題記》，一九八九年，上海古籍出版社，頁一二四——一二五。

和名望，故能以諸生擔任主纂。據張吉安〈序〉，《餘杭縣志》「屬稿粗竟，朱君即世」，後來由崔應榴和本邑董作棟（曾任河南魯山知縣）繼纂成書。

除方志外，朱文藻還為杭州一些寺院、道觀編志，現在可考的，有《淨慈寺志》二十四卷、《崇福寺志》四卷、《洞霄圖志續》五卷及《金鼓洞志》八卷。其中，《洞霄圖志續》是餘杭大滌洞洞霄宮的志書，洞霄宮建於唐弘道時，經吳越王改建、宋高宗重修，是杭州著名的古道觀，元人鄧牧心曾著《洞霄圖志》六卷，收於《道藏》和《四庫全書》，朱文藻這書是它的續編。元代孟宗寶另編《洞霄詩集》十四卷，采輯唐宋以來有關大滌洞天的題詠薈為一編，朱文藻也編有《洞霄詩集續》六卷，可作為《洞霄圖志續》的〈藝文〉看。《洞霄圖志續》嘉慶時有刻本，我未見其書。《金鼓洞志》八卷，是朱文藻生前最後一部寫定的著作。金鼓洞在杭州棲霞嶺北麓，康熙五年，全真道士周太朗（字明陽，號元真子）雲遊至其地，建構屋宇，創設鶴林道院，廣收弟子，後來成為全真教龍門派一個重要支派。嘉慶十年，鶴林住山張復純看到朱文藻編的《洞霄圖志續》，極為歆羨，因此，特請朱文藻編纂院志，也就是《金鼓洞志》。此書載錄了鶴林道院興修沿革、法嗣傳承，及金鼓洞相關的題詠，蒐采極為詳備。其中最可注意的是卷六〈教祖〉、卷七〈法嗣〉兩卷。卷六小序言：

> 道院法派奉丘真人（按丘處機）之教，而丘真人為王重陽（王喆）真人弟子七真之一，奉王真人之教。今陝西西安府盩厔縣宗聖宮說經臺有〈全真教祖碑〉，雖專述王真人事蹟，而丘真人亦略見其中，碑拓傳世甚尠。至七真中，亦惟丘真人事蹟散見諸書，

最為詳備，從未經人彙輯。今據所見，悉為裒錄，凡奉全真之教者皆得以悉兩真人授受之原委而廣為流傳，俾知淵源之有自。[103]

朱文藻詳細考證了全真教教祖王喆、丘處機事跡，並從群書記載與各地道觀石刻互相參考鉤稽，考證了丘真人從遊漠北的十八弟子名號、事實。鶴林道院創建初期，因榛莽初闢，前四代主院之人已無可考。朱文藻蒐集前聞，勤訪故老，及時載錄了金鼓洞派第五代至十四代的法嗣傳承，保留了大量原始文獻及口述材料，此書成為研究全真教南傳及清代道教流派極重要的歷史文獻。

朱文藻算不上清代第一流的學者，我的報告，主要是想藉由朱文藻的事例，用以揭示清代下層知識人普徧的生存困境、研究者長期忽略的著述代工現象，以及清代社會某種上下掠食而又互相依存的學術生態鏈。報告內容卑之無甚高論，但希望能為清代學術研究提供一個新的視角和思考。

本文依據作者二〇一七年四月七日於南京大學文學院所作的演講錄音檔，由北京大學潘妍艷、南京大學吳欽根兩君協助整理，經作者增訂成稿，書此以誌謝忱。

本文原載二〇一七年《傳統中國研究集刊》第十六輯

103 朱文藻纂《金鼓洞志》，丁氏《武林掌故叢編》本，卷六，頁一。

《清代學術史叢考》書後

徐道彬*

清末章炳麟曰：「近世為樸學者，其善三：明徵定保，遠於欺詐；先難後得，遠於僥倖；習勞思善，遠於偷惰，故其學不應世尚。」以此驗之今日學術界，陳鴻森先生之學行，可謂正中章氏名言之所寓。陳先生真誠寬厚，持躬勤謹，畢生精力萃於經學研究與清代學術探討，秉承清儒餘緒，由小學而入經學，進而達於思想史的精深境地，以篤實力學而蜚聲學界，為當今儒林所推重。先生著述之富，研究既廣且深，嘉惠來學者可謂夥矣。尤其是在當下「舊學」日衰、「西學」日熾的時代，先生獨抱乾嘉遺風，矢志不渝，丹黃點勘，銖積寸累，所作百篇長文皆擲地有金石聲。惟終以慎於成書，一直未結集編刊。近聞先生選《清代學術史叢考》十五篇即將付梓，同道相與歡抃。遵先生之囑，披閱校稿，以吹毛求疵。然面對如此精審之作，晚學無由尋得些許紕繆，卻得先睹為快之樂，加之常聆先生教言，

* 安徽大學徽學研究中心研究員

故為贅數語，忝附驥尾。

陳先生沉潛舊學數十年，深於文字聲訓、版本校勘、辨偽輯佚諸學，精詣所在便是陸續刊出的諸多傳世之篇，莫不探源竟委，歸於至當。前期如〈孟子「百畝之糞」論語「五穀不分」會解〉、〈論語子罕章訓解檢討〉、〈子夏易傳考辨〉、〈列子識小錄〉、〈爾雅漢注補正〉、〈禹貢注疏校議〉及近作〈論語「唐棣之華偏其反而」解〉等系列宏論，可以窺見先生所學上下古今，鉤深致遠；於聲音回轉，訓詁周流，俱有專詣。其治學入手工夫，一曰音讀訓詁，一曰考據事實，在博與約的磨礪中日益深化，貫通歷代，而歸於乾嘉。其後期撰著在推本經史、考索歷代之同時，沉潛下移而會歸於清學。而以乾嘉樸學致力尤深，更擅於從前人庸常研究中發現新問題，解決舊問題，從而落實到年代學的探索及其實踐層面的年譜編製，又重點體現於輯佚集外文和大量清人手札的搜集與解讀。《清代學術史叢考》所收諸文為先生清學研究之一部分，主要針對前人、時賢論述的諸多疑誤和盲點，予以訂訛糾謬，發掘事實，還原真相。本書所選諸篇要旨體現於兩點：一是對清學史料的勘正和學者傳記的訂補，裨益後學者採用，推進清代學術研究的進程；二是積極發掘長期被湮沒、忽略的次要學者，開闢出「學者社會」研究的新途徑，引領當今學者目光轉向新的研究領域。

與其他歷史時段學術史研究相較而言，清代所存的史料尤其豐富，但同時亦真偽混雜、錯訛多端。當代學者繼民國學人之後，梳理創通，糾謬正訛成果也頗為豐碩。其中，陳鴻森先生網羅散佚，闡幽表微，精心編纂的諸多學人年譜，即糾正和訂補不少前人的疏漏和失誤之處。如本書對《清史稿》、《清史列傳》兩書〈儒林傳〉的〈舉正〉、〈考證〉兩文，對學者經常援用且相對正統的官方史料，抽繹原委，考其歲月之舛誤，辨其紀事之偶失，以免學者踵謬襲謬，厥功甚偉。另如《清史列傳》所述杭州藏書家汪憲及西賓朱文藻兩人事跡，記載頗多謬舛；今人徵文考獻，每多沿襲其誤而不察，先生因撰〈《清史列傳》汪憲、朱文藻傳訂誤〉一文，揭其違失，考其事實本末，以訂正史臣的疏陋。與此文相近者還有〈清代學者疑年考〉、〈《清代人物生卒年表》訂補〉兩文，前者針對姜亮夫《歷代人物年里碑傳綜表》中清人生卒年歲，辨正是非，訂訛補闕，凡六十事；後者則對江慶柏《清代人物生卒年表》之訛誤，或生年、卒年失考者，博稽旁徵，舉證歷歷，咸可依據。其中頗多知名學者生卒年歲歷來無考者，先生獨能窮搜遐稽，尋茫茫墜緒於叢脞故籍間，蓋其涉獵既廣，復博聞強識，故能參伍鉤稽，互證而得也。

古人言「後之視今，亦猶今之視昔」。今人研究古人著作成書經緯和撰著意圖，或因年久事湮、事理明暗交互而未易遽得真相。陳先生不畏繁難，從清代學者留存的大量稿鈔本、書札、題跋和日記中辨章學術，考鏡原委；對前人較少留意的史料細心體會，常得意外收穫，甚或改變了既有的學界認知，進而顛覆既有的學術史評價。如本書所收〈錢大昕《養新餘錄》考辨〉一文，通過《養新錄》最後定稿之年代，對照《餘錄》之內容加以檢證，始知此編大體為錢氏編定《養新錄》時刪賸的條目，而非如其子東塾等所言，為《養新錄》付刻後續撰之作，以此還兩書以本來面目。又，〈錢大昕、陳鱣詩稿二種辨偽〉一文，針對《乾嘉名人別集叢刊》所收錢大昕《南陽集》六卷，考證其詩與錢氏年代、事跡俱不合，其書絕非錢大昕所著，而係後人依據馬曰璐《南齋集》、《南齋詞》點竄變造而成。而《中國近代名賢書札》中《陳鱣詩稿冊》一種，覈其詩風、題材與陳鱣現存之詩迥異其趣，絕非陳鱣之詩；原作者雖暫時無法確指，但可確證為道光、咸豐間人之作。至如清儒段玉裁，乃先生早年特別關注者，書中所收〈「記洞過水」非段玉裁所作辨〉一文，主張〈記洞過水〉作者當為龔導江，因為戴震喜其文寓意雋永，故為增入考覈諸語，其文頓異舊觀，故段玉裁編刻《戴東原集》時，將之收入戴集。至《經韻樓集》亦有其文者，則因段氏身後其家編次遺集時誤收也。而〈段玉裁《說文注》成書的另一側面〉，則從段氏相關著作及友朋書札入手，考證出段氏自謂其撰《說文注》之前先纂有長編《說文解字讀》之說，事屬子虛。而其所以造為此說，實與當時江南學術圈傳言其書掩襲他人之說有關。此文排比事證，於平淡之中寓有獨到之見解，且勾勒出學者著作中朋儔間的交互影響。

陳先生的學問素以考據見長，但在梳理繁雜史籍的字裡行間，也時時流露出深沉的問題意識。以往學界對清代學術人物的研究，多將目光集中在少數的第一流學者如顧炎武、黃宗羲、戴震、章學誠、龔自珍等人身上，較少顧及次級學者。先生則獨具眼光，另闢蹊徑，著力挖掘長期被湮沒卻成就傑出的學者及其群體，如陳鱣、武億、臧庸、洪頤煊、馬宗璉等等，藉此呈現乾嘉學界的原生實態，建構起豐富而多元的學者社會。如錢坫為清代著名的史地學者，今則以左手書篆知名於世，但其傳記史料留傳於今者無多；本書〈錢坫事跡考證〉一文，鉤稽史料，發掘錢氏事蹟，就其生卒年壽、盛涇錢氏世系、監修西安城始末、錢氏病風痹之年，並其已刊、未刻著作等五事合考之，皆史傳、前人記述所未及詳者，可為知人論世之資。〈陳鱣事跡辨正〉一文則揭示了陳氏精研許、鄭之學，著書滿家，但少有刊行，以致當今學者罕能舉其名姓；而史傳群籍載其著作，述其行實，又多舛誤。此前，陳先生就曾編製過〈清儒陳鱣年譜〉，已傳佈四方，本文則考證其學行五事，訂正歷來學者及史傳記載之譌誤。再如馬瑞辰之父宗璉，為姚鼐之甥，以《左傳補注》知名於時，其傳記史料亦極匱乏，本書〈馬宗璉行年考〉一文，分別從馬氏生卒年歲、分纂《經籍纂詁》、分纂《史籍考》、遊幕粵東、殿試罰科諸事端鉤沈索隱，究其事件原委，以補史傳之缺略。另如杭州知名學者朱文藻，以挾筆硯代人校書、編書、撰述謀生，安貧守道，潛心著述，以一衿終老，其著述可考者多達五十種。「委託其代工」者，包括名公鉅卿王杰、阮元、王昶，及著名金石學者黃易等。歷來學界甚少關注這些底層學者的社會角色和生存處境。〈被遮蔽的學者——朱文藻其人其學述要〉一文，即是陳先生新近完成的一次「發掘」工作，展示了清代下層知識人的科舉困境、生活狀態和學術代工的實景，為清學研究提供了一個新的觀察視角。清代樸學鼎盛，士人不乏強禦樸直甚或風骨嶙峋者，武億即是其一。他生於「理學宗傳之邦」的河南，個性伉直，不畏權勢，頗為時人所欽仰；而在整個清代，中州學者惟其一人能以漢學名家，戛戛獨造，但卻未得後人關注。陳先生寢饋清學數十年，一向以發潛德之幽光為職志，近年所撰〈武億年譜〉和〈強項無欲武虛谷——清代中州樸學第一名宿武億學術述要〉二文，使沈埋二百餘年的學術傳奇人物，得以再度卓卓躍然於吾人目前。

清代學術是中國傳統思想文化的總結和集大成，也是由傳統走向近代化的轉折和啟蒙。清代學者提出的諸多問題和研究方向，至今仍是擺在學者面前重要的探索課題。深入挖掘清代文獻資料，闡述其學術思想的產生、發展與演變的過程，分析其有別於其他歷史時期的不同性質與特色，以為當代文化發展之借鑒，無疑具有重要的歷史啟示意義。在這塊艱深冷僻的園地裡，陳先生汲汲於掇拾斷簡，孜孜於舊籍遺編，計日程功，鑽破故紙，為學界奉獻的累累碩果，已潤物無聲，沾溉後學良多。尤其是近年結撰的乾嘉學者年譜，對清儒史料的訂補、編纂、重纂用力綦勤。其於海量文獻，成竹在胸，以實證的方法研究清人的實證之學，以考據的方式理解清人考證的心態，既有深研之能，更有補正之功。此書中諸篇佳構即其多年潛心爬梳文獻所得，今結集成帙，讀者不惟可據以感受先生嚴謹篤實之學風，及其博通淹貫之功力，更可感知乾嘉遺風仍在臺北南港流衍也。但陳先生一向樸實謙抑，嘗自剖心跡曰：「不賢者識小，僅能學步，聊效乾嘉諸老之法，以治乾嘉之學。三十載年光，寢饋其中，嘗戲語從遊諸君，余所識清代學者，較所識時人為多。一業未成身已老，枯然獨對數遺編，未敢稱尚友昔賢，惟於當日諸師引進史語所勉治舊學之用心，漸能領會。味無味處尋吾樂，材不材間過此生。」先生以書齋陋室為人生樂處的堅毅與淡泊，以追本溯源為學術職志的沉潛與執著，讓吾儕心生敬畏之時，亦能想見其背後的堅守所付出的辛酸苦辣，由此而頓生高山仰止之情。有哲人曾言：有新學術，然後有新道德、新政治、新藝術，有之數者，然後才有新國家、新世界。陳先生不尚浮華，以冷寂枯燥的學術研究為職志，視之為「名山事業」，其「必傳」之作也將為「新學界」帶來更多的深沉之思。

今天乾嘉學派的歷史一去不復返，而西方的理論方法儼然已成當代時尚。由此而言，陳先生的篤實考證與卓越成就給予我們的啟示，已不單純局限在其本身；其沈潛之績，品誼之醇，確乎堅貞，於今更覺難能可貴。先生腹笥豐贍，文筆雅馴，以著述考訂為生活，質敏而學勤，則古而稱先，兀兀窮年，結實纍纍，孰謂今人遂不及古人乎！今讀其書，如入寶山，先生之志業固自不朽；也祝願其能薪火承傳，永續清學正脈。道彬所事與先生相近，常蒙耳提面命，聆聽教益，受惠良多。今先生不以小文謭陋，自幸得附卷末以傳。企待先生稍後得暇，能儘速將歷年結撰諸文整理出版，嘉惠士林，尤功德無量矣！時歲次戊戌仲秋，壽春徐道彬謹識於安徽大學。

清代學術史的新視野

——幕後與臺下

賀廣如*

看過陳鴻森老師論文的人，除了覺得作者博學多聞、根柢深厚之外，最深刻的印象，應該是無可救藥的考證癖好吧！

考證可以成癖，我是在寫博士論文時體會到的。問題往往在核實原典之後出現，歷來沿用的說法與原始材料不符，以訛傳訛，但卻眾口鑠金，長期以來積非成是。天生反骨的蠢動，帶著偵探辦案的好奇，上窮碧落下黃泉細心考察求證，連作夢都在省思所有的細節。當匯集的證據逐漸接近原先的假設，心神漸定，抑制心中的竊喜，模仿起古時老吏斷案，以鐵證如山的氣勢，胸有成竹地判定，堅確的證據，讓研學者不得不信服，歷來積疑，一

* 國立中央大學中文系教授

朝冰釋。此情此景，即使只存在想像中，卻也令人無限神往！

我原先以為，考證之於老師，也只是如此而已。隨著旁聽老師上課的時間愈長，以及閱讀老師愈多未發表的塵封著作，再加上新修、新作之文，才知道自己的孤陋，益覺汗顏。原來，在辛苦尋索、暢快的考證背後，還隱藏著深厚的溫情。

我常遐想，老師和清代諸儒應該有多世的淵源吧？老師每每說起這些人物的學行事跡，如數家珍，彷彿即是這些學者的左鄰右舍，或親故知友，或是師生、同年，所以，他總弄得清楚每位清儒龐大的宗族、師承譜系，乃至幕友從屬關係，從不紊亂，一一指陳諸儒生卒年代先後。對於那些出身寒微，懷才不遇，仕途多舛，一生為人作嫁，卻始終湮沒無聞的學者，他尤其關注。與生俱來的俠義之風，躍然於字裏行間，清代學術史陰暗的底層，和老師塵封許久的豐碩研究，同時並出；老師尚友古人的悲憫情懷，使這些聲聞暗淡的學者，重新回到今人的學術視野。

收於本書的每一篇論文，幾乎都離不開學者的生平事跡和生卒年歲的考證，老師數十年寢饋清學之中，對於年代，有異於常人的高敏感度，故能疑人所不疑。但若只是持疑，尚不足以成其不刊之論，關鍵在於所運用的史料，與繁複細緻的條分縷析。史料面向之廣，對於習慣運用大量資料庫檢索的當代學子來說，也許不覺其難，更難領略學者涉學的淺深。但若與老師熟識，便知道老師不用電腦，所依靠的是長年積累的博聞強記與好學深思，加上勤於搜索各類相關資料，特別是一些罕見的清代文士的傳略行狀和書札題跋，多屬第一手材料，故可信度尤高，往往足以抉疑訂誤，辨正歷來相沿的誤說。這種數十年如一日的文獻生涯和考證功底，其用功與專注的程度實非常人所能及。

本書所收〈錢坫事跡考證〉一文，錢獻之與錢大昕並稱「嘐城二錢」，係大昕族子，勤苦力學，精於古史地學，並工篆書，為當世所稱。唯因家貧，遠宦關中，與江南、京師學者文士較少交接，又無詩文集傳世，故當代學者罕知其事蹟。本文以《芙蓉山館師友尺牘》、中國國家圖書館藏錢坫致黃易手札、上海圖書館藏《嘉定錢氏盛涇支世系考》鈔本、臺北故宮博物院藏乾隆朝畢沅奏摺等資料，考證錢坫生卒年歲、世系、監修西安城始末、風痺之年，以及已刻、未刻著作等事，以補史傳記載的缺略。

〈陳鱣事跡辨正〉：陳仲魚研精許、鄭之學，博洽多聞，為乾嘉諸儒所推重，雖著述極夥，但為生計所迫，書稿付梓者無多，故後世學者討論乾嘉學術鮮及其人。本文辨正史傳及前人著述所載陳仲魚事蹟的訛誤。仲魚除《說文正義》外，尚著有《說文聲系》一書，二書內容、體例不同，學者常混為一談。而《蜀石經毛詩考異》、《兩漢金石記》二書，後人誤為仲魚著作，實則原作者為吳騫和翁方綱。至於「六十四硯齋」乃倪學洙書齋名，當代治藏書史的學者遞相訛傳，誤以為仲魚藏書之所；而「宋臨安三志人家」藏書章，實仲魚之印，後世學者卻誤認為馬瀛藏印。上述諸事學界沿誤已久，非深諳清儒學術故實者，誠難辨析此中是非，並道其原委。

〈馬宗璉行年考〉：馬宗璉係清代《詩經》學名家馬瑞辰之父，長於《春秋左傳》、訓詁、地理之學，曾參與《經籍纂詁》、《史籍考》編纂工作，然享年不永，遺稿流傳者少，故學者罕識其人。此文先考證馬氏生卒年歲，復詳稽參與《經籍纂詁》、《史籍考》二書之編纂始末，再考證游幕粵東與殿試罰科等事之經過，文中引用大量的筆記、書札、清人詩文，及臺北故宮所藏上諭檔案等，相互稽證，順帶訂正錢實甫《清代職官年表》漏載之事。作者對清代科舉制度與清儒文獻極其熟稔，兼以考證功深，故能詳人所不能詳。

〈錢大昕《養新餘錄》考辨〉一文，考證《養新餘錄》並非《養新錄》後續之作，而是錢竹汀纂定《養新錄》時所芟汰者。文中首先依據《養新錄》內容，考證書中不少條目係成於嘉慶四年《養新錄》編定以後者，且竹汀卒前猶不斷增補《養新錄》內容條目，書中最晚的條目，有嘉慶九年竹汀去世之年新增入者，因此可以確定他無需在《養新錄》外另著一書；且《養新錄》付刻時，錢氏已年老體衰，亦無餘力另著一書。其次，再就二書內容仔細比對，發現不無牴牾之處，且凡歧互處，皆《養新錄》是，而《餘錄》之說非，是以據此論斷《餘錄》應是竹汀編定《養新錄》時所刪棄者。此文於無疑處獨抉其疑，誠可謂讀書得間。竹汀地下有知，必深感欣慰，謂「子誠知我者也」。

〈「記洞過水」非段玉裁所作辨〉，亦是一篇極可玩味之文。問題緣起於戴震與段玉裁兩人文集同時收有〈記洞過水〉一文，內容相同，唯此文作者究竟是戴？是段？言人人殊。而北京大學圖書館藏有此文原稿，係段氏筆跡，其上復有戴震評點之語，學者遂主張此文應為段玉裁所作，一時影從者眾。本文則以《戴東原集》乃段氏所編刻，戴集既有其文，則段玉裁必無將己作編入乃師文集之理；且段氏編纂《東原年譜》時，更明記乾隆三十五年戴氏曾撰〈記洞過水〉一文，則此文非段氏所作應無疑義。文中辨析毫微，抽繹原委，考證此文應為壽陽縣令龔導江原作。蓋龔氏以所編《壽陽縣志》託段玉裁送請戴東原鑒定，東原喜龔氏此文雋永有味，便請段氏另書一紙，以便增改潤色，此係北大圖書館所藏稿本為段氏筆跡之由。段氏刻東原文集時，以此文泰半為東原增改，故將之編入戴集；而段氏家人在其身後為之編刻《經韵樓文集》時，亦因筆跡而誤入段集，故兩家文集俱收此文。本文條分縷析，邏輯縝密，證據層出，環環相扣，結論出乎意表，令人印象深刻。

〈錢大昕、陳鱣詩稿二種辨偽〉：此文辨正中國國家圖書館所藏《南陽集》稿本，非錢大昕所作，真正的作者為馬曰璐，造偽者以馬氏《南齋集》、《南齋詞》加以變造，以售其欺。而近年出版的《陳鱣詩稿冊》亦係贗鼎，其詩風格、題材與現存仲魚詩作相去遠甚，唱酬者亦與仲魚往來的乾嘉文士絕不相侔，其中甚至還有道、咸間揚州文人王望湖，此一鐵證，可以斷定該書必道光、咸豐時人所作。此文考辨二書之偽，抽絲剝繭，鐵證如山，真如老吏斷案，令人信服！

〈段玉裁《說文注》成書的另一側面〉：本文以「段氏學術的光與影」為副題，論證段氏自謂注《說文》之前，曾撰有一部五百四十卷的《說文》長編，本文考證此一說法與事實不符。作者以熟稔的江南學術圈為背景，細數中央研究院傅斯年圖書館所藏《說文補正》、中國國家圖書館所藏《說文解字讀》殘稿，與今本《說文解字注》的成書始末，文中論證段《注》書中頗有剿襲他說、不標出處者。文中詳徵博引，勾勒出段氏《說文注》成書與江南學術圈的諸多糾葛，亦藉此呈現一部名著撰成幕後的諸多故實，清代學術的原生態，儼然浮出檯面。本文觀點別出，係歷來研究段學暨清代小學史者，未曾道及。

〈強項無欲武虛谷——清代中州樸學第一名宿武億學術述要〉：此文生動有力，令讀者如見其人，堪稱武億別傳，可與作者〈武億年譜〉並觀。文中不僅詳述了武氏生平，於其形貌、性情、人品、嗜好俱能描述鮮活，如謂武虛谷魁梧力壯，嗜酒豪飲，嘗於菜市口觀決囚，以練不動心法，但其人卻又心思細膩，易感善哭；不趨炎附勢，無畏強權，痛快杖擊和珅番役。雅好金石，所至之處，盡訪荒煙蔓草、山阜岡陵的斷碑殘碣，故所獲往往前人未經著錄者，以之考經證史，迭有新義。錢大昕便極推重武氏經史、石刻考證之學。《魯山縣志》、《寶豐縣志》、《安陽縣志》、《關中金石志》、《中州金石志》、《山左金石志》等諸書，不論編纂者之名是否為武億，但其中金石部分之考證，大多出自其手。虛谷出身河南，當地以理學聞名，他卻獨以漢學名家；雖為進士出身，但仕途多蹇，一生貧困，終身以教書、修志糊口，其學術成就竟可與江南名家並駕比驅，著實不易。惜中年早逝，後世罕有論其學術者。兩百年後，幸逢作者此一知音，為之纂譜，表彰其學術，而後又有學者踵繼此途，其學終不泯於後世。

〈被遮蔽的學者——朱文藻其人其學述要〉，這是我最喜歡的一篇文章，寓考證於故事之中，精彩絕倫，令人一再回味。朱文藻一生窘困，久躓場屋，但卻以生員身份參與浙江遺書採訪，並奉邀入京佐校《四庫全書》。鮑廷博刻《知不足齋叢書》、邵晉涵重修《杭州府志》，朱氏皆佐之參訂、校勘；館杭州汪氏振綺堂前後二三十年，為之編《振綺堂書錄》，並代主人汪憲撰著《說文繫傳考異》與《苔譜》二書；復為王杰京邸藏書編訂《葆醇堂藏書錄》，為陶元藻增補《全浙詩話》，為黃易代撰《濟寧金石志》，為阮元編訂《山左金石志》、《兩浙輶軒錄》，為王昶編訂《金石萃編》等，名公鉅卿延請朱文藻協助編校之事，不勝其數。朱氏另編有《淨慈寺志》、《崇福寺志》、《洞霄圖志續》、《金鼓洞志》、《大藏聖教解題》等，更可見其人於經史文獻之外，亦通貫三教，足稱博學多聞；惜終身匱乏，飛黃無由，日日以撰述為生活，卻無文集傳世，且所編撰之書多冠他名，為人作嫁。本文由演講稿整理而成，文字不若他篇精要，但卻更能流露老師的真性情，尤其文末提及嘉慶元年阮元未舉薦朱文藻為孝廉方正，不平之氣，溢乎言表。老師藉朱氏個案呈現清代知識底層士人的真實生存狀態，著述代工，上層掠食，下層依存的學術生態，夾敘夾議，俠義之情自然湧現，而清代學術之樣態亦因是見樹又見林，理性冰冷的考證背後，原來內層含藏著悲憫的溫度。

〈《清史列傳》汪憲、朱文藻傳訂誤〉，此文宜與〈被遮蔽的學者〉一文合觀，旨在考訂《清史列傳》中所載朱文藻與振綺堂主人汪憲事蹟之誤。是文一本作者精審過人的考證功力，不論是考訂事情原委、訂正史傳訛誤，乃至著述之真實作者，皆縝密無瑕隙，足為不刊之論。

〈《清史列傳．儒林傳》考證〉、〈《清史稿．儒林傳》舉正〉兩文，均與清代學者傳記有關，作者先說明《清史列傳．儒林傳》與《清史稿．儒林傳》錯綜複雜又環環相扣的編纂經緯，再細考諸儒生卒暨事蹟，部分內容甚至可訂正年譜之誤，如焦循《易》學三書之作，八易其稿，數十年方成，歷來年譜所載，不免謬誤，本文詳究其事始末，逐一訂誤。〈清代學者疑年考——姜亮夫《歷代人物年里碑傳綜表》訂訛〉與〈《清代人物生卒年表》訂補〉二文，則專對姜亮夫及江慶柏所著兩本人物生卒年歲的工具書，補缺糾誤。二書為學界常用，故此中匡謬，尤其重要。文中運用的史料，舉凡遺文佚詩、作者手稿、鈔本、日記、筆記、方志、族譜、行狀、傳略、墓誌銘，乃至散藏各處的書札、宮中奏摺、大內檔案、各朝實錄等，頗多外間不經見者，足見涉獵之博。其所訂所補，多證據充分，可稱定案。現今關於中國古代學術人物基本資料的專業網站——「中國歷代人物傳記資料庫」（CDBD），應該全面採用作者考訂的結果，重新修訂那些人物的生卒年壽，並標明考證的出處。

生卒年歲雖屬細事，但卻是研究人物傳記的起點，蓋生年一誤，以下編年便隨之錯謬。老師的研究方法特別重視年代學，諸事時日一經確定，許多陳年積疑，往往迎刃而解，如〈考據的虛與實〉一文，考訂戴東原所說「吾以曉徵為第二人」一事，即為解頤之例。老師畢生功力，彷彿即由這些年代考證構築而成，經年累月的爬梳，排比先後，以精準的時間刻度，勾勒出一個又一個的學者生涯，且不時以工筆側寫這些學者所處社群的「原生態」。在點滴中重建，有大格局，也有小角落，幕後的走向幕前，檯下的挪上檯面，豐富而多元，顯隱俱存。諸文雖彷彿一篇篇孤立的考證，但結集成書後，卻有「橫看成嶺側成峰」之意味。王國維先生卓犖精到的考證，為人所不能為，學者素來推崇，而老師一輩子孜孜矻矻，追踵觀堂，以撰述考訂為生活，在清代學術這座大山裏，披荊斬棘，獨自攀巖、創鑿，冰冷的考證包裹著相知悲憫的溫情，點點滴滴，讀來都不容易！

《清代學術史叢考》跋

華喆*

鴻森先生終於要出書了！

相信絕不止是我，兩岸相當數量的經學史、學術史研究者都會為此消息而激動一陣子。陳先生從一九八一年開始發表第一篇學術論文，到現在已經在中國經學史和清代學術史辛勤耕耘了近四十年，發表文章已一百二十餘篇。對於「粉絲」而言，我們自然期待陳先生能夠將這些文章結集出版，以免四處搜求之苦。現在終於等到陳先生出版第一本書，其中包含他不同時期的十五篇文章，自然會讓讀者非常期待。作為晚輩，承蒙先生信任，命為本書寫一篇跋語，於是誠惶誠恐，在此略微談一談我對先生學術成果的淺薄認識。

本集選入論文一十二篇以及演講稿三篇，主要集中在清代學術史領域。論文根據內容，大體又可分為三個方面。前五篇主要針對《清史稿》及《清史列傳》、《歷代人物年里碑傳綜

* 北京師範大學歷史學院副教授

表》、《清代人物生卒年表》等常用參考文獻的疑年訂誤。其次〈錢坫事跡考證〉、〈陳鱣事跡辨正〉、〈馬宗璉行年考〉等三篇是對專人生平經歷的考證，顯然是經過了陳先生精心的選擇——錢坫生前勤於撰述，身後著作蕩然；陳鱣、馬宗璉雖有詩文傳世，但作品存少佚多——這類研究看似是一些小問題，其實難度極高，非有博通且精深之功力不可。後四篇則是對乾嘉學者專書著作及信札的考辨，也是我認為本書中最為精彩的部分。陳先生在這四篇文章中，將自己的考據功夫與極具洞察力的識斷，展現無遺。在我看來，陳先生這些文章中，最讓人佩服的就是他履險如夷的功夫。因為在這一類問題當中，總有種種想當然耳的「常識」把我們引向歧途，陳先生恰恰總有辦法越過這些「識障」，揭開文字背後的真相。比如〈錢大昕《養新餘錄》考辨〉一文，就算有人注意到了《養新錄》與《餘錄》之間的重複、牴牾，乃至精粗有別，又有多少人會去懷疑錢東壁、東塾昆仲對於乃父的學術成果是否當真足夠了解呢？再比如〈「記洞過水」非段玉裁所作辨〉一文，〈記洞過水〉的作者問題聚訟紛紜，又有誰會在光芒萬丈的戴震和段玉裁身後，透視到那位並不起眼的龔導江呢？而當陳先生指出了問題所在之後，我們反而會啞然失笑——看起來不過是個簡單的問題嘛！但就是這樣一個看似簡單的問題，恰恰是我們面對學術史思考的盲區，本來學者們在此反復爭論的問題，恰恰需要的是這樣哥倫布豎雞蛋式的解決手段，可以說功力、眼光，缺一不可。

最後的三篇演講稿也值得一提。了解陳先生的讀者都知道，他身兼詩人與學者兩重身份，作為詩人使用白話創作新詩，作為學者則使用文言撰寫論文，並非是他不擅長白話文，而是針對傳統學術的當下處境，內心別有懷抱。但在專業學者的嚴肅面孔之外，他同樣希望能夠尋求到一種方式，將自己學術研究中靈光一現的片斷思考與感悟，用比較平易的寫作傳達給讀者，演講稿就是他近年來的一種嘗試。特別是陳先生這些年作了大量的清代學者年譜，他用年譜的形式來呈現這些學者在時代中的沈浮起落，但限於文體形式，很多具體的問題在年譜中並不易展開。演講稿顯然提供了一個更好的空間，引導我們順著他的眼光去觀察學術史中的一個個人物。我們可以看到，陳先生在近幾年已經嘗試用這種體裁發表了關於陳鱣、段玉裁、武億、朱文藻等多篇講稿，本書之所以選取段玉裁、武億和朱文藻三篇，我想也有他的苦心所在。段玉裁《說文解字注》一書，是清代學者中堪稱「懸諸日月」的大作，然而其成書背後卻頗多可議之處，我們不能因為其光芒而忽視了陰影下的眾多二三線學者。近年來，在藝術史研究的熱潮下，黃易與他的金石學逐漸成為學者關注的焦點，但大家多半忽視了與黃易同訪嵩嶽的武億，以及武億在河南訪碑結撰的諸多金石著作。朱文藻則幾乎是完全湮沒無聞的一介寒士，從始至終將自己寄身在學術史之「光」下的「影」中，我們只有藉助汪憲、阮元、王昶發出的光芒，才能發現他的存在。正如光與影是一組對立而共生的關係，而我們的眼睛卻太容易受到光的吸引，以致於忽略了影的存在。乾嘉漢學之光雖然無比耀眼，但光背後的影也同樣濃厚，光與影的共存共生，才是乾嘉時代學術生態的真實寫照。

圍繞清代學術史的研究，從章太炎、梁啟超開始，到錢穆以後，乃至當今的眾多學者，我認為明顯存在一個延續已久的不足，那就是如何去掌握清代學術史的基本問題。實際上，在章、梁、錢穆的時代，很多清代學者的著作並不易得，他們也只能關注那些名氣較大，流行較廣的學者與書籍，所以他們的學術史研究重心在靜態的「書本」，而非動態的「人事」；他們對於學術史所提出的種種觀察，也都只是「印象」，而不是實在的「問題」。然而由於中國現代學術正是建立在章、梁等人著作的基礎之上，導致他們發散出來的「光」太過耀眼，使得後來的研究者往往會不自覺地跟隨他們的預設和結論來看待清代學術，而無法把握學術演變的脈絡所在。這樣就造成了當下討論清代學術，往往呈現出兩種傾向。一種傾向是進入具體文獻的飣餖考據，但缺少一個廣闊的學術史視野，於是無法給自己的研究對象做出明確定位；舉個不恰當的比喻，就好像在一條漫長的隧道中行車，只能看到眼前的光亮，而不知道隧道外面的廣闊天地。另一種傾向則是放談學術思想，言必稱漢宋、今古，卻又未免陳義過高，在實證方面缺環過多，無力參與或回應清代學術話題的討論，有時甚至還不免誤會乃至歪曲古人來遷就自己的觀點。陳先生的清代學術史研究，取徑恰恰是在兩者之間，既有扎實的文獻考據，又有明確的問題指向，能夠立足于乾嘉時代來平視乾嘉學者，讓我們看到一個更加真實而豐滿的學界眾生相。借陳先生之筆，我們看到了一個暮年病中的段玉裁，為了《說文注》要強作矯飾；心細如髮的《經讀考異》作者武億，不止是個豪邁善飲的中原大漢，偏偏還有點多愁善感；朱文藻一生不遇，而師友著述卻賴其人以傳。靜態的書本因其人物的鮮活而被賦予了新的生命力，知其人而觀其書，我們眼中的學術史也就變得立體，而具有了更加豐富的不同面相。由此，我希望讀者能夠仔細體味本書演講稿之二〈被遮蔽的學者〉文中的第三段，陳先生自比為清代學術這座大山中的樵夫，而古人早有「入山問樵」之訓。對於我個人來說，與其跟隨那些商業導遊們去走馬觀花地遊覽大眾景觀，寧可跟著山中的樵夫走一段山中小徑，去看看那些一般遊客們所不得見的幽深風景。

最後想說一說我跟這本書的一些因緣。我最初有機會接觸到陳先生的文章，是在二〇〇四年時。當時黃曙輝兄意圖整理錢大昕的《十駕齋養新錄》，查到陳先生曾有〈錢大昕《養新餘錄》考辨〉一文發表在《中央研究院歷史語言研究所集刊》，但在上海查閱該《集刊》並不方便，希望我去北京大學幫他複印。而在複印了這篇文章之後，我就深深地為陳先生所折服，把他發表在《史語所集刊》中的全部論文都找來看了一遍。〈「記洞過水」非段玉裁所作辨〉這篇文章就是在那時已經讀過的。這兩篇文章收入本書之後，我再次翻閱時，儘管時隔多年，初次閱讀陳先生的論文所感受到的衝擊和興奮感，直到現在還猶在眼前。二〇〇五年春夏之交，陳先生初訪大陸，在北大、社科院及北師大先後進行三場報告，講題分別為「《經義述聞》作者疑義問題」、「乾嘉學術史考辨」及「子夏傳經說考辨」。我跟隨輾轉三處，得以與先生相識。二〇〇六年深秋，陳先生赴清華講學一個月，開設課程，研讀皮錫瑞《經學歷史》。我有機會與先生數次做竟夜之談，後來篤定要研究經學史，也是受到先生的影響。作為十餘年來的忠實讀者，本書中部分文章在未發表時，已蒙陳先生賜下拜讀。所以當陳先生提出讓我來寫這書的跋文時，雖然自知學力淺薄，但仍然自信從我個人的角度來介紹先生的成果，對於讀者了解先生之學，或者有些許幫助。唯一希望的，就是陳先生能夠一鼓作氣，再多出幾本書，把精彩論文更多結集成冊，不要讓我們再多年苦候了。

學生　華喆　謹識

後記

陳鴻森

人生是一趟沒有地圖的旅行，我從沒想到自己會成為一個學者，過此一生。在這百無可為的時世，他無所長，只有藉考訂舊學以為淨土。半生悠忽，倏爾青春、朱夏、白秋俱已歷盡，忽忽已是玄冬頹年。厭倦名場，性又疏懶，溷跡學界四十年，迄今尚無一書，這本《清代學術史叢考》，是我出版的第一本學術論著。

父母長年茹素，鄉里稱善人。壬辰（二〇一二）歲杪，先母年將九十，未及新歲，忽登仙籍。翌年忌日，我返里家祭，先父坐旁，看不孝等擺放供品，一時棖觸傷懷，竟同日棄養，年同八十九。兩親逝後，我常深悔，父母在時，我既無令名以榮親，且未有半本著書足慰老懷。如今我年過七十，衰年鮮樂事，每日早晚常反覆看著異國小孫女一日日成長的照片，我想，當年老父老母在家鄉當亦如是吧。「蓼蓼者莪，匪莪伊蒿」，彼時我如果能出版一二著作，即使不切世用之物，但撫摸著厚重的書冊，或可稍減父母晚年的寂寥。他們或者會遐想，在臺北謀食碌碌窮年的我，總算還有些許成就而覺安慰。但，他們終究未看到我的第一本著作出版，終天之憾，追悔無及矣。清明返里，當將此小書敬供父母靈右。

此時，我忽然想起去年除夕翻譯的日本詩人會田綱雄（一九一四—一九九〇）的〈傳說〉這首詩：

從湖裡
螃蟹一爬出
我們便將牠捕捉用繩子捆綁
翻過山
站在市集
在那佈滿石塊的路上

會有要吃蟹的人吧

被繩子吊掛著
螃蟹　伸著長毛的蟹足
朝虛空亂抓
蟹換了錢
我們買了一把米和鹽
越過山
回到湖邊

這裡

草枯
風寒
我們的小屋並未點燈

黑暗中　我們將
我們對父母的回憶
一次又一次
反覆地
向我們的孩子傳述著
我們父母
也和我們一樣
捕捉這湖裡的蟹
翻越過那座山
帶回一把米和鹽
為我們
煮上熱騰騰的粥

不久　我們也將如同

我們父親母親那樣
把瘦瘠的身軀
輕輕
輕輕地
拋進湖裡
然後　我們的軀骸
也將被螃蟹嚙食淨盡
就像從前
牠們把我們父親母親的遺體
啃食一盡那般

那是我們的宿願
孩子們睡了之後
我們悄悄鑽出小屋
在湖裡撐著船
湖面泛著微光
我們一面哆嗦著
一面溫柔而痛苦地
肢體交纏

我自愧才拙，性又不諧於俗，只能如補蟹人甘守貧乏，困居僻野，謹守素業，傳承史語所渡臺前輩之精神而已。終歲勤苦，然所獲儘是一隻隻小蟹，固通人所不顧。本書收錄的十五文，就是這些守拙的小蟹之一部分，在這佈滿石塊的道上，不知會有嗜味者否？

書中這些論題，皆閱讀時偶有所見，隨興為之。個人喜歡如孤鷹自食其力的隨意探索，並未存有什麼計畫或宏大的目的，只是從吾所好而已。這些細瑣的研究，自不免高明大雅「見樹不見林」之譏。半生在清代學術這座大山裡討生活，對這山的形貌、林相和不同的景觀意趣，大略能「心知其意」，然如維特根斯坦（Ludwig Wittgenstein）所說的：凡你能言說的，你說清楚；凡你無法說明白的，留給沈默。《朱子語類》卷八有一條言：「大抵為學，雖有聰明之資，必須做遲鈍工夫始得。既是遲鈍之資，卻做聰明底樣工夫，如何得？」我自知魯鈍，缺乏茶館說書人的才情與長技，能從所見幾棵樹，說出一大片林來，甚或說出一座山；故而自己只能循性，從事一些勞力活的考據，只為說明「所見不虛」。至於山的風景意趣，只能自己領略，在心底品味。

我中年病目，故未使用電腦。而古典學研究，窮蒐冥索，茫無際涯，終年兀兀神勞，孩子忽焉已而立，驚覺自己竟成缺席的父親，幸內人支持門戶，俾我能無後顧之憂，獨學隻遊；孩子成長後，伊更日夜為我核書，校稿打字，迄今未已。而十幾年來研究室諸君亦分任其事，謹記於心，林靜宜、卓品呈兩君尤多賢勞。

黃愛平教授治清代學術，擅名當代，感謝黃教授百忙中費神撰序，俾羊質得蒙虎皮，三都增價。南京圖書館沈燮老為題籤，亦增光寵。長者年已九七，神明不爽，不持杖而行，迄今猶日在南圖料理《黃丕烈年譜》，甚可敬也。另冊題籤則京都大學友人古勝隆一教授令嬡敦子所書，年十七，曾代表日本參加國際奧林匹亞數學競賽，聰慧才女，老眼當及見其成瑚璉之器。徐道彬、賀廣如、華喆三位教授，各為覆閱全稿，並撰書後，溢美之言，愧不敢當；賀教授並與及門諸生，一一細核考訂生卒年兩文相關史料，三君盛意，永矢弗諼。本書〈錢坫事跡考證〉一文，係與潘妍艷君合撰，書內若干文稿撰寫時，伊曾參與討論，時有起予之雅。友人王逸明兄亦撰黃以周、葉德輝數家年譜，兼工繪事，曾為我畫像，謹附入本書，以誌交誼。己亥歲除日，全書校迄，因書其後。時武漢疫疾紛傳，民命可哀也。

國家圖書館出版品預行編目資料

清代學術史叢考

陳鴻森著. – 初版. – 臺北市：臺灣學生，2019.12
面；公分

ISBN 978-957-15-1756-8 (平裝)

1. 學術思想 2. 考據學 3. 清代

112.7 107000897

清代學術史叢考（全二冊）

著作者 陳鴻森
出版者 臺灣學生書局有限公司
發行人 楊雲龍
發行所 臺灣學生書局有限公司
地址 臺北市和平東路一段 75 巷 11 號
劃撥帳號 00024668
電話 (02)23928185
傳真 (02)23928105
E-mail student.book@msa.hinet.net
網址 www.studentbook.com.tw
登記證字號 行政院新聞局局版北市業字第玖捌壹號
定價 新臺幣九〇〇元
出版日期 二〇一九年十二月初版
ISBN 978-957-15-1756-8

11217